盛宣怀与汉冶萍

盛承懋 著

汉冶萍文库·研究系列

湖北师范大学出版基金、湖北师范大学汉冶萍研究中心资助出版

图书在版编目(CIP)数据

盛宣怀与汉冶萍/盛承懋著.—武汉：武汉大学出版社,2019.1
汉冶萍文库·研究系列
ISBN 978-7-307-20615-1

Ⅰ.盛…　Ⅱ.盛…　Ⅲ.盛宣怀(1844-1916)—生平事迹　Ⅳ.K825.3

中国版本图书馆 CIP 数据核字(2018)第 249173 号

责任编辑:聂勇军　　责任校对:李孟潇　　整体设计:韩闻锦

出版发行：**武汉大学出版社**　(430072　武昌　珞珈山)
(电子邮件：cbs22@ whu.edu.cn　网址：www.wdp. com.cn)
印刷:武汉中远印务有限公司
开本:720×1000　1/16　印张:14.75　字数:204 千字　插页:2
版次:2019 年 1 月第 1 版　2019 年 1 月第 1 次印刷
ISBN 978-7-307-20615-1　定价:42.00 元

盛宣怀（1844—1916）

盛宣怀（1844 年 11 月 4 日—1916 年 4 月 27 日），字杏荪，又字幼勖。汉族，江苏武进人。清末官员，官办商人，洋务派代表人物，著名的政治家、企业家、教育家和慈善家，被誉为“中国实业之父”和“中国商父”。

盛宣怀创造了 11 项“中国第一”：第一个民用股份制企业轮船招商局，第一个电报局中国电报总局，第一个内河小火轮公司，第一家银行中国通商银行，第一条南北铁路干线京汉铁路，第一个钢铁联合企业汉冶萍公司，第一所高等师范学堂南洋公学，第一个勘矿公司，第一座公共图书馆，第一所近代大学北洋大学堂（天津大学），创办了中国红十字会。中国近代化第一阶段中创建起来的主要工矿交通运输和金融企业，大半通过盛宣怀之手。也就是说，盛宣怀是旧中国第一代资本主义近代化的奠基人。

盛宣怀一生经历传奇，成就非凡！

纪念汉冶萍煤铁厂矿有限公司成立 110 周年!

继承与发扬奋发图强、勇于创新的汉冶萍精神!

前　言

1978年，中国大地吹响了改革开放的号角，经过全国各族人民40多年的努力与奋斗，我国已经成为一个制造业大国，并且正在朝着制造业强国的目标快速迈进。这一辉煌成绩的取得，是与国家所构建的先进的科学技术与完整的工业体系密不可分的，也是得益于我国强大的钢铁工业所给予的支撑。

改革开放伊始，我国就从优先发展钢铁工业入手，为各项事业的起飞打下了基础。这一重大举措，是从近一百多年的历史教训与经验总结中所悟出的。历史证明，没有强大的钢铁工业，中国就不可能成为一个真正的强国。

这种认识最早可以追溯到晚清洋务运动时期，从1890年张之洞创办汉阳铁厂，到1908年盛宣怀办成亚洲最大的煤铁钢联合企业——汉冶萍公司，一代代先人前仆后继，满怀着一个“强国梦”，拼力去发展钢铁工业！

1840年的鸦片战争使西方列强打开了中国的大门。19世纪下半叶，清政府大力兴办洋务，制造枪炮、战舰和机器以适应防务和经济发展的需要，一方面从国外进口大量的钢材、水泥等建筑材料，另一方面开始筹划发展现代矿业和矿产品加工业。

1874年下半年，李鸿章指示盛宣怀勘查各地的煤铁矿藏。1875年5月，盛宣怀开始在湖北广济（现武穴市）、兴国（现阳新县）等地勘查煤矿。1877年9月，盛宣怀聘请的英国矿师郭师敦勘得大冶铁矿“铁质净六十一分八八之多”。1878年2月，盛宣怀“以湖北开采煤铁总局名义买得大冶铁矿山”，并准备购置熔炉机器，进行炼铁。但是，由于清政府财政困难，招商集股没有成功，对大冶铁矿等的开采、冶炼，只能暂时搁置。

1889 年 12 月，张之洞调任湖广总督，他上任后积极推行“湖北新政”，同时决定在湖北筹建铁厂，1890 年 6 月他在湖北武昌设立了湖北铁政局。

经过三年的努力，1893 年 9 月，汉阳铁厂正式建成投产。全厂包括生铁厂、贝色麻钢厂、西门士马丁钢厂、钢轨厂、铁货厂、熟铁厂等六个大厂和机器厂、铸铁厂、打铁厂、造鱼片钩钉厂等四个小厂。汉阳铁厂创办时，经费预定为 246 万两白银，到建成时，实际支出 560 多万两白银。

汉阳铁厂尽管有硕大的规模，但是，钢铁生产急需的燃料问题未能解决，成了铁厂前进的羁绊。更重要的是钢铁的产量与质量无法得到保障，拥有崭新的机器设备，企业却在亏蚀。甲午战争失败后，汉阳铁厂的资金更加困窘，已经到了山穷水尽的地步。坚持“官本官办”模式办汉阳铁厂的张之洞，被搞得“心力交困”，再也无力将其继续办下去了，于是下决心要交“棒”了。

1896 年 5 月 14 日，张之洞发出委任盛宣怀为汉阳铁厂“督办”的公文，指出：“盛道才猷宏达，综合精详，于中国商务工程制造各事宜，均极熟习，经理商局多年，著有成效。”他认为由盛宣怀来接办汉阳铁厂，是最合适的了。十天后，即 1896 年 5 月 24 日，盛宣怀正式接办了汉阳铁厂。

盛宣怀在对汉阳铁厂进行整顿、加强管理的基础上，聘请德国矿师找到了萍乡煤矿，1898 年，盛宣怀委派得力助手张赞宸担任萍乡煤矿总办，萍乡煤矿的开挖，彻底解决了汉阳铁厂缺煤的困境。面对铁厂生产的钢材质量不过关，1902 年 10 月，盛宣怀委派李维格出国考察，李维格终于找到了导致钢材质量不佳的原因，又经过五年的努力，铁厂终于闯过了钢材质量关。

1907 年春，盛宣怀在实现了一系列目标后，宣告“汉冶萍煤铁厂矿公司”成立。1908 年 11 月 7 日，清政府正式批准“汉冶萍煤铁厂矿有限公司”（以下简称“汉冶萍”）成立，确定公司设在上海，盛宣怀出任第一任总理，李维格出任协理。汉冶萍成为“中国钢铁工业的摇篮”，堪称“中国的第一个钢铁托拉斯”。

汉冶萍的历史发展与中国现代化进程是密切相关的，汉冶萍的创建，标志着中国近代民族资本主义的兴起。汉冶萍是在晚清即将灭亡、辛亥革命即将发生之前创建的，当时社会制度的动荡，必然为它的成长设置了种种羁绊。企业领导人对现代企业制度的性质、机制、组织形式等认识的缺失，必然会使企业走很多弯路。再加上缺少资金、技术、人才，以及受政治、社会、经济发展水平的制约，尤其是西方列强的干涉，特别是日本势力的渗入，使得它的发展过程更为艰难与复杂。

汉冶萍的创建与发展，离不开对西方国家冶金科技与管理的引进与消化，在当时资金、技术、人才、法律保障都不具备的情况下，公司发展困难重重，走过不少弯路。即便如此，汉冶萍的创建者，还是在中国的土地上，打造成了当时亚洲最大的钢铁联合企业，为中国的钢铁冶金事业翻开了新的一页。

汉冶萍的创建与发展，是与我的曾祖父盛宣怀的努力密不可分的。盛宣怀一生从事过众多的实业，但是他视钢铁工业、视汉冶萍为自己终生所奋斗的事业，不仅如此，他还期望自己的后人，能为发展钢铁事业而献身。正如 1913 年他在《送儿孙游学箴言》中，对自己的子孙所说：“钢铁是国家的支柱产业，也是我们家的祖业，能继承钢铁事业才是真正的豪杰，才是我们家的好子孙！”

改革开放，使我国的经济与社会发生了翻天覆地的变化，中国已经成为世界第二大经济体，我们正由经济大国迈向经济强国。当今，中国城乡又掀起了“大众创业、万众创新”的热潮，如何为企业的健康发展，为企业家的快速成长提供一个优越的环境，已经成为社会各界的共识。

此时此刻，我们重新审视汉冶萍创建与发展的历程，进一步认识钢铁工业在国民经济中的地位与作用，了解汉冶萍当时是如何培养企业人才，是如何引进与消化西方技术与管理的，是如何完善科学与技术的法律法规、加强知识产权维护的，是如何改善企业发展的内部与外部环境的，等等，更为先人的业绩所自豪。我深信汉冶萍的历史，仍然会给当今中国的改革，给企业的发展，给企业家的成长，带来其应有的启迪。

当年汉冶萍的创办与发展，是凭着汉冶萍人的“拼搏、坚韧、担当、自立自强”的精神实现的。与西方钢铁业相抗衡，决胜于世界之林，这就是汉冶萍人的梦想。

百年已逝，今日中国已经从一个后发的“钢铁小国”发展成为世界领先的“钢铁大国”，汉冶萍人的梦想早已实现，但是，汉冶萍命运仍然给今人留下了历史启示。

谨以此书的正式出版，纪念汉冶萍煤铁厂矿有限公司成立 110 周年！祝愿我们伟大的祖国早日由制造业大国，成长为制造业强国！

本书在编写与出版过程中得到许多朋友、学者与亲属的关心与鼓励，湖北师范大学汉冶萍研究中心为本书提供了部分珍贵的历史资料，张泰山院长为本书的编写与出版给予了热情的关心与支持，张之洞与武汉博物馆为本书提供了相关图片，我的长兄盛承志认真审阅了全书，对本书的撰写给予了悉心的指导，在此一并表示衷心的感谢！

盛承懋

2018 年 8 月 21 日

目　录

第一章　大冶铁矿为汉冶萍奠定了基础

一、中国矿业开采利用的历史回顾

中华民族的祖先和世界上许多民族的先人一样，从他们诞生之日起，就开始从事矿产的开发利用活动。历史学家将人类历史划分为旧石器时代、新石器时代、青铜器时代、铁器时代，都是以当时人们开发利用的主要矿产种类为特征的。

旧石器时代的“巫山人”（距今200万年）、“元谋人”（距今约170万年）、“蓝田人”（距今约60万年）、“北京人”（距今约50万年）就开始利用石片、石块等石料矿产制作石器工具来采集食物和抵御毒虫猛兽的袭击。

新石器时代，石料矿产的利用更为广泛，制作的工具也更为实用精巧，除石刀、石箭外，还有石斧、石镰、石犁等，这表明锄耕农业开始向犁耕农业过渡。新石器时代在矿业开发利用方面的最大贡献，就是开发利用了以黏土、陶土等非金属矿产为原料来烧制陶器。另外，开展了对玉石矿产、铜矿和煤矿的利用。

从夏代开始我国进入了古代史中的奴隶社会。自然铜的利用开始向青铜器过渡，并逐渐达到繁荣，之后又向铁器时代过渡。到战国时期，铁器的使用已很普遍。在先秦时期，除了开发某些非金属矿产外，对铜、铁、银、锡、铅、汞等矿产也进行了不同程度的开发。煤炭也已被人们所认识和利用。秦汉时期，随着国家的统一，经济的发展与管理的加强，矿业因摆脱战国后期的战乱影响而逐步恢复，盐矿和铁、铜、金、银、铅、锡、汞等的开采进入一个兴盛时期。魏晋时期，煤炭已用于生活燃料，人们懂得将煤作为燃料用于战争中的火攻。隋唐时期是我国古代矿业的繁荣时期，除了金属矿产的开发利用出现了一个高峰外，盐业的生产也有很大的发展。隋唐矿政的一个重要特点是全力发展铜矿并将采矿权全部收归国有。

经过五代时期由于战乱而导致矿业的萧条之后，宋元明清几个朝代的矿业继续向前发展。煤在宋代已成为人们日常生活和手工业较为普遍使用的燃料，山西已有很多人以采煤为生。煤炭已成为国计民生的重要资源。综观我国矿业发展历史，可以看出，古代矿业活动经历了由认识不自觉到比较自觉，由低级到高级，由简单到复杂的发展过程。其基本特点为：①中国是开发利用矿产资源历史最为悠久的少数几个国家之一；②我国古代开发利用的矿产数量众多；③我国古代矿业活动地理分布既相当广泛，又很不平衡，时间分布也是如此。

我国近代矿产地质调查与开发起步较晚。近代矿业开发是从铁矿、煤矿开始的。1840 年鸦片战争后，西方列强打开了中国的大门。19 世纪下半叶，清政府大力兴办洋务，制造枪炮、战舰和机器以适应防务和经济发展的需要，一方面从国外进口大量钢材、水泥等建筑材料，另一方面开始筹划发展现代矿业和矿产品加工业。

近代铁矿开发利用的矿山有 40 多处，有些矿山生产规模较大，并开始使用新的机器设备进行选矿、采掘和运输。其中最为突出的是 1877 年 9 月由盛宣怀聘请的英国矿师发现的大冶铁矿。1878 年 2 月，盛宣怀“以湖北开采煤铁总局名义买得大冶铁矿山”。1890 年随着张之洞创办汉阳铁厂，大冶铁矿开始开采利用。

1902 年 10 月，盛宣怀向清政府奏请在上海设立勘矿总公司。他在《请设勘矿公司折》中说：“中国所有者，产矿之基地也；外国所有者，开矿之资本也。我能守我之地，不为他人所夺，将来以我矿地，或作资本，或采租息，皆当权自我操。总之，矿商之利，外人不妨共之；而地主之权，中国当自守之。亡羊补牢，尚未为晚；曲突徒新，岂容再误！”针对列强群起抢占我国矿利，而国家的财力和矿业人才缺乏，不允许大规模办厂开矿现状，盛宣怀在奏折中又说：“欲思一补救之法，断非空言大言所能济事，而必先量我权力财力所能办到，惟有将民间产矿之地……筹款自购，力争先着而已。”①

在有色金属方面，1908年和1918年在江西南部先后发现了西华山钨矿和大吉山钨矿。由于军需和国际市场对钨的需求迫切，这两个钨矿很快投入开发，因此产量大增。“古代早已开采的云南个旧锡矿，自采铅始，继之开采锡矿，近代开始较大规模的开采。在贵金属方面，除炼铅锌矿提取银外，一些地区也开采金矿。”②

二、中国钢铁制造业的历史回顾

其实，中国的炼铁最早出现于春秋之前，几千年来，中国一直是一个以铁器为基本生产生活工具的农业国，明清之际中国的土法炼铁技术逐渐向西部和南部转移，以坩埚炼铁法和以土法高炉炼铁，普遍出现在四川、贵州、湖南、河南等省。

坩埚炼铁法，是将铁矿石和无烟煤混合放入以耐火土制造的坩埚内，并将坩埚垒于炼炉之内，加热使之燃烧到一定的温度后，将铁水或铁块从坩埚中取出的方法。关于坩埚炼铁法，德国地质学家李希霍芬于1870年4月至6月，曾赴河南、山西两省考察，对山西泽州、平定等地的坩埚炼铁方法有详细的记录，并称“这里的炼铁方式看起来与欧洲高炉毫无相似之处”。

土法高炉炼铁，是以木炭为燃料，将铁矿石与燃料均放入炼铁炉之

① 见盛档，盛宣怀《请设勘矿公司折》，光绪二十八年九月。“盛档”，即盛宣怀档案简称，后同。

② 冬青：《中国矿业发展简史》，http：//www.360doc.com/content/16/0519/14/16534268_56044829.shtml。

内，以人力或水力操纵风箱运动，进行加热，所得的生铁与铁渣从同一口中扒出的方法。此种方法，当时在中国西部和南部都很普遍，虽然各地炼铁炉的炉式各不相同，但方法基本是一样的。

土法炼铁技术与近代西方炼铁技术相比，生产效率与生铁质量相差甚远。据英国学者肖克利的调查，山西盂县当时有炼铁炉60座，年生产能力约4500吨，而同期英国新式炼铁炉每炉每年的产量就为19000吨；此外，土法炼铁在铁矿石的消耗上与新式炼铁技术相比，几乎多出了一倍。除了生产效率低之外，土法炼铁技术生产的铁，经过化学分析，质量明显比较差。

清代用土法所产的钢铁，主要用于农具和家用器具等方面，如以生铁制造的锅、犁、锄、轮、轴、炉、钟等，以熟铁和钢制造的刀、剪、斧、锯等。

清代在铁器的生产与使用方面，呈现出三个特点：一是制造区域相对集中。如北方的山西、河南，西南的贵州、四川、云南，以及较早时期的广东佛山。在这些区域中，炼铁和制铁业一度成为当地最重要的产业。二是相对集中的生产却面向地域广阔的市场。如山西生产的铁，供应整个华北，“用于制成各种器具，其中最重要的是厨房用之大铁锅，山西铁锅在整个华北地区随处可见，并远销到满洲”。而广东之铁器销往江苏、浙江、湖北、湖南，甚至东南亚等地。三是土法钢铁制品，仅仅满足农业经济下对铁器的基本需求，数量与质量上的标准都是比较低的。①

鸦片战争后，质量与成本均占优势的西方钢铁及钢铁制品开始涌入中国，直接导致中国土法炼铁业的衰落。与此同时，以庆亲王奕劻、曾国藩、左宗棠、李鸿章等为代表的洋务派，推行洋务新政，创办新型的军事工业。1865年李鸿章创办了江南制造局和金陵制造局，1866年左宗棠创办了福州船政局，三口通商大臣崇厚也创办了天津机器局，分别制

① 方一兵：《汉冶萍公司与中国近代钢铁技术移植》，科学出版社2011年版，第12~15页。

造军火、轮船、枪炮等武器。无论是枪炮还是轮船，在生产制造过程中，都离不开钢铁这一主要原材料，于是，1890 年张之洞开始在湖北兴建汉阳铁厂，江南制造局与天津机器局先后兴建了炼钢厂，它们成为中国最早用西法炼钢的企业。除军工企业对西方新型方式生产出来的钢铁有大量需求之外，民用工业也开始希望获得由新方式生产出来的质量高、成本相对较低的钢铁。1908 年“汉冶萍煤铁厂矿有限公司”的成立，标志着近代钢铁制造业在中国的正式确立。

三、李鸿章命盛宣怀勘查煤铁等矿藏

盛宣怀早期的洋务思想是深受李鸿章影响的。1870 年李鸿章取代曾国藩出任直隶总督后，他的视野更加开阔了，他痛感中国之积弱不振，原因在于“患贫”，从而得出“富强相因”，“必先富而后能强”的认识。这种思想直接影响着青年盛宣怀，盛宣怀的很多想法与李鸿章的思想是一拍即合的，并且李鸿章的不少思想都变成了盛宣怀的行动指南。

盛宣怀当时虽然年轻，但是他通过与社会的接触和观察，认识到中国的强盛，最迫切的是要发展实业。最初他向李鸿章建议用建造商船所得的资金，作为军队建造兵舰的费用，这个意见正合李鸿章的意，很快被李采纳。1872 年 4 月，李命盛宣怀策划筹建招商局。为此，盛宣怀草拟了《轮船章程》。

李鸿章在与洋人的交往中清楚地认识到，西方列强侵犯中华，凭借的炮舰轮船、大炮火枪，无不是通过开采煤铁，之后再制造而成的。此时随着西方列强的侵入，他们的商人也乘机向中国推销工矿业产品，据统计，仅 1875 年国内就进口洋煤 143279 吨，耗费白银 677181 两。① 李鸿章认为中国要强盛起来，首先要把自己国土上的煤铁等矿藏勘查清楚，再加以开采利用。1874 年下半年，李鸿章指示盛宣怀：“中国地面多有

① 孙毓棠：《中国近代工业史资料》第 1 辑，文海出版社 1979 年版，第 666 页。

产煤产铁之区，饬即密禀查复。”

其实，早在1864年前后，盛宣怀就关注起湖北的矿产。那时他父亲盛康在湖北赴任，有一次，盛宣怀在盛康衙门的文案房里看到一份文件，文件内容讲的是，湖北广济县向朝廷禀报禁止开挖武穴煤山的缘由与具体做法。

盛宣怀由此第一次注意到湖北各地蕴藏着丰富的煤矿与铁矿。他不明白为什么广济县的官府要禁止开挖武穴煤山，他在长江边上看到，外国的轮船上装了许多洋煤运到武汉，卖给中国的老百姓，洋人的煤贵得要命，他想如果将武穴的煤挖出来，运到武汉去卖给当地的人，运输成本低，价格一定会比洋煤便宜得多。他又想到武汉街头没事干的人多得很，这些人每天在街上闲逛，找不到事做，穷困潦倒。如果将这些人组织起来到武穴采煤，不也能为他们及家人解决生活困难创造条件吗？为此，盛宣怀将自己对广济县向朝廷禀报文件中的一些不同意见，向文案房的几位师爷表白了一番，受到了师爷的盛赞。

1867年，盛宣怀已经返回了江苏。但是，也许是当年他在文案房向几位师爷说的一番话，传到了湖广总督官文的耳朵里。加之，先前湖广总督因他襄办陕甘后路粮台出力，奉旨以知府尽先补用，所以由官文保奏，盛宣怀得以立即从江苏赶回湖北广济考察那里的煤矿。

此时盛宣怀正在家乡准备科举考试，生活相对安定。湖广总督官文让他到广济考察，对他来说显然是一次难得的机会。但是，赴广济并不是去游山玩水，那里也没有什么名胜古迹，而是去考察煤山，不仅旅途辛苦，而且要翻山越岭，是一件苦差事，对于很多年轻人来说，可能会放弃这种机会，但是盛宣怀深知煤矿开采对国家富强的重要性，很乐意亲自去那里考察一下，于是毅然从江苏赶到湖北广济。

通过认真的考察，盛宣怀不仅对武穴煤山的蕴藏有了更深入的了解，进一步“乃知其地滨江”，交通比较方便。他又仔细查看了地方志，向当地的官员与百姓请教，“始知该山属官”。这次考察给他的印象很深，他清楚地意识到，煤矿就是财富，国家要富强是离不开煤矿与铁矿这些矿藏的，需要有人将它们开挖出来，他心想如果朝廷委派他来做此事，他一定会尽全力去做的。尽管当时他无能力去开采煤矿，但这为他日后在广济等地发展采矿业奠定了必要的基础。

盛宣怀对李鸿章的指示，可以说是不遗余力地执行。当他把青年时期曾在湖北广济考察过那里的煤山向李鸿章汇报后，李立即批准他到湖北广济勘矿。为了支持盛宣怀的行动，李鸿章特意将“才识俱优，洵为出色之员”、时任汉黄德道兼江汉关监督的李明墀介绍给盛宣怀，希望他好好与李明墀合作，借助李明墀在地方上的力量，在湖北广济取得好的结果。

四、张斯桂协助盛宣怀勘查湖北广济煤铁

1875年5月3日，盛宣怀密札曾在台湾协助沈葆桢找寻煤铁的张斯桂，请张以招商局的名义赴湖北广济武穴勘查煤铁。他在密札中说：“访得湖北武穴、蟠塘及田家村一带山内旧有煤洞，所产煤质既好，滨江水口尤便……惟不知该处煤洞之深浅，煤质的高低，无从禀覆。”要求张斯桂：“赴该处察看：山势是否深远？左近有煤之处是否广阔……”由于盛宣怀已得知李鸿章委派的唐廷枢在河北磁州的煤铁矿受到当地绅民的反对，李鸿章不得不作出暂时放弃的决定后，他在给张斯桂的密札中说：“此举关于富强大局，幸勿诿延。”另密告张斯桂重点考察“如果由官备本，制办器具，雇用民工，该处绅民能否乐从……并须设法开取煤样，携带回沪，以便呈送李爵相看验，再行酌议章程，通禀饬办”。

5月中下旬张斯桂在广济阳城山马不停蹄地行动，6月他在实地勘探了一个月之后，带着从阳城山采得的煤样向盛宣怀报告，说：“职限于时日，兼乏人夫，不能详知煤层之厚薄浅深……即在旧时私挖之处浮面采取零星煤块，细加试验，知系松白煤之类，而于制造局火炉、招商局轮

舵皆属合用。”他并说“阳城山确是官山，煤随处都有，亦易开挖，距江亦近。颇合制造局、招商局轮船之用”。①

对于盛宣怀最为关心的当地“绅民能否乐从”，张斯桂反而有些忽视，因为张斯桂看到“（阳城山）俱是荒山乱石，既少树木，又无坟墓，洵属官山”。民间私自挖煤的很多，认为“私挖既多，则近山人民之愿挖可知”。②

可是，当广济当地百姓听说采煤之事，像河北磁州的百姓一样，也出来加以阻拦。在绅民吴邦杰的带领下，40人到广济县衙门聚集，借口挖煤必遭火灾，加以反对。盛宣怀得知后，于6月14日即致函广济县令史醇，他说：“阳城多煤，武穴狃于风鉴之说，无论妄诬必欲举办，岂能任其阻挠，拟于月内赴武，熟商办理。”表达了采煤的决心。6月15日广济县令史醇复函：“武穴绅民纷纷禀请停办。”史认为“此事既攸关楚省地势天险，又关民间庐墓所在，拂舆情而勉为办理，大人必不致不计而行”，请求暂时搁下。但是盛宣怀仍坚决不为所动。

6月27日，盛宣怀向李鸿章汇报，李鸿章提出两条对策：一是与地方利益均沾，另一是求助于湖北巡抚翁同爵，并函示，“须先集股本，酌议章程，与汉黄德道兼江汉关监督李明墀会同筹办，以取得地方支持。试办稍有头绪，再行推广”。③

7月7日，湖广总督李瀚章、湖北巡抚翁同爵委令盛宣怀会同湖北汉黄德道兼江汉关监督李明墀及湖北候补知县史致谟前赴广济县阳城山查勘，审度地势，详细绘图禀复。在李瀚章、翁同爵的支持下，7月24日，湖北广济煤矿终于“设厂雇工开挖”。

8月17日，盛宣怀收到李瀚章函，称：“阳城山煤苗既畅，并有铁可采，天地美利所在，业经勘估确实……阁下拟就已成之局，雇夫逐渐开挖，将来操纵在我，所见甚是，已与玉帅剀切言之。”三天后，盛宣怀又

① 夏东元：《盛宣怀传》，四川人民出版社1988年版，第462页。
② 见盛档，《张斯桂上盛宣怀禀》，光绪元年五月。
③ 见盛档，《李鸿章致盛宣怀函》，光绪元年五月。

收到翁同爵函，称："武穴煤矿，昨史令（致谟）已由该处详勘回省，据云尚可办理。吾兄雇人先行试办，尚无不可。"这表明盛宣怀初步获得湖北两位领导的支持。8月29日，盛宣怀又收到湖北布政使林之望的咨文，指出翁同爵要求盛"招商集资，妥为试办"。与此同时，盛宣怀知悉李鸿章已委托"西人带银四万五千两往英国办挖煤机器，银尚不足"，故认为利用当地工资低廉的特点，可先行以土法开采。①

1875年10月下旬至11月初，盛宣怀拟定了一份"官督商办"性质的《湖北煤厂试办章程八条》，这八条包括：地势宜审也、利权宜共也、用人宜专也、资本宜充也、税则宜定也、贩运宜速也、界址宜定也、销售宜广也等内容，并将章程送呈李鸿章。

在这八条中，盛宣怀特别对第二条"利权宜共也"作了详细的解释，他认为：矿藏资源是天地自然的馈赠，开采煤矿单靠任何一方力量很难成功，"责之民办，而民无此力；责之商办，而商无此权；责之官办，而官不能积久无弊"。"惟有援照轮船招商局官督商办之一法。商集其费……官总其成，而利则商与官、民共之。"②

五、初聘洋矿师，试图估算煤铁的储量

1876年1月13日，李明墀、盛宣怀向李鸿章禀报湖北勘矿进展时认为："讲求制造，煤铁并重，且铁矿必借煤窑就近熔炼，故以煤铁兼产之处为贵。现又访闻附近之兴国州所属山地，兼产铁矿……"③为了尽早开办，盛宣怀提出"拟援照轮船招商局办法，招商集资，官督商办"，并请"在湖北存储公款项下拨给制钱二十万串，又蒙兼署湖广督

---

① 张伟保：《功败垂成：从路径依赖看盛宣怀、郭师敦初勘大冶铁矿》，第一届汉冶萍国际学术研讨会论文集。

② 见盛档，盛宣怀拟《湖北煤厂试办章程八条》，光绪元年九月。

③ 陈旭麓等主编：《湖北开采煤铁总局荆门矿务总局》，上海人民出版社2016年版，第3页。

宪翁谕，在湖北存储公款项下拨给制钱十万串，发展领用，核实造报，用竣续筹”。

为此，盛宣怀迅速制定了《湖北开采煤铁总局试办章程六条》，李鸿章对煤铁开采计划十分支持，并表示这是“仿用洋法，定购机器……在中国实为创举”，要求盛宣怀“审度利弊，详慎经理，逐渐扩充，以期款不虚糜，事可经及”。他强调这是“富强之根本”。1876 年 1 月 15 日，李鸿章与沈葆桢、翁同爵会奏，认为“所采煤铁，即以售给兵、商轮船及制造各局之需。所收价值，除应完税厘、酌提局用并捐发本地堤工、书院、宾兴各费外，概令分缴湖北、直隶，陆续提还官本，俟提清后，即以此项余利作为江海筹防经费”。他委派盛宣怀办理湖北矿务，同意当月成立湖北开采煤铁总局，总局设在广济盘塘。由此，盛宣怀急于想估算当地煤铁的储量。

由于国内没有擅长开采煤铁的矿师，于是，盛宣怀经与驻沪新泰兴洋行协商，在他们的帮助下聘用了曾在日本长崎挖煤的英籍矿师马立师。马立师于 1875 年 12 月抵达上海，盛宣怀决定委派提举衔候选通判徐黼升担任其翻译。盛宣怀尽管聘来了洋矿师，然而心中仍没有底，便向沪上洋行打听，得知“在沪洋人，皆知马立师本领，向专办开矿事宜，经历二十年，可称熟手，人亦安稳可靠”。但是，李鸿章还是不大放心，他致函盛宣怀，详细询问所聘矿师：“……是否真有本领？是否先立合同？务要详慎精审。”要求盛宣怀认真考察。

盛宣怀在第一次与马立师见面的时候，通过与马的交谈、接触，发现马与他先前所接触过的台湾基隆煤矿聘的矿师翟萨相比，马远不如翟萨，所以他对马立师聘用合同的年限，只定了半年，并且在合同中有明确的约束：“该洋人既充本局监工，无论大小事体总当听从本道主使，勤慎妥当，诚实办事。礼拜日仍应照常办公，并须随时随事先行禀明本道，斟酌妥当，方准照办，不得擅自主张。”①

盛宣怀随即令马立师视察矿山，结果并不太乐观。正如 1876 年 2 月 21 日，盛宣怀堂兄盛宇怀在给盛康的信中所说，他“率同马立师遍看广济、兴国两岸山势，彼亦仅能决定院家山一带多煤，而兴国则煤铁兼产，并不能决定煤层厚薄，能敷若干年开采。必须定制钢錾，凿孔见煤，方知深浅”。② 3 月 15 日，盛宣怀致函李鸿章，认为对煤储量的准确估算，必须“凿孔测量”，以便了解“煤层厚薄，平斜连断”等，成败并无必然性。四个月过后，马立师表示“看过贵局所开各处之煤层及山上之灰石，所出之煤，质既不佳，且出数亦微乎其微。故曾禀明，不必加本开采，实因无所利益也。……且我所看之山，只在兴国、武穴两处”，可见，之前所称这些矿山“出产尚宽，煤质尚好”并不可靠。③

为了不受蒙骗，盛宣怀抓紧由外行变为内行，他告诉李鸿章，自己虽然对于“地学化学，格致门类，一名一物，绝无所知，然犹欲勉力考究其近似，冀不为人所蒙蔽”。④ 马立师在履行合同期间，工作不认真，而牢骚却很多。1876 年 6 月 26 日，马立师连续致函盛宣怀，抱怨“经办委员掣肘，凡事不能做主”，而在勘矿上，马立师的技术根本过不了关，将广济的劣质煤认定为优质煤。

由于没有达到预期的设想，李鸿章于 1876 年 7 月 13 日致函盛宣怀，认为“洋法成败利钝全在所用洋人之本领，马里（立）师在日本开矿未见成效，今观其看山主意游移，决非煤师之上选，新泰兴洋行推荐之语未可据为定评……马里师于铁事未经办过，则煤铁兼谙之洋人亟应雇觅，

---

① 见盛档，《英矿师马立师合同》，光绪二年正月二十五日。

② 陈旭麓等主编：《湖北开采煤铁总局荆门矿务总局》，上海人民出版社 2016 年版，第 55~57 页。

③ 陈旭麓等主编：《湖北开采煤铁总局荆门矿务总局》，上海人民出版社 2016 年版，第 83~85 页。

④ 见盛档，《盛宣怀致李鸿章函》，光绪二年十一月二十二日。

以便比较本领，分优绌而定去留，且为推广采铁地”。①

六、果断辞退不称职的洋矿师

马立师工作不认真，盛宣怀打算另行物色称职的矿师，当盛宣怀发现马立师在技术上也不行之后，便毫不犹豫地予以辞退。马立师面对辞退的决定，向盛宣怀“函请另行择地”，再行勘矿。对此，盛宣怀坚决予以拒绝。

1876 年 9 月中旬，盛宣怀“在烟台面托总税务司赫德聘雇英国矿师一名及匠目二人”，请赫德帮忙推荐。马立师被辞退之后，盛宣怀并未停止矿务工作，他派张福镄（江苏如皋人，湖北开采煤铁总局官员）前往湖南衡山考察，“该处属究以何处产煤最旺，即行亲往查看：该处所开土矿是否有直井、眠井之别？其尤旺者每矿能用若干夫役？每日能得煤若干石？其挖煤系用何样器具便能块多屑少？其起煤是否亦用辘轳？其运煤是否亦用车辆以省人力？其矿内遇水系用何法戽车？均须详细查访明确，切勿稍事含糊。此种开煤夫役大约极易招募，而其要全在看山本领。闻该处看山亦是以山势石色为凭，大致与洋法相同，然此种老手恐不多得……总期募得看山老手数人，方有把握，其余堪任一厂之矿头者，应招雇二三十人为率……（宜）亲赴现在开矿之处，择其开采已有成效，访其看山已见本领者，方始募雇”。②

1877 年 1 月 19 日，李鸿章致函盛宣怀，表示选用能人炼铁，方是长久之道，并建议派人出洋游历一年半载。李鸿章在函中首次提及大冶铁矿极富，在宋代已是采铁的中心，故“必无矿少之患”！李鸿章说：“洋匠马里师不谙地学、化学，遂致旷日糜时……湘中铁矿虽多，土法松炭，

① 张伟保：《功败垂成：从路径依赖看盛宣怀、郭师敦初勘大冶铁矿》，第一届汉冶萍国际学术研讨会论文集。

② 陈旭麓等主编：《湖北开采煤铁总局荆门矿务总局》，上海人民出版社 2016 年版，第 116 页。

熔炼焉能如法！制局全用洋铁，今不学西人炼铁之技，纵开矿得铁，亦废器耳。蕲、黄二州宋代有回岚、瓷窑、龙阪、贵山等冶……鄂州有圣水、荻洲、龙兴、樊源、安乐、大云等六铁场。阁下所办皆昔人采铁故处，以洋法炼铁必无矿少之患，应俟赫德所雇洋师到后遍察矿产，斟酌兴办。阁下诚欲考究矿学，不为人所蒙蔽，或由局派一明白矿务之员，遣往西洋各厂考校一番，计游历一年半载，所费尚不甚多，果得窍要，所省必不少也，尚希卓裁。”① 李鸿章说“大冶铁矿极富”是有根据的，事实上，据历史记载，三国时先人已在大冶采铁。吴大帝孙权在大冶造过刀剑，隋炀帝杨广在大冶铸过钱。李鸿章期望盛宣怀在先人的基础上，掀开新的一页。

由于招募了湖南的工匠，李鸿章在 1877 年 3 月 2 日致函盛宣怀说：“马里师辞退后，暂募衡、宝、乐平煤工用土法开挖，其监工、翻译、机器工匠等，方在续延洋师，自不必遽予裁撤……西人开矿，不计岁月，不惜资本，故有创必成。中国初次开办，九折臂而成医，小费更所不惜，近效亦所不期，此中甘苦，自非局外所能共喻。但守定坚忍持久四字，必有成效可观。”李鸿章并说：“洋法开煤，应以访请洋师为开宗明义第一章，洋师得人，则何处可开井眼，何器可以合用，工匠应用何等，皆有纲举目张之妙。”所聘洋师“必其人在本国矿务学堂出身……其应购化学器具及凿孔机器等件，均由该师购办带来”。② 他对新聘的洋师是有所期待的。

1877 年 4 月 16 日，赫德来函：“代延之矿师郭师敦及机器匠人，业于二月初二日由英国起程，约在三月十五日（均指阴历）前后即可到沪。”

5 月 6 日，新聘的矿师郭师敦以及两位工程技术人员谭克、派克，先

---

① 陈旭麓等主编：《湖北开采煤铁总局荆门矿务总局》，上海人民出版社 2016 年版，第 145 页。

② 陈旭麓等主编：《湖北开采煤铁总局荆门矿务总局》，上海人民出版社 2016 年版，第 156~157 页。

于盛宣怀抵达广济盘塘总局，他们开始着手勘矿。6 月 24 日，盛宣怀从天津抵达盘塘总局，了解郭师敦等勘探的结果。

七、郭师敦勘得大冶铁矿为优质矿藏

新聘的洋矿师郭师敦等人抵达广济盘塘总局后，立即开始勘探工作。自 1877 年 5 月 6 日至 7 月 6 日，郭师敦在总局官员张福镄的陪同下，遍查长江沿岸的煤铁矿藏。郭师敦还提到李希霍芬日记中提及的“黄石港”产煤之事，考虑“应否看视”，由于盛宣怀堂兄盛宇怀认为不能违反勘探的顺序，而决定“从缓”对那里进行察看。

盛宣怀始终认为，对于洋矿师在于“使其专心为我所用”，而不能长期依赖洋矿师。因此，要派自己的子弟跟随洋矿师学习，培养自己的人才。在聘请洋矿师之初，他就确定在同文馆及福建、上海的制造局中，挑选算学基础较好、聪颖的子弟一二十人，随同洋矿师实地学习，学习用科学方法分析矿石成分，并购买外国博物馆所藏矿石标本以备参证；同时决定送一二十人出国，专学开矿本领，这些学生两三年后即可回国，派上用场。

张福镄在陪同郭师敦勘矿的过程中，写下了《洋人看山日记》。1877 年 6 月 28 日，他向盛宣怀报告说：“连日洋人所看已开未开平山平地，总觉煤不甚佳，未合轮船机局之用。”郭师敦也致函盛宣怀说：“（阳新）龙港一带不产多煤，又不合机器大宗烧用，徒费时日，定不见益”，并向盛宣怀建议“宁可另择他处”。6 月 29 日，盛宣怀回函致郭师敦，明确对龙港一带“自应舍此而另择他处，冀可早安机器采煤”。张福镄在 6 月 28 日的报告中，还说：“明日……溯流而上，细察窿口，兼访铁山，不厌精详，冀有所获。”他们一行开始了对大冶铁矿的考察。

1877 年 7 月 17 日，郭师敦从阳新回来报告，认为阳新龙港的矿脉“皆从大冶而来”，要求去大冶进一步勘察。盛宣怀认真查阅《大冶县志》，得知自三国始至隋唐即在大冶开采铜铁，宋代曾在大冶磁湖畔设磁湖铁务，明代在大冶设立过“安田炉”。7 月 18 日，他首次提及大冶铁矿。他在致翁同爵的函中说：“龙港地方间有佳煤……而陈设机器合算不上。该处五金较为可靠，银矿当置勿议。其铁苗皆从大冶而来，请向大冶所属一验来脉，并以德国人李希霍芬游览日记所载黄石港产煤，亦应前往一看。查志（即《大冶县志》）载，大冶之县北铁山、白雉山皆产铁。前奉李中堂函谕，以宋代兴国军有磁湖冶，鄂州有圣水、荻洲、龙兴、樊源、安乐、大云等六铁场，皆前人采铁故处……应俟赫德所雇洋师到后遍察矿产，斟酌兴办等因。查磁湖亦大冶所属，适有该处绅士前江苏直隶州贺镜如持铁样来局请往验视。职道以兴、冶毗连，如以两邑所产之铁并一机器熔炼，是铁之利固大于煤。原奏本属煤铁兼采，该矿师在美国亦系煤铁兼办，似可准其所请，前往一看，以定主见……惟目前开煤机器已经全备，而熔铁机器尚未购置，故职道与该矿师商明，此地铁矿只须先一验其佳否，便即赴宜（昌）勘办煤矿，先煤后铁一定之理，宪台谅亦以为然。”翁同爵批复说，如“验（得）兴、冶两邑矿苗能在六成以上，足供洋法采取，再行禀办……仍将办理情形随时禀报核查”。①

1877 年 8 月 9 日，盛宣怀根据郭师敦勘查大冶铁山的报告，向翁同爵禀报说：“矿师等从大冶回局，据称所看县北四十里之铁山，铁层平厚，一如煤层，毋庸打签，可决其足供数十年采炼，且邻境俱属富有铁矿，机器熔炼必无矿少之患。拟俟上海化铁药水寄到，即可分出成数，大约成数不致短少。惟该处民情不驯……是以职道拟于日内亲率矿师再往复看，即行赴省晋谒。查洋法熔铁，另需一种好煤去烟存质，名为焦炭。本省觅得此煤，免向远处采办，尤为合算，故仍以煤为铁之先筹。宜昌煤质仍属可靠，特煤层有无石质错杂，自非矿师精于地学，不能测

① 参见陈旭麓等主编：《湖北开采煤铁总局荆门矿务总局》，上海人民出版社 2016 年版，第 204~208 页。

其底蕴。”①

1877 年 8 月 16 日，李鸿章致函盛宣怀，询问勘查煤铁进展情形，“大冶之铁，黄石港之煤，履勘是否畅旺？……兴、冶铁石用化学分出各质成数若何？均甚悬系……开煤机器已备，铁矿机器尚未筹购，郭师敦考单又专指煤矿，阁下拟先煤后铁，所见甚是。鄂省矿务中外具瞻，成败利钝，动关大局，一涉颓沮，势必旁观窃笑，后来裹足。兴、济虽不必株守，鄂省则阁下立足之地，自应在鄂得手，方为办理有效”。②

不久，郭师敦提交了广济等处煤矿的勘查报告。报告认为广济煤“层既太薄，又太参差，质也下等……并无阔大平直之层堪以出入，挖之无益……仅合烧化石灰及民户代薪等用”，而兴国煤得出同样结论，“各矿俱在灰石之间，煤脉煤苗似乎兴国州属较广济县属所见更多。然煤无佳质，层不整齐，既不合汽炉熔铁等用，又无阔大矿形以供采择。机器开挖，均无庸议”。之后，郭师敦赴宜昌勘查，认为当阳有“上等白煤”，值得开挖。③

1877 年 9 月下旬，郭师敦又提交了大冶铁矿的化验报告。报告说大冶铁矿的“铁质净六十一分八八之多，矿之佳者推此为最。以熔生铁，洵称上等，再炼市销熟铁，亦无不可”。同时他在旁近之地发现了优良的“锰矿”，由于储量甚大，郭师敦估计“足供中国各厂一切需铁之用，所冀久挖不完，即所得之矿悉是佳钢佳铁矣”。此外，“又有灰石大矿佳而且厚，颇合熔炉之用”。他认为“所需惟有熔铁白煤一项须得包定若干，不致缺乏，方能济事”。④ 郭师敦在 5 个多月中，勘矿取得了很大的

① 陈旭麓等主编：《湖北开采煤铁总局荆门矿务总局》，上海人民出版社 2016 年版，第 210 页。

② 陈旭麓等主编：《湖北开采煤铁总局荆门矿务总局》，上海人民出版社 2016 年版，第 212 页。

③ 陈旭麓等主编：《湖北开采煤铁总局荆门矿务总局》，上海人民出版社 2016 年版，第 218、224、234 页。

④ 陈旭麓等主编：《湖北开采煤铁总局荆门矿务总局》，上海人民出版社 2016 年版，第 236 页。

进展。

郭师敦随即编制了《生铁厂成本报告》，提出“熔炉一座，应需各项各目及约核成本”的详细内容，共计需“规银十二万两，开炉熔化每年可出生铁一万二千吨”。①

郭师敦尽管确认了大冶铁矿优质的矿藏，并且编制了生产生铁计划，但是面对价昂的熔铁机器，财政紧绌的清政府，盛宣怀无能为力。1877年10月16日，李鸿章致函盛宣怀说：“此项机器汽炉需款甚巨，目前商股既未能招集，练饷亦无可添拨，只可暂作缓图。”②

盛宣怀并没有停止探矿步伐，他带领郭师敦等一干人马，“于（1877年）10月23日从宜昌起程，（26日）行抵沙市。即赴观音寺，会同地方官，向绅民说明延雇洋匠查勘矿务本旨，以免疑阻而生事端。部署既定，即回沙市”。11月7日郭师敦向盛宣怀提交了一份宜昌的《勘矿报告》，报告称：“当阳煤质乃上等白煤，甚合熔炉之用，质内炭灰尚少，硫磺全无。若以少许烟煤与此和匀，又可合气炉等用。”同时对大冶铁矿给予了进一步的肯定：“铁质分化极净……洵称上等佳铁，足与英、美各国所产之上等铁矿相提并论。”“铁层铁脉约有五百余万吨之数，若以两座熔炉化之，足供一百余年之用”，而且“地近长江，转运较便”。但是郭师敦强调，必须要煤铁同时开采，化铁煤斤需求巨大，“非并开煤矿不可”。而采煤最佳的地区是荆州与襄阳。③

盛宣怀接着马不停蹄地行动，11月11日“亲率矿师乘舟溯沙江，入漳河，水竭滩多，日行二三十里，十三日始获行抵寺”。11月17日，盛宣怀“同矿师等抵观音寺勘矿。郭师敦报称，窝子沟煤窿层齐质坚，可以开签试探，至明春进行”。11月23日，盛宣怀又“率矿师自观音寺起

① 陈旭麓等主编：《湖北开采煤铁总局荆门矿务总局》，上海人民出版社2016年版，第237~240页。

② 陈旭麓等主编：《湖北开采煤铁总局荆门矿务总局》，上海人民出版社2016年版，第244页。

③ 见盛档，《郭师敦勘矿报告》，光绪三年十月初三日。

程，赴大冶履勘铁矿”。12 月 15 日，盛宣怀“率同郭师敦等由武昌起程，（17 日）抵大冶黄石港，会同知县林佐，连日详勘铁矿，履察水道”。12 月 27 日，回黄石港，周历大冶县属沿江一带寻觅安炉基地。当时曾有将铁厂设在“黄石港东首半英里外”的设想，并派人购得铁山铁门坎潘姓的山地。1878 年 1 月 2 日，盛宣怀“同大冶令赴樊口，会同武昌凌令、黄冈恒令，督率矿师履勘武昌、黄冈所属南北两岸，上下百余里”。①

1878 年 1 月 14 日，盛宣怀收到郭师敦建议在黄石港置炉熔铁的报告，认为报告比较可行。于是，他在当月 21 日再次致函李鸿章，请求其重新考虑。李鸿章出于清政府财政困难、缺乏可供使用的官款的考虑，在批复中称：“大冶铁山虽经复勘，似有把握……须俟试炼铁质情况若何，安炉基地有无高阜闳厂，煤矿运脚是否合算，再行次第举办，勿多购熔炉机器，徒糜巨款。”② 由于他拒绝了盛宣怀的请求，盛宣怀开办大冶铁矿、兴建铁厂的方案只能搁置起来，这事一拖就是十多年。

八、湖北开采煤铁总局购得大冶铁矿山

盛宣怀并没有因此而退缩，1878 年 2 月，他安排总局的职员大量购买铁山地亩和黄石港江边适合置炉的土地，“以湖北开采煤铁总局名义买得大冶铁矿山”，并开始订购机器设备，为日后炼铁作适当的准备。盛宣怀并提出湖北矿务“先煤后铁”，“以铁为正宗”的宗旨。4 月，盛宣怀再次请求李鸿章拨款，并获得李鸿章“湖北矿务当以铁为正宗”的意见。5 月中旬，盛宣怀禀李鸿章说：“据面禀武、冶铁质之佳，矿产之旺，确有把握。”“请先开生铁炉一座，逐渐推广；荆、当煤质坚好，一无硫磺

---

① 以上参见张伟保：《功败垂成：从路径依赖看盛宣怀、郭师敦初勘大冶铁矿》，第一届汉冶萍国际学术研讨会论文集。

② 陈旭麓等主编：《湖北开采煤铁总局荆门矿务总局》，上海人民出版社 2016 年版，第 283 页。

夹杂，尤为所宜，虽运费较多，但以此煤能和美国白煤比，一吨足以抵两吨之用，开挖尚可合算，请先探签试办。”①

但是，此时李鸿章深陷广济煤矿债务危机之中，30 万串官款，亏损近 10 万串，朝廷对他与盛宣怀的指责不绝于耳，而且他更担心煤铁计划半途而废，徒费巨款而无寸功，甚至影响其政治地位。他一方面推荐周令锐到荆州“先行探签，一见煤层便须开井。大冶铁矿亦须筹股招商，次第举办”，部分同意了盛宣怀的湖北煤铁计划，仍冀盛有所突破，另一方面表示了无力承担煤铁同时开采所需的巨额资金，要盛宣怀通过招商来解决。

大冶铁矿坐落于黄石市铁山区，东邻三楚第一山——东方山，西接大冶古八景之一“雉山烟雨”——白雉山东距黄石市中心区 25 公里，东南距大冶市 15 公里，为黄石、大冶、鄂州三市的结合部。

大冶铁矿开采始于公元 226 年，迄今已有 1700 余年。公元 221 年吴王孙权自公安迁都于鄂，改鄂为武昌（今鄂州），在境地开采铁矿，制造刀剑，铁山成为孙权采炼的主要基地。尔后晋、宋、梁、陈都于此地设铁官，采矿冶炼。宋高祖刘裕为恢复中原，在铁山冶炼锻铸兵器，死后葬衣冠于铁山，并建有宋高祖庙。隋文帝时，江南民间钱少，遂命晋王杨广在白雉山南（铁山）设置 10 炉，开采铜矿铸造新钱（五铢钱）。唐、宋两代，开采尤盛，北宋设磁湖铁务于铁山之东，还设有大冶富民铁监，冶炼铜铁规模宏大，既制造刀剑、农具，又铸铁币。公元 1180 年，南宋朝廷在铁山设置铁山寨，抗金名将岳飞于公元 1134 年奉命屯鄂，在铁山一带采矿冶炼，炼制“大冶之剑”，并率领士卒多次战胜金兵。公元 1374 年，朱元璋设置兴国冶，铁山又成为兴国冶官铁的主要矿石基地，年产铁额在 100 万斤以上，明官赵景先还在铁山东面建有七宝庙，以护炉冶。

大冶铁矿共由 6 个大矿体组成，自东向西依次为尖山、狮子山、象

① 见盛档，《盛宣怀致李鸿章函》，光绪四年四月中旬。

鼻山、尖林山、龙洞和铁门坎，矿石储量比较丰富。6个矿体除龙洞矿体向南倾斜和尖林山矿体呈隐伏平卧状外，其他都向北向东倾斜。单个矿体长360~920米，倾斜延深100~550米不等，厚10~80米，局部可达180米。

大冶铁矿山的矿石主要是铁铜共生矿，铁矿物主要为磁铁矿，其次是赤铁矿，其他还有黄铜矿和黄铁矿等。矿石平均品位53.8%，最高的达54%~60%。矿石的还原性较差，矿石经烧结、球团造块后入高炉冶炼。

1878年8月21日，郭师敦将最新收到的英国化验报告呈送盛宣怀，报告称"大冶所产者为上等佳矿……堪以熔炼上等佳钢……（不宜）在此迁延，坐废时日"。盛宣怀于9月初再次致函李鸿章，禀称煤铁勘探已有相当把握，"现在大冶铁山均已买成，安炉基址亦已勘定，铁样既经熔出，成本亦曾约核，应购熔炉机器并已绘图寄赴英厂，专候去信定夺。至荆门煤矿上年亲往勘定处所，已饬该矿师绘图立说，据称确有把握。该煤……已炼过武、冶之铁，均称合用……此项取煤机器、铁路均已备齐，是湖北煤铁矿之端绪已彰显"。① 而李鸿章对盛宣怀的请求未予认可。

九、因资金不足等原因湖北矿务告一段落

1878年8月，盛宣怀决定选择荆门窝子沟作为主要采煤点，又经郭师敦反复探察，确认该地煤质俱佳，矿藏量有200多万吨，足够开采十余年。郭师敦催促盛宣怀速将上海机器设备运至荆门，尽早开工挖井，约三个月后即可出煤。李鸿章鉴于盛宣怀与郭师敦的信心，以及期望盛宣怀兼顾轮船、矿务、赈灾等事项，于1878年9月9日，对荆门煤矿的

① 陈旭麓等主编：《湖北开采煤铁总局荆门矿务总局》，上海人民出版社2016年版，第323~325、340页。

人事作了一些安排，指示，“批准所请委派李金镛为矿局总办，周锐为提调”，盛宣怀表示“自己因时有别项差委，不能专顾矿务，但仍随时会督妥商办理”。

1879年2月，李鸿章又派买办李秋亭到荆门帮助招股筹办。但李鸿章内心仍疑虑重重，他致函盛宣怀说：“荆煤单炼生铁恐无销路，兼炼熟铁难筹巨本……煤铁相去过远，水脚成本既重，未必获利，将来或专办煤矿，或兼办铁冶，或煤铁均难如愿……”李鸿章更担心收益，因为前期广济挖煤，借官本30万串，此时仅余14万2千串，“所难者官本不可亏耳”①。

1879年4月下旬，郭师敦在经过全面勘矿的基础上，对开采、冶炼的规模，所需的机器设备、人力资本、运输成本，包括管理经营费用等，作了全面的预算，给出了两种方案：开矿加建筑铁路约需资金50万两以上；不筑铁路而煤铁并办，约需20万两以上。资金成了大问题，本来总局资金已经捉襟见肘了，现在面对这么大数字的预算，怎么办？

盛宣怀与总局李金镛等人反复讨论，于1879年5月上旬，向李鸿章与湖广总督李瀚章作了检讨，说：“自愧菲材，暗于谋始，以致艰于图成”，并提出了两种对策：一是仍然官办，请李鸿章从制造、海防项下每年拨款；另一是由“官本官办”改为招商股，专办煤矿。1879年5月27日，李鸿章对于盛宣怀所提的前一对策，即由制造、海防项下拨款的提议，给予了“所请各拨一万五千两，均毋庸议”的批示，并指出：“若因经费不继，中道而辍，未免可惜。应照所拟招商开办之一法，较为便捷”，责令盛宣怀招商筹办。5月27日，李鸿章批准同意荆门、大冶矿商办，撤销盘塘总局。6月，正式结束湖北开采煤铁总局，另设荆门矿务总局。6月上中旬，接李鸿章批复后，盛宣怀与李金镛共同拟定《湖北荆门矿务招股简明章程》十六条，并决定招集商股10万两。

然而，招商股并不如预期，李金镛招商集股的能力有限，荆门矿务

---

① 见盛档，《李鸿章致盛宣怀函》，光绪三年七月。

总局原计划招集10万两股本，但是，实际只招到500股，总计5万两，真正到账的只有19200两，这与实际需求的资金相差甚远，由此，盛宣怀决定只能先用土法采煤、洋法炼铁，规模由小而大。1880年12月，荆门矿务总局再次招股，应者寥寥无几。结果是，荆门煤矿未能扩充，大冶熔铁炉没有开办。

资金不足，加上荆门矿务总局内部管理不善，具体经办人不抓生产，只是通过收购老百姓挖的煤，再转售出去，引起了地方的不满，荆门府蒋铭勋率先发难，状告矿务局“盖矿局所收之煤运赴下游，而近地用煤仍归附近居民采运也，其业此为生者不下数千户。今春闻矿局堆存沙市之煤零星出卖，当民煤连樯而至，骤落其价。乡民本小利微，何能久待？只能随之减价，折本以售。一俟民煤销尽，官煤复长价居奇。迨民船又集，则煤价又低。乡民深受其累，行户亦以为苦”。蒋铭勋毫不留情地批评道：“行一政而利于公家，不利于庶姓，已非善政。”1881年8月上旬，湖广总督李瀚章接到蒋铭勋的告发后，建议裁撤停办矿务局，李瀚章在给李鸿章的信中说：“荆煤本小民素有之生计，官家攘夺，已非设本局之本意，况又垄断以罔利乎！”指出荆门矿务总局的存在“上损国税，下碍民生，而于洋煤无毫末之损，于公亏无涓滴之益”。① 李鸿章根据实际情况，给予盛宣怀“实属办理荒谬”的训斥。② 为此，盛宣怀于9月2日禀报李鸿章，“湖北矿务开局以来，收支尚不敷钱六千四百二串二百六十七文，统由盛尽数垫赔，历经造具清册详报在案”。1881年10月28日荆门矿务总局正式撤销，盛宣怀在湖北的矿务之事告一段落。

---

① 见《李瀚章致李鸿章函》，光绪七年七月。

② 见盛档，李鸿章《札盛宣怀》，光绪七年七月二十七日。

第二章　盛宣怀对汉阳铁厂创建的关注

一、盛宣怀未了的矿务情结

19世纪70年代，盛宣怀在湖北的矿务很不顺利，广济煤矿煤质不行，不适合机器开采；荆门煤矿因资金不足、管理不善，引起地方不满，不得不被裁撤。大冶铁矿虽然勘得优质铁矿，盛宣怀又以湖北开采煤铁总局的名义购得大冶铁矿山，但陷于资金困难，无法进一步开采。

李鸿章在批评荆门矿务总局总办金德鸿的同时，对盛宣怀的批评也没有轻描淡写，1881年8月21日，李鸿章批评盛“试办武穴煤矿数年，既无丝毫成效，反多累官帑。开采荆煤，未几交金董接手，官气太重，事不躬亲，一任司事含混滋弊。所运之煤竟买自民间，运赴下游各口出售，攘夺民利……荆煤既无可采，应即将该局裁撤”。

9月2日，盛宣怀向李鸿章申述试办武穴煤矿不成的原因：“误听矿匠马立师之言，土法开采百余处，见煤者亦四五十处，而煤质碎劣，煤层薄散。”但认为“开煤窿甚多，养活穷民不少，颇得人心。在官在商，尚未能收成效，而于民则不为无益”。盛宣怀并再次向李鸿章禀告：“湖北矿务开局以来，收支尚不敷钱六千四百二串二百六十七文，统由盛尽数垫赔，历经造具清册详报在案。”

9月19日，李鸿章进一步对盛宣怀办理荆门矿不善的狡辩批评道：“该道等尚谓办理不谬，于事有益，人言冤诬，何其昧昧若此！……何其好为大言。……业经批饬，酌筹裁撤。”10月28日，李鸿章命令盛宣怀赶速裁撤，勿得借词宕缓，煤运完立即禀销关防。荆门矿务总局随即撤销。

事实上，那几年盛宣怀除了轮船招商局及赈灾等事项，可以说全身心扑在湖北矿务上，连家眷、孩子都顾不上。董夫人操持家务，身患重病，盛宣怀也没有回去照顾，1878 年 11 月 16 日，他从天津请假回家，21 日回到苏州，很快又赶到湖北盘塘总局，不久，又传来了董夫人病危的噩耗，只得速回，董夫人总算在临走前，见到了盛宣怀一面，当年 12 月，董夫人因病去世。

朝廷上很多官员或与之共事者，都对盛宣怀办矿务有正面的评价。如，1877 年 6 月，盛宣怀向沈葆桢报告，请求同意他辞去轮船招商局的职务，可专心致志地从事矿务工作时，沈批示道："该道明敏干练，才识兼优，湖北开采，与招商局务两事，尽可兼顾"，"即使李伯相准另派大员，亦须该道为之引冀"。再如，1878 年 8 月 31 日，湖北当地的官员李兴锐、郑藻如致函称盛"绸缪全局，力创其难，江汉数千里躬亲履勘，冒涉炎暑，一切调停筹划，费尽苦心。凡属同志孰不拜服倒地"。这是符合实情的。

当然，反对、批评湖北矿务的声音，可以说始终没有停止过。1879 年 6 月 15 日，地方大员吴元炳批评湖北矿务旷日持久，巨款虚耗，官本愈亏，商更裹足，中国需用煤铁依然仰给外洋，而徒多内地开矿之费，"实属无益而有损，转不如暂议停止之为愈"。1881 年 8 月上旬，李瀚章据人告发："盛赴鄂省开矿以来，扦煤武穴，成效未睹，亏累已多。继复设局于荆门，始而收买运售，既又集股开采。迄今三载，局务既无起色，亏项亦毫无弥补，而徒屡禀求公家减免税厘。"

这些批评与指责，有的是不了解实际情况，有的是道听途说，也有的是政局上的对立面，从根本上就反对办洋务实业的。

面对这些批评与指责，盛宣怀甚感委屈，1882 年春，他与友人书云："五年艰苦，屡濒于危，十万巨亏，专责莫诿。地利亿万年，暂置之犹可望梅止渴，竟舍之则泼水难收。天理人心，昭昭如揭。原拟俟东海得手，分资派员，先办荆矿，俟煤可供用，而冶炉反掌可成矣。”①

1884年4月下旬，李鸿章批示，“转致户部咨文内称：湖北开矿亏折直隶练饷钱十万串，应责成盛一人赔偿，不得以官款生息弥补；又盛经手苏典练钱生息有两笔，一笔减息二厘，一笔不减，难保无掩饰腾挪之弊”。② 盛宣怀在湖北开矿所承担的赔款，几乎将他与父亲盛康在江苏所开设的典当、钱庄十来年的盈利赔得精光。

盛宣怀后来与人谈起湖北矿务的赔款时说：“侄自李傅相奏调十四年，差缺赔累，祖遗田房变卖将罄，众皆知之。今再被此重累，恐欲求吃饭而不能。父年古稀，无田可归。从此，出为负官债之员，入为不肖毁家之子。”③ 关于湖北煤矿亏款，盛宣怀自认赔贴制钱一万串，这样连同垫用制钱六千四百二串二百六十七文，共赔一万六千四百二串二百六十七文。

轮船与矿务，作为盛宣怀办实业起步阶段的两大项目，他全身心地投入了进去，花去了十年光阴，而最后以受弹劾与赔偿告终，这是他当年满腔热情地去迎战时，没有想到过的。但是，这似乎是一位创新创业者必然要承受的。

盛宣怀并没有因此而退缩，他一方面想方设法筹款赔补煤矿亏款，积极承担李鸿章委派的电报架设、赈务等事宜；另一方面还认真总结办矿的经验。1882年下半年，他总结了办矿经验有七条：（1）首勘矿苗。（2）次辨矿质。（3）次查运道。（4）次计人工。（5）次募炉头。（6）次集资本。（7）次议税厘。

二、积极投入新一轮办矿热潮

19世纪80年代初，国内又掀起了一股投资办矿的热潮，其中尤以采

① 夏东元：《盛宣怀传》，四川人民出版社1988年版，第479页。
② 夏东元：《盛宣怀传》，四川人民出版社1988年版，第481页。
③ 夏东元：《盛宣怀传》，四川人民出版社1988年版，第482页。

煤和金属矿的开采与冶炼更受关注。首先，一大批开矿公司在全国各地设立，如在福建长乐、湖北鹤峰、湖北荆门、安徽池州、辽宁金州、河北开平（唐山）、河北平泉、河北承德、江苏徐州等地都先后出现了这种情况。其次，办矿热潮还表现在集股上，据1882年6月9日《申报》报道："每一新公司起，千百人争购之，以得股为幸"，这种抢购股票的情景，比比皆是，而以上海为甚。开矿公司如"长乐、鹤峰、池州、金州、荆门、承德、徐州等处，一经禀准招商集股，无不争先恐后，数十万巨款，一旦可齐"，① 不少人为抢买到了股票而感到幸运。最后，绝大部分的开矿公司，虽然尚未开工投产，而股票的价格却持续上涨，几乎所有股票的价格都超过了票面值，有的竟达到票面值的百分之二百以上。②

1882年7月，郑观应写信给盛宣怀，及时反映了这种情况，他说："近日欲开矿者甚多，因开采平泉、长乐、鹤峰股票大涨"，并劝告盛宣怀"亟宜趁此机会集股开办"这个"利人利己"的矿业。盛宣怀抓住这难得的机会，又一次涉足全国各省的矿产开采。

之所以出现这种局面，究其原因，首先是军工产业的发展，迫切需要廉价的煤炭、钢铁、铜、铅等金属原材料，与从国外采购相比，显然是自己开采、冶炼要便宜得多；其次，国内早期的工业体系正在逐步形成，除了航运之外，纺织、食品、缫丝等工业企业的兴办，有关百姓日常生活的手工作坊也明显增多，增加了对煤铁等原材料的需求；再次，社会上一部分人手中的资金比较充足，为外国企业服务的买办，以及一部分商人、地主、官僚都积累了一些财富，他们有投资的意愿；最后，外国势力尽管对中国的矿产虎视眈眈，但是毕竟受到清政府的制约与地方百姓的反对，而由中国人自己集资兴办矿业，反倒受到追捧。

19世纪80年代初，盛宣怀已经受命办理中国的电报，但是，面对国内出现的投资办矿热潮，他像以往一样，十分关注。开始他主要关注福

① 见1882年2月2日《申报》。

② 夏东元：《盛宣怀传》，四川人民出版社1988年版，第66~67页。

建长乐、湖北鹤峰的铜铅矿的开采与冶炼，这首先是因为他深知铜铅这些金属材料在军事、民用工业中的重要性。此外根据自己在广济、荆门等地几年开采煤铁的实践，他清楚铜铅的开采、运输成本与采煤相比，要低得多，而它们在市场上的价格却比煤铁高出许多。为此，他还研究了如何采取土洋结合的办法，来开采铜铅等矿，提出了“首勘矿苗、辨矿质、查运道、计人工、募炉头、集资本、议税厘”等程序。① 盛宣怀虽然关注长乐、鹤峰的铜铅等矿，而且获得了那里的矿样，但是，他并没有条件亲自去那里办矿。他亲自创办的却是山东登州的金属矿与辽宁金州的煤矿。

1882 年 6 月，盛宣怀受北洋大臣张树声的委托，率矿师池贞铨和委员冯庆镛赴烟台查勘铅矿，以备制造铅弹。八九月，他率池贞铨、冯庆镛勘得登州府属之宁海州棲霞县、招远县俱产铅矿。随即将宁海矿石送天津制造局化验，招远矿石送外洋化验，并拟定了《试办山东滨海各铅矿章程》十条。对此，李鸿章给予“亦尚周妥”的批示。

随后，他又派办矿务有经验的冯颂南、张逸卿、池贞铨、林日章以及英国矿师马利生等人一起到辽宁金州骆马山等地去勘查，在金州勘查的结果是苏家屯的铁质较好，而骆马山的煤质较差。盛宣怀与矿师对于在金州采取何种方案进行开采、冶炼，虽然存在着不同的意见，但是在勘矿的同时，他积极着手筹办成立矿务局。1882 年 9 月，金州矿务总局正式成立，盛宣怀任督办，并聘郑观应为总办，负责招集股份。招股预定的目标是二十万两，没有多少天，就完成了目标。

当时盛宣怀的主要精力还是放在电报这件大事上。1883 年春夏间，由于中法战争爆发，而架设福建至浙江的电报线，十分迫切，事关大局。面对这种情况，朝廷却拿不出资金，一时又难以筹到，架设电报线差一点成了一句空话。盛宣怀考虑到金州矿暂时还未全面开工，就将金州矿的股资十几万两，挪用于电报线的项目上去，并将矿股改为电股。按照

---

① 夏东元：《盛宣怀传》，四川人民出版社 1988 年版，第 66~68 页。

盛宣怀的设想，“矿电商股，皆盛所招募，以矿易电，商所乐从，股本无虑亏耗”。为了防止节外生枝，在办理过程中盛宣怀“均经详咨有案”，向政府部门打过招呼。

但是，很快就有人向朝廷控告，朝廷却不问青红皂白，作出对盛宣怀的弹劾，理由是“办理含混，铺张失实，课以降级调用的处分”。这种做法，连与李鸿章并不和谐的左宗棠也看不下去了，他站出来为盛宣怀说话，“奏保盛才堪大用，奉旨以海关道、出使大臣交军机处存记。事下南北两洋，会同查覆”。旋经曾国荃、李鸿章奏办，有“苏、浙、闽、粤电线所以速成者，皆该道移缓就急之功，于军务裨益尤大”等语，盛宣怀得以从轻发落，“旋得旨宽免降调处分，改为降二级留任”。而山东登州与辽宁金州的矿务均未达到预想的目标，盛宣怀只得暂时放弃。

即便如此，盛宣怀对矿藏的勘查与开采的关注，仍然没有放松。1888年9月27日，他又致电李鸿章，拟到外洋请一头等矿师，打算大举勘查和开采五金矿藏。①

三、张之洞下决心要在中国办铁厂

鸦片战争后，固步自封的中国国门被西方列强强行打开，清政府面临着严峻的形势，诚如李鸿章所言“实为数千年未有之变局”。张之洞在论及此形势时也说：“今日之变，岂特春秋所未有，抑秦汉至元明所未有也。”在“国步维艰，外患日棘”的局势下，如何奋发图强，维护民族主权，挽救民族危亡便严峻地摆在国人面前。作为清政府的封疆大吏，张之洞力抛“以农为本”的传统观念，主张将大力发展近代制造工业作为“富民强国”之本。他认为西方诸国迅速崛起全赖于工业的发展，“世人多谓西国之富以商，而不知西国之富实以工”。他清醒地认识到，传统的“农本”思想已无力扭转中国的贫弱现状，中国必须以近代机器大工业代

① 夏东元：《盛宣怀传》，四川人民出版社1988年版，第488页。

替传统的手工业生产。他说："中国生齿繁而遗利少。若仅持农业一端，断难养赡，以后口困日蹙，何所底止！故尤宜专意为之（指工业），非此不能养九州数百万之游民，非此不能收每年数千万之漏卮。"张之洞与其他洋务派人物不同的是，他始终把优先发展大机器工业置于压倒一切的地位。他批评"世人皆言外洋以商务立国，此皮毛之论，不知外洋富民强国之本，实在以工"，明确指出"工者，农商之枢纽也。内兴农利，外增商业，皆非工不为功"。"百工（化学）机器开采制造为本，商贾（行）销为末。"

张之洞这种"以工为本"的认识是符合人类经济活动和近代社会发展基本规律的，也是符合近代中国实情的，并因而触发了张之洞对近代钢铁工业的深切关注和开办近代钢铁企业的渴望。张之洞深切地意识到，要发展近代机器大工业，使中国富强以抵御外侮，首先要建立铁厂。他说："举凡武备所资，枪炮，军械，轮船，炮台，火车，电线等项，以及民间日用，农家工作之所需，无一不取资于铁。"① 随着职务的变动，他把自己创办铁厂的想法，寄希望于在湖北实现。他说："在我多出一分之货，即少漏一分之财，积之日久，强弱之势必有转移于无形者，是以虽当竭蹶之时，亦不得不勉力筹办。"在这样的思想认识的基础上，张之洞开始全力拓展钢铁工业的建设并首建汉阳铁厂，从而成为中国重工业的奠基者。

其实，中国近代最早创办现代钢铁厂的既不是李鸿章，也不是张之洞，而是贵州巡抚潘霨和他的弟弟候选道潘露。1885年潘霨获清廷批准，在贵州青溪镇开办了中国第一个新式铁厂，因其弟潘露曾在江南制造局多年，精于西学，因此被调至贵州督办铁厂。铁厂机器设备由英国谛塞德公司购进，1890年投产。1887年夏天，上海报纸曾刊登过一则贵州机器矿务总局"招商集股，开办矿务"的公告，宣称经朝廷批准，决定在贵州思南府青溪县城外购机设厂，先办铁矿。计划规模为"一炉所炼，

① 见张之洞：《筹设炼铁厂折》，光绪十五年。

日夜出铁约300余担”，预计投资约30万两。拟招3000股，每股100两，合计30万两。

另据薛福成（无锡人，外交家、洋务运动风云人物）1890年8月18日（光绪十六年七月二十九日）日记记载，青溪铁矿向英国谛塞德公司订购全副熔铁炉计英金6835镑，订购炼贝色麻钢炉计1927镑，轧造钢铁条板机床计1475镑，订购轧造钢铁条板所用汽机等件计2373镑，总计12000余镑。

据潘霨向朝廷报告，青溪铁厂于1890年6月16日（光绪十六年六月一日）开炉，“每日夜应出生铁二十五吨。炼钢现有贝色麻炉两座，每两刻能炼钢一吨，炼熟铁炉设有八座。轧条机现备十三副”，不料，事出意外，一个半月后，总理矿务的潘露突然死亡，潘霨报告朝廷，暂行停工。《中国矿业史略》在谈到青溪铁厂时称，“旋以厂之附近无煤可供采炼，焦炭需采于湾水，距厂数百里，价值太昂。故虽先后派有总办，用款三十余万两，始终未能开厂，至光绪十九年，完全停办”，可见当初办钢铁之不易。①

当然，张之洞也不愧为中国创办钢铁之先驱，他为办钢铁，很早就开始了一系列的筹划与准备工作。1881年至1884年，张之洞任山西巡抚。在山西期间，他接触到英国传教士李提摩太，对李提摩太给前任巡抚曾国荃提出的以工代赈、开矿、兴学、筑路等建议颇为重视，张之洞聘李提摩太为顾问，请他为山西官员定期宣讲声、光、化、电等科学知识，演示磁石吸铁、氧气助燃等实验。山西土冶铁业虽历史悠久，但在近代洋铁冲击下，日渐衰疲，且当时清朝“土铁尚沿旧制，不准出海”，更遏制了山西铁业的发展。张之洞到任后便谋划改进山西土铁的生产，多次致电总署，要求重振晋铁，并与李鸿章探讨过创办铁厂的问题，他向朝廷提出“请变通成例，改由天津出海，以轻成本”的建议。1883年，张佩伦奉调山西，张之洞向其提出“购洋铁非计，宜于晋省炼铁成

① 参见张实：《苍凉的背影》，商务印书馆2010年版，第147~148页。

条，供洋局之用”，并于第二年开始筹备具体事宜，因1884年调离山西而停辍，但张之洞并没有放弃这一未竟之事。

1884年，张之洞调任两广总督，时值中法战争期间，中法战争使张之洞直接接触到了外部世界。战争的曲折艰难和令人愤懑的结局，加速了他创办近代工业以自强保国的意识和时不我待的时代紧迫感。1885年，他向朝廷建议用新法开采广东惠州等地铁矿，以制造枪炮。1886年，他再次提出在广州城外珠江南岸凤凰岗建炼铁厂的计划，并说他筹办钢铁厂的本意是把“开辟利源”作为“自强之端”。因为当时中国本身不能制炼钢铁，所需用钢铁都从外国进口，这样既受制于人又耗费大量银两，仅1886年从外国进口废钢铁就耗银240万两。而中国新式的军工、民用企业每年都需要大量的钢铁原料，所以张之洞认为，只有“自行设厂，购置机器，用洋法精炼，始足杜外铁之来”。张之洞的这种希望发展中国的本土工业，减少对外国进口的依赖的想法是极具远见的。张之洞在提出建厂计划的同时，又电告出使英国大臣刘瑞芬，要其向英国订购熔铁炉二座，能日出铁100吨，并能炼熟铁，炼钢以及压板、抽条，兼制铁轨机器设备。显然，他的建厂愿望是十分迫切的。①

四、张之洞欲将原拟建的铁厂移至湖北

正在筹办之中的广州凤凰岗炼铁厂，因1889年8月9日（光绪十五年七月十三日）张之洞奉调到湖北任湖广总督而被迫中止。后经清廷批准，将原拟建在广州的铁厂移至湖北。

其实，真正将兴建铁厂的事项提上议事日程，是与中国铁路的建设分不开的。经过相当长一段时间的争论，1889年8月28日（光绪十五年八月初二日）清王朝慈禧太后颁发了一道懿旨，明确了修建铁路的

① 参见王奎：《张之洞与汉阳铁厂》，《襄樊学院学报》，2003年1月。

重要性，认为此事“造端宏远，实为自强要图”，并且决定采纳张之洞的建议，修建从卢沟桥至汉口的铁路，派李鸿章和张之洞会同海署负责筹办。

9月上旬，盛宣怀因俄国电报线路之事进京，当时正值慈禧太后颁发懿旨后数日，朝廷中关于修建铁路的事议论很多，焦点集中在反对借洋债的问题上。为此，9月14日（八月十九日），盛宣怀给张之洞写了一篇长长的禀文，提到：“……谒庆邸（庆王奕劻），皆以洋债为虑。黄漱翁（左副都御史黄体芳）封奏，专止洋债，海署毫无成算，北洋亦无妙策。管见不借洋债，不买洋铁，八年亦可一气呵成。……初二寄谕（指慈禧的懿旨），著李、张会同海署将一切应行事宜妥筹开办。枢（指军机处）意深盼到京会商，如请陛见必准。”盛宣怀并明确表示赞同张之洞的方案。

为了修建铁路，张之洞提出“宜以积款、采铁、炼铁、教工四事为先”，从筹集资金、开采铁矿、炼铁、培训人员做起，并拟定了一个修建卢汉铁路“储铁宜急、勘路宜缓、开工宜迟、竣工宜速”的十六字方针，认为铁轨等一系列材料的供应，必须通过兴建铁厂来解决。

此时，正值张之洞被任命为湖广总督，他在赴湖北上任之前，只知道“湖北大冶县，向来产铁，该县近省滨江”，为了提前进行部署，1889年9月21日（光绪十五年八月二十六日），张之洞电请湖北巡抚奎斌派人去密查。奎斌接到张之洞的电报后，又去电向盛宣怀询问大冶铁矿的情况。10月16日（九月二十二日），盛给奎斌复电：“在京奉醇邸面谕查勘大冶铁矿。现派比国头等矿师白乃富赴汉，已抵镇江，到日请派员送往。”奎斌随即又将盛的复电转告张之洞。10月25日（十月初一日），盛宣怀又给广州的两广总督衙门发了一封电报，告诉张之洞：“湖北煤铁，前请英矿师郭师敦勘得，如果开办，仍请原经手较易。在京原荐主赫德面订，保要请时再电英国。”

张之洞接到盛宣怀的复电后，尚未及对大冶予以关注，就传出朝廷中对修建铁路之事有各种非议，于是 11 月 1 日（十月初八日），张给主管海军事务衙门的醇亲王奕譞发了一封长电，期望醇亲王不动摇修铁路的信心。11 月 2 日（十月初九日），李鸿章又致电张之洞，说：“……鄂豫直长路，实自公发端也。尊论‘四宜’，只得如此。筹划开矿，炼成钢条，器款甚巨，岂能各省同开？粤既购机炉、雇矿师，似宜就大冶开办。黔铁难成而运远，断不可指。晋矿佳，惜无主人耳！”李鸿章同时将自己的意见禀告醇亲王奕譞：“窃思粤既购机炉，雇矿师，亟应就湖北大冶开勘办。”并强调“西洋开矿至炼成钢轨，节目甚繁，器款甚巨，岂能各省同时并举？多糜费，少实济”。11 月 8 日（十月十五日），醇亲王给张之洞回电说：“阳电备悉，炼铁之论可佩，余均意见颇同。大冶下手，自是正办。”于是，初步定下了开发大冶铁矿的事宜。接着，张之洞致电海军衙门与盛宣怀，要求在他路过上海时，与盛宣怀进行面谈，请盛宣怀详细介绍大冶铁矿的情况。

11 月 11 日（十月十八日），李鸿章又致电张之洞，说：“惟炼铁至成钢轨、铁桥、机车，实非易事。日本铁路日增，至今工料皆用土产，惟钢轨等项仍购西洋，非得已也。粤既购采炼机炉，应运鄂试办。大冶铁质好而无煤，须由当阳运煤乃合用，虽滨江亦稍费事。此外各省产铁处距水太远，难收实效。且无款无人，从何下手？……鄙意并无参差，自愧年衰力薄，不获目睹其成耳。”李鸿章根据他当年指派盛宣怀在湖北办矿务的经验教训，向张之洞进言，建议他将在广东订购的机炉，运到湖北大冶来开办。

将原拟建在广州的铁厂移至湖北，已是张之洞基本定下的目标，但是因盛宣怀提出，从修建卢汉铁路的角度看，铁厂选址是否有更合算的地方，于是，1889 年 12 月，张之洞在赴湖北上任的途中，于上海约见盛宣怀，除商谈办铁厂之事外，还进一步商议了铁厂的选址问题。当时为适应卢汉铁路的建设，提出的设厂地址是“在湖北大冶和当阳，江苏徐州利国、贵州青溪等煤铁产地选择一处开办”。①

五、张之洞为办铁厂与盛宣怀面商

1889年11月8日，张之洞接到海军事务衙门醇亲王奕譞的“大冶下手，自是正办”电令后，积极进行筹备，为此他一再致电盛宣怀，询问大冶的有关情况，探讨有关炼铁的问题。

11月14日，张之洞看到李鸿章11月11日来电中提出的“大冶铁质好而无煤，须由当阳运煤乃合用”的说法，便致电盛宣怀询问有关情况，在询问中竟还问到了“能否用木炭炼铁”这样的问题。11月15日，盛宣怀回电致张之洞，主动提到以下问题：“本年派比国矿师白乃富，遍寻近水煤铁相连之矿，本不拘于大冶。因奉邸谕，开鄂矿办汉路较便，复派白乃富赴兴国一带勘煤并勘沿江煤铁，约年内勘完，拟比较地质，选定一处，详细具禀。……可否请缓数月，容矿师查毕，有无比冶、当合算之处，算拟切实条款，禀请核夺。”

盛宣怀回电中所说的“煤铁相连”、比大冶、当阳更合算的地方，实际上是指江苏徐州的利国驿。自1888年9月27日，盛致电李鸿章：“拟到外洋请一头等矿师，打算大举勘查和开采五金矿藏”后，不久矿师白乃富就来到中国，协助勘矿，根据白乃富勘矿的情况汇报，盛认为开采江苏徐州利国的煤铁，对修建卢汉铁路来说可能更为合算，所以提出这个想法。

盛宣怀根据自己的经验，在电报中还提出一些建设性的意见，如：“机器均须因地因质”，“西法办矿断无不先定矿地办法而后照图购器者”，指出了办矿也必须遵行合理的技术路线，不能随意颠倒程序。他又强调“中国用洋铁少，集资本难，目前只可专注一矿”，应当“计久长，策远大，但期利稳，不虑本重”，一定要先筹集好资金，以便开煤炼铁一

① 吴剑杰：《张之洞年谱长编》，上海交通大学出版社2009年版，第263页。

气呵成。

对于张之洞关心当阳的煤大冶是否合用的问题，盛宣怀告诉他，当阳的煤虽然路远，却是白煤，不必再炼焦；须造小铁路数十里，并说明了木炭贵而供应不上，炼钢仍应用煤的道理。盛宣怀还再一次提出“如开（大）冶，当应仍请郭师敦，事半功倍”的建议。

11月18日，张之洞致电盛宣怀：“阁下能来沪面商铁事甚好。……缘海署来电，注重先办大冶。”此时，张之洞即将离开广州，他打算走水路，经过上海赴武昌上任，借此机会两人在上海会面。当时盛宣怀任山东登莱青兵备道兼烟台东海关监督，这是盛第一次担任道台之职。张之洞作为湖广总督与盛宣怀在行政上没有隶属关系，为此11月24日，张之洞向海军事务衙门报告，鉴于开发大冶铁矿的决策，考虑到盛宣怀曾对大冶铁矿的资源作过考察，并且又了解湖北煤矿的情况，“拟请代为转奏，令该道至沪一晤，俾得询商大冶铁矿并开煤设厂一切事宜，实于公事有益”。

11月30日，海署复电张之洞，同意将此事禀报皇上，待皇上的旨意下来后，再回禀于他。张之洞当天就将11月24日致海署的原电发给山东巡抚张曜，通报此事，并请转告盛宣怀。张之洞在办铁厂事上对盛宣怀的倚重、盛宣怀对张之洞办铁厂的关注与热心，已经十分明显。三年后，1892年12月3日，张之洞在致李鸿章的信中说：“三年前，初议建设铁厂时，盛道曾条上一禀，有慨然自任之意。”张当时已觉察到盛宣怀的意图并留下了深刻的印象，特别是当张之洞为办铁厂“亟须筹定常年成本，计每年需银一百万两”而心力交瘁时，他开始思考交棒的问题，并想让盛宣怀来接棒。他向李鸿章求援，并特地派了盛宣怀的侄子盛春颐，去找盛宣怀与李鸿章，点名要盛宣怀赴湖北招商承办，因李鸿章未允诺，盛宣怀才“须炼成钢铁后始能承领”，致使此事搁浅。①

---

① 参见湖北省档案馆编：《汉冶萍公司档案史料选编》上册，中国社会科学出版社1992年版，第120页。

1889 年 12 月 2 日，盛宣怀收到海署命他到上海面商铁矿事宜的电令，12 月 10 日，盛宣怀抵达上海，张之洞也随即抵沪，两人为办铁矿等事宜，商讨了数日。盛宣怀对办铁厂有着某种特殊的情感，一是当年他在湖北广济、荆门、大冶等地办煤铁时，曾经就提出过“先煤后铁”，“以铁为正宗”的宗旨，对于办铁厂在当时他就曾试探与实践过，只是由于种种原因未能继续办下去；二是盛宣怀对湖北的情况十分熟悉，当时他在对煤铁进行勘探、开采、冶炼的过程中，涉及的地域范围相当广，湖北境内的长江两岸，他几乎都跑遍了，而且他还买下了大冶矿山。因此，对如何选择厂址等问题，他有比较清晰的见解。

张之洞除了向盛宣怀了解大冶铁矿、湖北矿务等情形之外，与盛宣怀所商谈的主要议题，一是铁厂是采取“官办”，还是采取“商办”；二是铁厂的选址问题。前一个问题因为意见不一致，没有进一步深入下去，后一个问题，源于清政府已经准备修建卢汉铁路，当时商议提出的设厂地址是“在湖北大冶和当阳，江苏徐州利国、贵州青溪等煤铁产地选择一处开办”。① 盛宣怀因与张之洞的意见不甚相同，之后没有参与铁厂的筹备工作。但是，张之洞答应，在铁厂建成投产后，将会弥补盛在办湖北煤矿开采时的损失。

当然，盛宣怀与张之洞在办铁厂这个问题上，最大的分歧是究竟采取“商办”还是“官办”。盛宣怀因为张之洞听不进自己的意见，放弃了参与铁厂筹备的打算，还直接把他们的分歧捅到了庆亲王奕劻那里，他在给奕劻的信中说：“外洋煤铁矿皆系商办。商办者必处处打算，并使货美价廉，始可以不买他国之铁，以杜漏卮。”② 他在另一封信中说：“大冶铁矿官办必致亏本，不仅（垫支的）二百万无着”，而且可能还要付出更大的代价。③

① 参见吴剑杰：《张之洞年谱长编》，上海交通大学出版社 2009 年版，第 263 页。
② 见盛宣怀《致庆邸禀》，光绪十六年九月。
③ 见盛宣怀《禀庆邸》，光绪十六年十月。

六、选址的争议实质是管辖权的争夺

1889年12月18日，张之洞离开上海后，盛宣怀向北洋大臣李鸿章提交了《筹拟铁矿情形禀》："接奉北洋大臣、山东抚宪电饬，海军衙门奏令赴沪面商铁矿事宜。"报告中就筹备铁矿提出了四条纲领性的意见：一是"责成"，先行奏派大员一人督办。二是"择地"，除了大冶外，又提出江苏徐州利国铁矿、煤矿，并要将大冶、武昌的铁矿和当阳煤矿与利国矿一起"均归该局开办"。三是"筹本"，在分别阐述了官办和商办两种办法后，明确提出主张商办。估计开办资本至少需银180万两，拟招集华商股银80万两，并请户部借拨银80万两，五年后分十年归还。四是"储料"，为修建卢汉铁路，应先购置制铁轨的机器，但必须落实经费和期限。报告请李鸿章审核之后，与海军衙门"会奏施行"。这份报告同时也提交给湖广总督张之洞一份。

12月20日，张之洞抵达湖北武昌，随即先后多次致电海军衙门，他在12月24日的电文中向海署报告："……盛道宣怀到沪，连日晤谈，详加考究。"张之洞也十分关注洋矿师白乃富勘探煤矿的问题，因此和盛宣怀商量，派白乃富再到湖北，沿江上下勘查别的煤矿。他在给海署与李鸿章的电文中说："管见总以煤铁矿距鄂较近者为宜。"明确表达了自己不考虑开发江苏徐州利国矿的想法。

但是，盛宣怀仍关注着开发利国矿的事，他于1890年1月4日致电李鸿章，说："矿师复勘利国二层煤可制焦炭，煤铁相近，自比当煤冶铁近便，据前办利矿之胡光国面议，须给五万两方能了结旧股，移交另办。已派经元善、钟天纬带同华工匠前往估价，俟估议定妥再禀请核夺，以免开办大冶，忌者谓我存私，更免调鄂，诸多为难。惟香帅不甚愿，现又电调白乃富赴鄂矣。"

李鸿章在收到盛宣怀电文的当天，即复电盛宣怀，除简要地复述了张之洞12月24日电文的内容外，明确告诉盛宣怀："彼既不愿利国，尔俟估议定妥禀夺。开矿以筹款第一要义，巨款从何指拨，海署必不肯分认两处也。”要盛宣怀断了开办江苏徐州利国矿的念头。

1890 年 1 月中旬，张之洞聘请的矿师英国人巴庚生，德国人毕盎希、司瓜兹，盛宣怀派来的比利时人白乃富，以及从广东来的铁路工程师德国人时维礼，先后到达武昌。张之洞与他们分别详谈。由于白乃富已于一个多月前去过大冶、阳新等地并进行了实地勘察，此时，他对张之洞说：“大冶铁佳，以理论之，附近百里内外必有煤。如沿江上游宜昌以下有煤，大冶铁亦可炼。”

那一年春节前，张之洞派人陪同这些洋矿师先去大冶，然后溯江而上，沿途至宜昌，专程找煤；同时又委派高培兰、欧阳炳荣、杨湘云、杨秀观等一批候补知县率人进入湖南、贵州，至宝庆、衡州、辰州、青溪等地查勘煤铁。按照张之洞的想法，“如大冶实无煤，或用湘煤炼冶铁，或用湘煤炼湘铁，或参买黔铁”。他致电李鸿章，说：“至徐州利国监煤铁，曾与盛道及白乃富议及，矿均可用，但距鄂远，且冬春运河浅涸，似可稍缓，俟鄂必不能炼再议。”对开发利国矿再次明确表示了拒绝。同一天，他也向盛宣怀发了一封电报，直接告诉盛宣怀：“现派员赴冶，溯江勘访”；“利国矿诚佳，但远鄂，且运河多涸”。

张之洞、李鸿章都已明确放弃利国矿了，但是盛宣怀还不想就此作罢。1890 年 1 月 21 日，盛宣怀再次致电张之洞，要求让白乃富到下游去找煤矿，又说：“闻英德矿师已到，可否令复勘冶、利两矿，早为定议。”他自认为还未定议，仍然不愿放弃利国矿。1 月 22 日，盛又致电张之洞，说应先勘大冶，湖南运输不便、民情顽固，反对去湖南。

1 月 30 日，盛宣怀给张之洞写了一封信，信中着重回顾了光绪二三年间自己督促和率领郭师敦亲自勘矿的情况：“……下游至广济、兴国，上游至归、巴等处，所见煤矿甚多，煤质无一可炼铁者。宜昌以上，运道尤难，即有佳煤，运费断不合算。况当阳煤质无须改制焦炭即合烹炼之用，无有佳于此者。只因清溪河驳运繁费，运至大冶，每吨约合银五两，比煤铁生在一处者，每吨煤价须多费二三两，每年约用煤十六万吨，十年计之，多费银子三四百万。”盛宣怀在信中又建议：“宜昌之上以及湖南采办，恐更不止五两之价，应请宪台饬白乃富等只需在沿江寻觅，似不必拘定鄂界。凡不通水路处，纵有好煤亦不足取。”并且又提出：“职道深知武昌上游沿江并无好煤，可否准令白乃富先勘九江下游。”

2月1日，盛宣怀又致电张之洞，说：“大冶一带无好煤，池州、铜陵一带必有好煤”，“运大冶甚便”，要求让白乃富去大通，或者让英德矿师去勘查上游，“腾出白（乃富）勘池州”。对于盛宣怀的建议，张之洞不予理睬，第二天，张复电说：“池煤开采有年，闻多而不佳，似可从缓”，“白乃富自宜同勘鄂境”。

盛宣怀与张之洞表面上是在争夺白乃富，实际上，真正争夺的焦点，在于张之洞极力要把铁矿、煤矿连同将来的铁厂都抓在自己的手中，将它们限制在自己可掌控的湖北境内。①

七、张之洞答应给大冶铁矿补偿

张之洞与盛宣怀在上海会谈三个月后，1890年3月12日，李鸿章致电张之洞，说：“盛道前禀利国矿事，拟暂缓议，候鄂信。”并告知张之洞“鸿二十五起程赴京”。张预计李鸿章将与海军衙门及朝廷研究炼铁的问题，3月16日，他给海署与李鸿章同时发了电文，其中谈到“盛道前在沪具一禀，所拟招商股办铁厂办法与鄙见不甚相同，商股恐不可恃，且多胶葛，与现在情形亦不合。……现决计以楚煤炼楚铁，取材总不出两湖，利国矿只可缓议。所拟奏派大员一事，尤可不必”。

张之洞当然知道盛宣怀在办实业方面的能力，如果有盛宣怀的合作，对办铁厂是很有利的。但是张之洞对盛宣怀“商办”的主张是不认可，也不能接受的。他既担心商办征集不到民间资金，又觉得商办很麻烦，

---

① 以上参见张实：《苍凉的背影》，商务印书馆2010年版，第197~208页。

“且多胶葛”，担心商办会影响他的掌控权，而且他认为海署已经同意用铁路经费来办钢铁，资金有了来源，所以说“与现在情形亦不合”；此外，铁厂是不是在湖广总督管辖的境内办，也涉及自己的掌控权，江苏徐州的利国驿距武昌与卢汉铁路施工地甚远，交通运输又不便，那里既是南洋大臣、两江总督的辖区，又是北洋大臣、直隶总督李鸿章的势力范围，在利国办矿，等于交出了自己的掌控权；还有，盛宣怀提出“奏派大员一人督办”，这更是张之洞不能接受的，如果照此办法，以后“用人立法”，都由此人随时禀商李鸿章定夺，那将会把自己架空，对于一心想在机器大工业、钢铁工业上有所作为的张之洞来说，是绝对不能接受的。

3月22日，海署与朝廷商量后，致电张之洞，说：“盛道管见，应毋庸议。”表达了对张之洞的支持。

盛宣怀的建议被张之洞与海署否定后，尽管盛宣怀不打算参与张之洞铁厂的筹备工作，但他仍然十分关心张之洞在湖北的动向。3月30日，盛宣怀在对格致书院学员钟天纬论文的批语中，对该员奉调赴鄂参与筹办铁厂一事非常高兴，说这是“坐而言者起而行，继我未竟之志，殆亦天假之缘也”。①

正当张之洞感到可以轻松上阵时，4月24日，由海军事务衙门的醇亲王奕譞与奕劻署名的一份来电，使得张之洞感到十分震惊。他们在电文中告知张之洞，最近朝廷两次研商关东的局势，均提及“铁路宜移缓就急。先办营口至珲春，续办卢汉”，并说“此时先将今年二百万归鄂，经理炉矿等，明年改归东路”。奕譞等认为卢汉铁路可以缓办，但是建厂炼铁不能停止。奕譞询问张之洞有何主意，经费如何解决？奕譞还告诉张之洞，作为铁路经费的新海防捐，户部收的归海署支配；各省上交的先给北洋归还70多万的津沽路外债。湖北要求将上交的新海防捐留下来

① 夏东元：《盛宣怀传》，四川人民出版社1988年版，第490页。

办矿，必须得到北洋的同意。奕譞与奕劻的来电，等于给了张之洞当头一棒。

正在张之洞为难之时，4 月 26 日，张之洞又收到了盛宣怀的来电，向他索要提供大冶铁矿的补偿，电文中说："……今冶矿既归官办，商人垫款屡向宣索，只得具禀请示乞恩。开矿以得地为难，既得佳矿，不患不获大利，西洋有糜巨款而始觅到者，中国亦然。宪台大气包举，为公收利，想亦不肯使商人受累。"①

5 月 20 日，张之洞给盛宣怀回电，电文中承认盛宣怀发现并购买大冶铁矿的"首功"，并答应"拟每年酌提余利若干以为酬劳，尊意拟如何办理，望密示"。

5 月 26 日，盛宣怀回电张之洞，叙述自己在湖北办矿"徒抱苦心十五年，空赔公款十五万"，并"以此败家"，内心之酸苦，一般人难以想象。之所以提出商办和开发利国矿，实为"招劝华商出资接办，拟每吨煤、铁酌提若干弥补此项，俟弥补毕，仍提捐助赈。嗣奉电谕改归官办，只得议开利国以图补救。华商仅能凑本八十万，又未敢轻动，且虑两矿自相倾轧，不能彼此联络，踌躇未决。伏蒙下询，如可于荆煤按吨提银一钱，冶铁按吨提银三钱，代为弥补，垫赔官本"……

第二天，张之洞给盛宣怀回电，答应盛宣怀，在铁厂建成投产后，生产钢铁每吨提银二钱以弥补盛宣怀在办湖北煤矿开采时的损失，如以年产六万吨计，岁可提一万二千两，如果年产在五万吨以下，"即以岁提万金为断"。②

① 张实：《苍凉的背影》，商务印书馆 2010 年版，第 210~211 页。
② 见张之洞《致上海盛道台》，光绪十六年四月初八日。

第三章　张之洞竭尽全力创建汉阳铁厂

一、力排众议，张之洞在大别山下建铁厂

海署与朝廷研究后，支持张之洞的主张，同意把煤矿连同将来的铁厂建设在湖北境内。于是张之洞在湖北积极推行“新政”，经过一系列调查研究后，在湖北大举筹建铁厂。

1890年春，张之洞在武昌水陆街旧营务处公所设立湖北铁政局（后又改设在武昌三佛阁），任命蔡锡勇担任总办，开始创办钢铁厂。建钢铁厂在中国实属首倡，因而创业伊始，举止艰难。按照当时西洋惯例，大型钢铁企业的选址，或近煤矿，或近铁矿，以利取材方便，经济合算。加之钢铁厂的规模大、设备多，各种机器安装下来不容易随便拆卸迁移，所以建厂之前，必须首先选定合适的地方。因此，在建铁厂的具体选址问题上，当时就出现了激烈的争辩。

张之洞在广东倡设铁厂时，并没有详细勘察两广地区的铁矿和煤矿蕴藏量，只因看见洋铁充斥市面，严重打击土铁销路，便决定选择水运便利、地势平广的珠江南岸凤凰岗建厂。他这样决定，显示出对钢铁厂的建设认识不足。张之洞对工业化的认识，主要在出任山西巡抚时，受李提摩太的影响。他在广东筹办铁厂，关于煤铁的工作多依赖蔡锡勇（1847—1897，福建龙溪人）和粤督方耀。蔡锡勇“器端识运，心细才长，熟习详情，深通泰西语言文字。于格致，测算，机器，商务，条约，外洋各国情形政事无不详究精研。同治六年（1867年）毕业于广东同文

馆，后入总理衙门天文算学馆学习……然后才在广东助张之洞办洋务，有不少经验，包括处理银元局、水陆师学堂、鱼雷局、海图馆等。不过，现代钢铁厂在中国属于首创，蔡锡勇所知有限，而设厂有关的决定，最终亦须张之洞决定。所以张之洞选在煤、铁都不丰富的广东来办厂，便是单凭热心和干劲，欠缺知识和详细计划，自然会疏忽了很多重要事情”。①

厂址的选择颇费周折。煤矿和铁厂之间的选址以谁为主？李鸿章在1890年2月初曾致电张之洞：“西洋都以铁石就煤，无运煤就铁者，炉厂似宜择煤矿处安设。”张之洞为此询问洋矿师，洋矿师告知：“外洋有移煤就铁者。”② 通过调查研究，张之洞致电李鸿章，提出湖北“铁聚而煤散，铁近而煤远。铁逆水而煤顺水，且煤在鄂省上游及湘省内河。若运铁石往炼，炼好又须运下武汉，是煤一次而铁两次矣，故鄂事以运煤就铁为宜。且距省城近，经理较便”。③ 盛宣怀对张之洞“运煤就铁”的计划并不反对，只是主张小心行事，提议先派矿师在（黄石港）大冶附近详细勘察清楚，确定区内的铁矿和煤矿情况，然后才选择合适的地方做厂址。④

5月9日，盛宣怀侄子盛春颐致信盛宣怀，说“白乃富拟在武汉设厂炼铁，帅意颇以为然。缘铁总须运出，且一分铁、三分煤，煤多于铁也”。⑤ 盛宣怀接到盛春颐的信后，于5月25日致电张之洞，对在武昌设厂提出不同意见：“白乃富云武昌设厂，是铁石、灰石皆须逆运，恐运费太巨。郭师敦原勘在黄石港近灰石山处，觅定高基，安置机炉，荆煤下运黄石港与武昌，运费必不相上下，此系二百年远计，似宜从郭不从白。

---

① 参见郑润培：《汉阳铁厂的选址与经营》，第一届汉冶萍国际学术研讨会论文集。

② 吴剑杰：《张之洞年谱长编》，上海交通大学出版社2009年版，第272页。

③ 薛毅：《关于汉冶萍公司研究的若干问题》，第一届汉冶萍国际学术研讨会论文集。

④ 郑润培：《汉阳铁厂的选址与经营》，第一届汉冶萍国际学术研讨会论文集。

⑤ 见盛档，《盛春颐致盛宣怀函》，光绪十六年三月二十一日。

宣凡有所见，必直陈宪台，事后必知宣心无他，宣言皆实。”①

应该说，在众多反对者中除了盛宣怀与郭师敦之外，均未实地勘查过大冶黄石港，对实际情况并不了解，大多是根据西方经验来判断的。盛宣怀在获知张之洞拟将铁厂设在汉阳后，立即致电表示反对，主张应设在黄石港，但是没有被张所采纳。在此情况下，他向李鸿章禀报，“大冶江边煤铁锰矿与白石均在一处，天生美利，如在江边设厂，百世之功”。如建在大别山（现汉阳龟山）下，“转运费力”，“将来迁徙不易”。希望李能对张之洞施加影响。另外，他还致函张之洞的政治庇护人庆亲王奕劻。盛宣怀认为炼铁厂与原材料、燃料距离太远，他说这样做是“舍近图远……运远本重”，必将增加产品的成本，“必不能敌洋料”。②参与筹办铁厂的格致书院学员钟天纬亦反对在汉阳设厂，提出应“择沿江百里以内，轮船一日亦可往返”。他推测在省城下游有大青山、小青山、白虎山等处，均在江之南岸，内湖外江地势必然高亢，必然有适合建厂的地方。

盛宣怀认为张之洞之所以这样做，是与官本官办有关的，他说：“如果及早改归商办，就大冶江边设炉开炼，以就煤铁”，必能做到“轻运费而敌洋产”。③ 盛宣怀为了实现自己的主张，又提出了一个折中方案，即如果大别山下的厂址不变，那就“以大别山为炮厂，以大冶为铁厂，则无论官办商办，均能百世不移”。为了表明自己的决心，他说：“将来综计运费成本孰糜孰省，当以刍献为谬也!”④ 这场在铁厂选址上的争议，并未动摇张之洞的决心。

张之洞对于建炼铁厂与煤矿铁矿的关系是有自己的看法的。他说：“炼铁厂自以附近产铁地方为最善”，“查开炼铁炉，若论常法，自应于煤铁相连处设之。惟地理物产不能一律巧合，则亦难尽拘”。为此他不辞

① 见盛档，盛宣怀《上张香帅》，光绪十六年四月七日。

② 见盛档，盛宣怀《禀庆邸》，光绪十六年十一月十六日。

③ 见盛档，盛宣怀《禀庆邸》，光绪十六年十月。

④ 见盛档，盛宣怀《禀庆邸》，光绪十六年十一月十六日。

劳苦，四处勘择，“铁厂地沿江上下数百里，遍觅难得”，“复饬于省城各门外及沿江沌口、金口、青山、金沙洲、沙口一带上下数百里寻觅测量，非属低洼，即多坟墓；否则距水较远，滨江无一广平高燥之处”。

之后，张之洞在奏折中提出自己在汉阳大别山建厂的六个理由，其中两个理由是从经济角度着眼的，一个理由是从技术人才方面来考虑的，另外三个是有关经营管理方面的。“他的考虑，其实十分符合当时（官场的）社会环境。很多地方官员，甚至中央大员……他们着眼的多是费用开支，张之洞要顺利建设，必须要取得他们的信任和支持，所以他从管理着眼是有实际上的需要。而且很多官员以种种理由安插自己人任职汉阳铁厂……为了增加对这些人的监控，管理的考虑便成为一个必然的选厂址因素。最大的问题……（是）管理方面仍然百病丛生。……厂务都是采取官场中的方法来处理，极力铺张，不重实际”；而“从经济学角度来说……他说节约运费，也显出其对钢铁生产不了解，把原料、燃料和制成品的运输费用混为一谈，全以同一单位价值来计算，十分错误”；“关于人才方面，因为……人才难求……张之洞这才兴起‘通融任使’的想法……但各厂需求的人才有异，各洋匠的专长技术不同，通融使用……只会使厂方受到损失”。①

经过反复勘择，全面权衡斟酌，并在中外工程技术人员讨论的基础上，张之洞拍板定夺，在汉阳大别山下择址建立炼铁厂。他在致海军衙门的电报中说：“今择得汉阳大别山下有地一区，长六百丈，广百丈，宽绰有余，南枕山、北滨汉，面临大江，运载极便，气局宏阔。亦无庐墓，与省城对岸，可以时常亲往督察，又近汉口，将来运销钢铁货亦便，惟须填地基九尺，则盛涨不淹，沿江亦须增堤数尺耳，筑地虽贵，较之他处筑闸开河，所省尚多。”张之洞又进一步阐述了选址汉阳的诸般理由：“此限鄂省地势，又参酌中国人情，无可如何。”由于人才难得，“通达洋务谙习机器者尤不易……（至）西洋工师，给算各生，尤不敷用。若

① 参见郑润培：《汉阳铁厂的选址与经营》，第一届汉冶萍国际学术研讨会论文集。

三厂（炼铁、织布、枪炮）均集中于武昌、汉阳，皆可通融任使。”他又说：“外洋各工师以为宜，洞亦亲阅可用”，“当经督饬局员及学生，洋匠详加考核，以为此地恰宜建厂”。张之洞还敏锐地指出：“员司虚浮，匠役懒惰，为中国向有之积习，不可不防；厂距省远，物料短数……百人仅得八十人之用，一日仅作半日之工，出铁不出不精，成本即赔。”“再中国与外洋不同，此厂若不设在附省，将来工料员役百弊丛生，必致货不精而价不廉，一步出入以数十万计，过于运费多矣。”因此，张之洞力排众议，坚定了自己的决心，“此等要工巨款，若非近在省城之外，臣及总办大员不能亲往督察，则经费必难核实，竣工更恐无期，是以酌设汉阳”。① 就这样，张之洞定下了汉阳铁厂的厂址。

即使如此，人们的想法也没有完全统一，就连张之洞遴选的铁厂总办蔡锡勇仍然以为汉阳铁厂现有选址不妥，但张之洞对此予以严厉驳斥，坚持认为“铁厂除汉阳外必无善地”，严令其“不必迟疑延误”。②

张之洞期望在离总督府隔江相望一步之遥的地方建设铁厂，以达到遏制腐败的目标，但是，即便如此也无法实现其主观良好的愿望。正如汉阳铁厂聘请的比利时工程师吕柏所述：“好心的总督却将这些可以实施皇帝愿望的改革举措交到了官僚们的手里——这是个最腐败、最贪婪以及没有信用可言的世界……数量庞大的原本用于购置生产用设备的钱财源源不断地流入了官僚们自己的腰包，与此同时，稍微显现了一丝光明的将来也随之消逝在了他们的阴影之下。官僚们通过蚕食国家和劳动者的财富中饱私囊，将可能美好的明天以及大清帝国尝试着自强自富的梦想掩埋在了自己的私欲之中。”③

张之洞急切地致电海关总署与李鸿章，希望尽快拨款建厂，提出“事体繁重，开办宜速，早一年有一年之利，早一月有一月之利，机器不

---

① 参见王奎：《张之洞与汉阳铁厂》，《襄樊学院学报》，2003 年 1 月。

② 张忠民：《1890—1896：汉阳铁厂的早期制度特征》，第二届汉冶萍国际学术研讨会论文集。

③ 吕柏：《中国的采矿业与钢铁工业》。

久即到，不能漏置，以致锈坏，造厂断难再缓”。①

1890年6月他继在武昌设立铁政局后，将煤矿的矿址选定在当阳和大冶的王山石，铁矿的矿址定在大冶，铁厂定在汉阳的大别山脚下。但是随着建厂的推进，问题暴露得越来越明显，特别是铁厂的经济效益在日后大受影响。

二、建成铁山运道，大冶铁矿正式投产

大冶铁矿位于长江中游南岸，隶属湖北黄石铁山区，西距武汉80公里，东距黄石城区25公里，东南距大冶县城15公里。大冶铁矿矿区，北临鄂州白雉山、铁山垴、四峰山，东接黄石下陆区，西南与大冶县毗邻，全区面积为25平方公里。矿石品种主要为赤铁矿、磁铁矿、混合矿等。

1890年2月，盛春颐陪同矿师白乃富勘察大冶铁矿后，随后向盛宣怀写信报告，说：“铁苗极旺，铁质亦佳，据洋人云，即从上面开采，每日二百吨，可取五十年，实有百年之利。南宋开过三十年，明季开过二十年，铁渣尚存，大约因树材不足而中止。”再次表明大冶铁矿质佳量巨。

1890年6月张之洞派员到大冶铁山铺任职，7月2日正式成立大冶矿务局，隶属湖北铁政局，开始在铁山建设露天采场。1890年12月2日，张之洞下文《札张飞鹏等开采大冶铁山文》，开始了大冶铁矿的开采工作。文中决定：“铁山至黄石港江岸应修运矿宽平大路一条，约宽五丈为度，以便车马驰骤往来无碍。查候补知县张飞鹏熟悉大冶情况，应即委派兼办铁山运道事宜，会同地方官妥为开办。并饬派候补知同施启华、候补州同沈鉴、候补经历倪涛，带同洋员时维礼，前往会同张令勘办。”同时还责成大冶县协助这一工程，负责“将民间应购田庐，一面妥速购

① 吴剑杰：《张之洞年谱长编》，上海交通大学出版社2009年版，第278页。

买，以便刻日兴工”。

1890年12月20日，张之洞在给海署的《咨呈约估筹办煤铁用款折》中，作出了预算，共开列了十八项费用。其中“开矿项下”为：

“大冶运矿修造铁路至黄石港入江，绕道避坟，约长七十里；每里约费五千两，共约银三十五万两。”

“查每日约需运矿五千担，长途往返，需人太多，诸形窒碍。必须建设铁路，方能运速而费省。”

“大冶运矿分局房屋杂费约银五千两。”

“黄石港修筑木码头一座，约银一万二千两。”

“兴国运锰铁分局房屋杂费约银五千两。”

“开矿机器约银一万两。”

“大冶铁矿、兴国锰矿买山、修路、买地各费约银六万两。”

“共约银四十四万二千两。”

之所以在禀文中对修建铁路之事说得含糊其辞、讳莫如深，是因为当时朝廷对兴建铁路一事，还持小心谨慎的态度，生怕因此而无端惹事。

然而，事实上修建铁山运道，仍然遇到了重重阻力。铁矿石究竟通过陆路还是水路运输，又产生了争论。

负责修建铁路的德国工程师时维礼在铁山进行勘测，受到大冶县令陆佑勤的阻挠，陆尚未禀告总办蔡锡勇，就擅自要求时维礼改变方案，不走陆路而改走水路，用船来运输铁矿石。陆佑勤在给张之洞的报告中，提出了一个经内港、南湖，从下游的沣源口出江的方案。他说：“惟是由港入山，崎岖特甚……忽高忽低，或两面溪河，或两山夹路，宽只数尺，仅容人行，更有峭壁悬崖，下临深壑，肩舆有碍，侧足蚁旋，似此二十里有余。过樟树岭等处，山势方为展拓……若樟树岭下至港镇江边，则鸟道羊肠，较黔蜀山程，更为窄狭。”其实张之洞之前曾派钟天纬带同洋匠初步勘察过一次，知道当地并无险阻之处，“若就山路兴修，去高填低，施工较易”，所以张之洞对陆佑勤夸大其词的报告，严加申饬。

然而，曾经参与过铁山运道勘测的钟天纬，也并不赞成张之洞陆路运输的方案。他写信给盛宣怀汇报说："铁山之运道，人人言由水路为便"，"香帅因樊口之筑坝酿成大案"，所以才决定开铁路至黄石港。钟天纬在信中还说："天纬愚见，铁山运矿出换绦桥，只须造铁路十五里。而樊口亦不必挖深，即改用能装十余吨之小船，亦未尝不可出江，何必如此大举乎。"并将他提出的水陆两种方案梗概寄给盛宣怀。

钟天纬的水路方案实际上是当年盛宣怀亲自踏勘过的。早在1878年1月20日，盛宣怀向李鸿章禀报时，就曾提到："旋率大冶林令及矿师履勘水陆运道。陆路至换绦桥十五里，至古塘堤十二里，皆可达水口。由三山湖长港一百七八十里出樊口入江，运赴炉场。据土人云：'春夏水涨时，载二三百石船只可畅行无阻。'"钟天纬的说法在当时具有一定的代表性。

这场争论，最后被张之洞用行政权力压了下去，他责成陆佑勤配合张飞鹏抓紧修筑陆路运道。

1891年4月，铁山运道正式勘定，由铁山脚下至石灰窑沿途经过的地方，以及长江岸边的码头，都经详细测量绘图，并订购了铁轨及运矿火车。4月12日，张之洞任命补用知县林佐接替张飞鹏"专办铁山运道事宜"，会同陆佑勤负责施工兴建，工程技术由时维礼负责。

9月，"铁山运道、桥沟、堤路、安轨、铺板"等主体工程相继顺利竣工。建成的铁山运道全长60里，全部铺设德国制造的84磅钢轨，建桥梁、涵洞50多处，沿途建支路6条，设铁山、盛洪卿、下陆、石堡4个车站，下陆设有机车修理厂。①

据《大冶铁矿志》记载："光绪十九年（1893年），大冶铁矿正式投入生产，当年出矿约3000吨。开采地点为铁门坎，系露天分层开采，矿山采矿机械设备很少，钻眼多用钢钎铁锤，手工作业。"

---

① 以上参见张实：《苍凉的背影》，商务印书馆2010年版，第211~222页。

三、三年建成规模宏大的汉阳铁厂

张之洞创建汉阳铁厂，是采取先订购机器设备，再进行选址和设计建设这样的程序实施的。这实际上也是出于无奈。1889 年 4 月 9 日，他还在两广总督的任上，为在广东兴建铁厂，分别致电驻英国、法国、意大利、比利时四国大使刘瑞芬以及驻俄罗斯、德国、奥地利、荷兰四国大使洪钧二人，请他们代查订购铁厂机器的价目："粤多铁矿，质美价廉，惟开采煎炼未得法，故销路甚隘。请查开铁矿机器全副需价若干？炼铁厂将生铁炼熟铁，将铁炼钢，兼造钢板、钢条、铁板、铁条及洋铁针，并一切通用料件，需用机器约价几何？粤拟设炼铁厂，请详询示复。"① 张之洞还蛮有把握地告诉他们："款已筹备。"

刘瑞芬于 6 月 5 日回复张之洞："询明炼铁厂炼熟铁、炼钢、压板、抽条机器、炉具各件，价共需英金二万五千十九镑，运保费在外，十二个月交清。每礼拜出铁二百吨。"② 之后，张之洞又请刘瑞芬查询英国最大铁厂机器若干副，日可出铁若干吨，刘回复说英厂一炉每礼拜出铁六百吨，张之洞即决定以每日出铁百吨的规模订购铁厂设备。9 月 11 日，张之洞又致电在德国的洪钧："请订熔铁大炉二座，日出生铁一百吨，并炼熟铁、炼钢各炉，压板、抽条、兼制铁路各机器，一切配全。"③

10 月 2 日，刘瑞芬电告张之洞，已向英国谛塞德公司订立合同并付定银，这是张之洞为在广东办铁厂订购的第一批机器设备，此时离 8 月 9 日张之洞奉调至湖北任湖广总督，已近二个月，显然这批机器设备无法再在广东安身了。

这批设备包括了生铁厂、熟铁厂、炼钢厂、轧钢厂在内的全套设备，主要设备有炼生铁的日产 75 吨的高炉两座、炼熟铁的搅炼炉 20 座、贝

---

① 见《张之洞致使英大臣刘瑞芬与使德大臣洪钧电》，光绪十五年三月初十日。

② 见《刘瑞芬致张之洞电》，光绪十五年五月初八日。

③ 见《张之洞致使德大臣洪钧电》，光绪十五年八月二十三日。

塞麦（即贝色麻，后同）5.5 吨的转炉两座，以及两条轧钢生产线，一条是铸锭生产线和钢轨生产线，配备有可逆轧钢机；另一条是薄钢和钢板生产线，配有一座 1800 马力的垂直双向轧钢机。

为张之洞提供设备的厂家，正是若干年前为贵州青溪铁厂提供设备的英国谛塞德公司。据比利时郭克里尔厂推荐的高炉工程师吕柏的回忆录称：“当张之洞想要通过实施他美好的采矿业和金属开采计划使得中国变得强大起来的时候，他来到了位于米德尔斯伯勒的谛塞德公司，并在那里定购了跟当年在贵州省投入使用的同样的一套冶炼设备。唯一的区别在于，他所定购的设备均按照他的要求加大了两倍的强度。”①

正在此时，洪钧提出了炉型问题，10 月 10 日，他电告张之洞：“炼钢二法，曰别色麻（即贝塞麦法），曰托麦旅（即托马斯法），视铁质内磷之多寡，炉亦异制，祈迅饬取晋铁试验。”② 10 月 12 日，张之洞给洪钧回电说：“炼铁各件，必须速购，炉须兼能炼有磷者，请确询定价早复。……晋铁取送太迟，千万勿候。”但是，之前向英国谛塞德公司订购的未考虑“铁质内磷之多寡”的机器设备，已是无法挽回了。

1890 年 8 月 25 日，海署复电批准了铁厂的选址，铁厂正式定名为“汉阳铁厂”，至此铁厂进入了建设阶段。经过三个月的实地测量和规划之后，铁厂于 12 月 23 日正式在湖北龟山脚下奠基动工兴建。在工程技术上，汉阳铁厂的设计和兴建，完全依赖英国谛塞德公司派来的工程技术人员。

为了保证工程建设的顺利进展，铁厂从广东、上海等地雇用了近千名工人参与施工建设。当时的外方技术人员对这些中国工人十分赞赏：“他们手下有八九百名中国工人充当砖匠、木匠等活。那些从事要求更高的工种的中国人，如装配机器、驾驶火车头等，几乎全都来自广州和上海。他们非常聪明，在不到一年之前，他们既不熟悉英文也不懂机器，

① 吕柏：《中国的采矿业与钢铁工业》。
② 见《洪钧致张之洞电》，光绪十五年九月十六日。

而他们现在的熟练程度足以证明，只要培训得当，中国人就会显示出很好的能力。”

从1890年底至1893年底，经过三年的建设，张之洞于1993年11月29日，向清廷上奏《炼铁厂全厂告成折》，称汉阳铁厂炼生铁、炼熟铁等六大厂和机器、铸造等六小厂以及烟通、火巷、运矿铁桥、铁路、码头等已全部完竣，机器设备一律安配妥当。①

1893年11月，汉阳铁厂正式建成投产。全厂包括生铁厂、贝塞麦钢厂、西门士马丁钢厂、钢轨厂、铁货厂、熟铁厂等六个大厂和机器厂、铸铁厂、打铁厂、造鱼片钩钉厂等四个小厂。汉阳铁厂创办时，经费预定为246万余两，1892年清政府增拨42万两，到建成时，实际支出560万两左右。

尽管在选址等问题上有不同看法，但是，汉阳铁厂的建成与投产，事实上为中国近代工业史翻开了新的一页，其历史意义与影响十分深远，汉阳铁厂的创建与张之洞的努力是密不可分的，可以说没有张之洞就没有汉阳铁厂。

四、汉阳铁厂引进设备中存在的问题

1890年12月20日，张之洞在给海署的《咨呈约估筹办煤铁用款折》中，估计“需用银二百四十六万八千余两”。汉阳铁厂建设之时，没有留下详细的费用清单，因此在建设中究竟用了多少款项、具体在哪些项目上花了多少费用，不是很清楚。至铁厂因经营困难招商承办时，1896年4月25日，张之洞给出了从开办到此时的用款总额为“五百六十八万七千六百十四两”。② 这个数目比预算给出的数字翻了一倍还要多七十多万两，大大超出了原先的估算。

① 参见方一兵：《汉冶萍公司与中国近代钢铁技术移植》，科学出版社2011年版，第24~28页。

② 见张之洞奏《查明炼铁建厂各项用款》折，光绪二十四年闰三月十三日。

诚然，铁厂建设一切从零开始，机器设备、技术人员均来自国外，而勘探和开采煤铁、征地建设等都需要耗费大量的资金，因此铁厂的建设耗资巨大是可以理解的。但是，除了正常的耗费外，决策者“抑商轻利”的思想和官员中饱私囊，也是导致高耗费的重要原因，而英方公司在提供设备和技术指导时，所持的消极态度，也使铁厂付出了更高的代价。

汉阳铁厂是在张之洞“开利源，杜外耗”的经济思想下创办的，但该思想有着浓厚的“抑商轻利”的色彩。1889 年 10 月 4 日，张之洞在给朝廷的奏折中说：“就今日铁路一事论之，则不外耗为本，计利便为末，储材为先，兴工为后。就外洋富强之术统言之，则百工之化学、机器、开采、制造为本，商贾行销为末，销土货敌外货为先，征税裕饷为后。”① 在这种思想的指导下，张之洞认为，为了修建铁路，只要把冶炼技术学到手，尽快制成钢轨，不购买外国的钢轨就行。正是基于这种想法，他作出了汉阳铁厂第一期设备引进的决策。他在订购设备时，以“大而全”为目标，很少考虑成本。

1889 年 9 月，驻英大使刘瑞芬传来英国谛塞德公司突然提出设备要涨价的消息，张之洞为了尽早购到设备，认为不必跟商人计较，便同意了对方的要求。9 月 17 日，他在给刘瑞芬的电文中说：“真电我已允照涨价，酌量增款，自无难再与切商，商贾抬价，图利积习，似不必与之计较。”② 紧接着 9 月 20 日，刘瑞芬回电说：“连日与该厂研磨，仍照原议，不另加价。现已订合同付定银……”③ 张之洞还没来得及发表意见，刘瑞芬已付了定金。后来，据刘瑞芬的继任者薛福成 1890 年 5 月 22 日的日记记载：“查旧卷，前任刘大臣代张香帅……又在谛塞德公司定购炼铁炼钢机器，共价英金八万三千四百九十八镑。”汉阳铁厂就是在这种“轻利”思想与仓促中完成第一期设备引进的。

---

① 见《两广总督张之洞奏》，光绪十五年九月初十日。
② 见《张之洞致刘瑞芬电》，光绪十五年八月二十日。
③ 见《刘瑞芬致张之洞电》，光绪十五年八月二十三日。

官员的官僚主义与腐败，是造成铁厂费用流失的另一个原因。正如吕柏在他的回忆录中多次提到："钱财就这么被贪污了，建设中的新式工厂让官僚们获得机会大肆中饱私囊，而在引进设备以及将前期投入的资金进行理性的盈利生产方面，几乎没有人关心。"①

德国人舒玛海在考察汉阳铁厂后说："……所以会产生这些缺点，是因为这家铁厂——中国几乎还没有哪一家别的企业像它一样——成为了本国和外国人进行搜刮以饱私囊的对象。……在这种缺乏一切刺激和贪图的环境中使得连外国人并且不在少数的德国人不名誉地把个人的利欲摆在头里，在厂里工作的中国人不消说是更十足地和更普遍地利欲熏心了。有人说，是纯为能从极大的欺诈中得到极优厚的回扣才订货的。"②

舒玛海还发现受张之洞委托购置设备的驻外使馆也有类似的问题："我确信，连中国公使本人也从这笔手续费中得到他的一份，并且从这里主要地可以看出他和他的前任之所以坚持要用金揩理（德国人，时任中国驻德国使馆翻译）和一定坚持要所有的买卖经由中国公使馆居间来做的原因。中国驻其他国家的公使馆方面有同样的情形，也是很有可能的。"③

英国谛塞德公司对设备输出的消极态度，也增加了汉阳铁厂引进设备的难度。在铁厂建设过程中，英方提供的设备，有很多部件不完备，设备运到后，铁厂派白乃富带人及时清点，发现缺少的，再一件件地补充购置；英方应提供的各分厂的图纸，总是迟迟不到，寄到的也总是不全。1892 年 7 月 30 日张之洞致电薛福成，请他催促谛塞德公司速寄图纸："贝色麻厂（贝塞麦厂）、西门马丁厂、抽条拉片厂各图，久未寄到，停工待图，糜费甚巨。限期又迫，焦急万分。"④ 过了九天后，他再次催促："今年马丁厂图昨亦递到，仅有一纸，系布置总图，非做工细

① 吕柏：《中国的采矿业与钢铁工业》。
② 参见施丢克尔：《十九世纪的德国与中国》，三联书店 1963 年版，第 286 页。
③ 参见施丢克尔：《十九世纪的德国与中国》，三联书店 1963 年版，第 287 页。
④ 见《张之洞致薛福成电》，光绪十八年六月初七日。

图。前所寄者唯生铁厂总细图皆备，余厂或有总图而无细图，或有细图而无总图。”而英方所派的工程师在指导高炉建设中，也没有发挥应有的作用，使高炉的质量很差。谛塞德公司的这种不负责任的态度，无形中使汉阳铁厂增加了许多成本。①

五、汉阳铁厂在困难重重中试投产

从1893年11月底到1894年6月正式投产，汉阳铁厂经历了半年的准备期，此时负责炼生铁的高炉工程师吕柏已开始工作，他记录了汉阳铁厂高炉在投产之前所面临的困难：

“工程进度和竣工日期一再拖延，究其原因，不仅有局部上和技术上的困难，而且还有财政拮据和官僚主义作祟。……因为影响投产的主要原因是缺少焦炭，所以就急如星火地向德国威斯特伐利地区订购了5000吨焦炭，计划用完这批焦炭后，就开始使用江夏马鞍山提供的燃料。”②

其实，张之洞对大冶缺煤的情况已有相当的认识与思想准备，为此，1890年他派出一组组人员，分头寻找可供炼铁的煤矿。除了在湖北境内的郧山、兴山、巴东、当阳、京山等处勘察外，还派人赴湖南、贵州等地去勘察，并指定专人筹办荆门、当阳的煤务，用优惠价格收购当地用土法开采的白煤。但是，这都无济于事，张之洞只能先向德国订购焦炭了。

1891年4月12日，张之洞下令由林佐接替张飞鹏“专办铁山运道事宜”。同时任命张飞鹏、游学诗专办大冶的煤矿，用新买来的机器，在王三石、钩儿山、明家湾等地勘定三处煤矿。这年6月，又发现了江夏县的马鞍山、龙王庙的煤源，张之洞急派高培兰和池贞铨前去勘办。煤矿开采花费了大量人力、物力。

---

① 参见方一兵：《汉冶萍公司与中国近代钢铁技术移植》，科学出版社2011年版，第28~29页。

② 吕柏：《中国的采矿业与钢铁工业》。

然而，王三石矿因井下发水淹没不得不终止，而“马鞍山煤质灰多磺重，不合化铁”，也只能作罢。

吕柏在他的记录中还说：“除了存在焦炭问题外，又发现高炉炉衬也有问题。必须加以修补，否则也不能生产。如果全面整修，工作十分艰巨。至少必须从高炉下部一直拆到炉腰，然后重新砌衬……可是我们没有这么多时间，我们采取了部分修补的办法。”

“在制造风口和渣口大套及铜质鼓风机风嘴和渣口小套时遇到很大的困难，因为中国制造模具的铜纯度低，质地也不好，使用寿命短。……当工人有了一定的手工技术后，就开始用板材焊接风嘴，在使用中发挥了很好的作用，不仅使用寿命很快超过了铸造风嘴，价格也很合理。”

“在焦炭问题令人忧虑的情况下，这些尝试起初给了我们一些惊喜，我们是被环境所迫，不得不自己制造鼓风机风嘴的。”

“当我们把最后的必要的修改工作都做完并相信有试炼成功的把握时，便把这一消息报告了张之洞总督。”①

经过一系列筹备后，汉阳铁厂于1894年6月28日正式投产，一号高炉开始炼铁，以大冶铁矿矿石为原料，德国焦炭为燃料。但投产之后高炉生产并不顺利，尤其是早期阶段因燃料不当，以及高炉建筑质量欠佳，而使设备险象环生。

高炉之所以屡开屡停，主因是焦炭供应不上以及使用质量不佳的焦炭和无烟煤，导致高炉数次停工；而高炉本身严重的炉衬质量等问题，也造成投产前后几次停炉重新砌衬，以防不测。

实际上这些问题都与经验和知识的匮乏有关。在焦炭问题上，虽然张之洞筹建汉阳铁厂时就开始设法寻找合适的煤矿，但是他认为无烟煤和焦炭都可以用来炼铁，经勘查得知湖北、湖南、四川煤矿蕴藏丰富，因此他对汉阳铁厂的燃料供应始终是很乐观的，他对总办蔡锡勇说：“现查荆门、归州、兴山等处之煤及湘省、川省白煤、石煤、烟煤，各种合

---

① 以上参见吕柏：《中国的采矿业与钢铁工业》。

用之煤甚多，足供煎炼冶铁之用。”① 1890 年 5 月 28 日他在给李鸿章的电文中还认为：“据洋矿师云，印度无好煤，其煤内灰太多，每百分中有十四分至二十分不等，不能炼铁。……今荆湘之白煤详加化验……可用者二十余处……此与印度煤劣不能炼钢之情形不同。”②

汉阳铁厂即将开工之时，焦炭储备不足，但张之洞认为湖南的无烟煤和江夏马鞍山焦炭足以解决燃料问题。直到 1894 年 8 月 24 日，他仍未引起足够的重视：“现在江夏马鞍山煤井，其煤可作焦炭，合炼铁之用……本年十月内定可一律告成，尽敷生铁一炉及各厂炼钢之用。参以湘省白煤、油煤，即可两炉齐开。”③

当德国焦炭即将耗尽，国内焦炭未能供应时，中方管理者硬要求工程师用无烟煤代替焦炭，殊不知汉阳铁厂的高炉并不适合使用无烟煤，致使产量急剧下降，高炉受损，这才意识到问题的严重性。④

从吕柏 1899 年给比利时公司的信中，可知当时窘困的情景：“孰知开炉后，仅有威斯特伐利焦炭五千吨，日供炉用，日见鲜少，而华人之意，以为有五千吨之焦炭，可以用至十余年之久。届九月三号复开，斯时华人始知化铁炉用炭之多。而炼炭必须有合用之煤，异常慌张，毫无主见。旋闻美国有用白煤者，华人遂与吕斟酌试用，并称白煤华产既多且佳等语。吕曾以白煤质散，一入炉中即行爆裂，若美国用白煤，则另有一种炉式……华人不信，再三强逼试办，吕挽回无术，只得勉为搀（掺）用至八成、九成之谱，实属万难再用，屡试无益，华人至此亦知吕言之不谬，只可徒唤奈何而已。”⑤

此外，一号高炉在缺乏足够专业的指导下建成，隐患甚多。据吕柏

---

① 见《张之洞札蔡锡勇筹办煤铁事宜文》。

② 见《张之洞致李鸿章电》，光绪十六年四月初十日。

③ 见《张之洞奏铁厂著有成效请奖折》，光绪二十年七月二十四日。

④ 方一兵：《汉冶萍公司与中国近代钢铁技术移植》，科学出版社 2011 年版，第 30~34 页。

⑤ 参见《吕柏致比公司函》，光绪二十五年二月。

回忆："缘西历一千八百九十年起造时，系英国泥水工程师，并另有悌赛特（谛塞德）厂荐来三人监造，并未按同古法，听凭中国泥水匠砌成，是以地盘及炉脚均未坚固。而炉身之工程尤劣……吕曾询及中国泥水匠目如何建造，该匠目复称，英工程师并未指点有何方法，故仅照盖房屋工程耳。"① 此外，修缮高炉所需的耐火砖被放入池塘中浸泡了三年，极大地降低了性能。这些均为导致高炉停工的主要因素。它们都与经验与专业知识匮乏有关。

六、张之洞千方百计为铁厂筹措资金

汉阳铁厂在建设过程中耗费了巨额资金，为了筹措建设资金，张之洞绞尽脑汁，想尽了一切办法。

1896 年 4 月，铁厂准备交由盛宣怀招商接办时，户部、兵部、工部分别催张之洞，要他清理汉阳铁厂用款，报部立案。1896 年 4 月 25 日，张之洞呈上了《查明炼铁建厂各项用款》的奏折，奏明此项用款，包括"购机、建厂、采矿、炼铁、开煤各项"，经过全面清算："统共实收库平银五百五十八万六千四百十五两，实用库平银五百六十八万七千六百十四两，除收付两抵外，实不敷银十万一千一百九十九两，皆系欠华洋厂各商号之款。"

张之洞所筹措的这五百五十多万两银子的来源分别是：

户部所拨铁路经费：二百万两。

海署款：湖北（1891 年）新海防捐奏准留垫勘矿杂支二万八千五百五十二两。

湖北省款：湖北厘金、盐厘，共三十万两。

挪借省款：共四十万两。

---

① 参见《吕柏致比公司函》，光绪二十五年二月。

借江南筹防局款：五十万两。

两淮盐商捐款：五十万两。

挪枪炮厂款：一百五十六万四千六百二十二两。

挪用纺织厂款：二十七万八千七百六十二两。

厂销售款：二万四千八百二十五两。

（以上所列之数，总计为五百五十九万六千七百六十一两，比五百五十八万六千四百十五两，多了一万三百四十六两。）

另据湖北省档案馆保存的《汉冶萍公司第一届该存各款简明清账》提供的资料，1896年5月前，汉阳铁厂实际耗资约583万库平两，均由清政府提供。①

1889年4月，张之洞还在两广总督的任上，他请驻外大使刘瑞芬、洪钧，代查订购铁厂机器价目时，还蛮有把握地告诉他们“款已筹备”。其实，张之洞当时打的是广东“闱姓”捐款的主意。原来每到科举考试前，广东票局都会列出一百多个姓供参赌的人从中选择，猜测哪些姓氏的考生将被录取，最后以官方的金榜为依据，猜中最多的为头彩。每逢考试的年份，广东参赌的金额不下数千万两银子。中法战争后，张之洞决定以弛禁的办法来为官府筹措资金，先后从“闱姓”赌捐中提取了上百万两银子，补充广东的防务开支。

张之洞在向英国谛塞德公司订购机器设备时，临时向汇丰银行贷款付了定金，预计全部交货付款要到1890年底。那时他估计“闱姓”商人应预缴饷银九十八万两，他以为只要拿出其中的五六十万两，支付机器设备款与用作建厂，就绰绰有余了。谁知，很快他被调至湖北，广东那边的“闱姓”赌捐，他再也无权动用了。②

朝廷要张之洞修建卢汉铁路，开始答应每年拨款二百万两，于是张

① 湖北省档案馆编：《汉冶萍公司档案史料选编》（上），中国社会科学出版社1992年版，第561页。

② 参见张实：《苍凉的背影》，商务印书馆2010年版，第307~308页。

之洞认为资金有了保障。可是1890年春，他在武昌刚设立湖北铁政局不久，却传来朝廷“铁路宜移缓就急。先办营口至珲春，续办卢汉”的消息，且说“此时先将今年二百万归鄂，经理炉矿等，明年改归东路”，“卢汉铁路可以缓办，但是建厂炼铁不能停止”。这意味着，张之洞要办铁厂，朝廷只能拿出当年的二百万两银子，以后就没有下文了。

为此，张之洞万般无奈，只得左右腾挪，四处借贷，截留应缴各款，以敷急用。从下列奏折中我们可以看到张之洞当时筹款之艰难及款项的大体来源：“臣夙夜焦急，再三筹思，惟有向广东借拨之一法……铁厂本由粤移鄂，（武）营四成报效及银元余款又系臣在粤创办之举，每岁增常款数十万金，今为铁厂仅借用五十万两，开炼钢铁，筹备军实。当务之急，无逾于此。李瀚章公忠体国，轸念时艰，必能设法腾挪，迅速拨解济用，助成自强要举。”“该局需用浩繁，前经奏准在枪炮局经费项下腾挪匀拨应用……拟请札饬司局先行设法筹垫银元五万两，以济要需”，“再三筹划，惟有仍由湖北粮道库无碍京饷之杂款再借拨银两五万两，又查湖北盐道市尚存有长江水师申平银五万两，事半功倍借拨应用，以敷原奏之数”。就这样，东拼西凑，维持着铁厂建设及生产中急需的开支。

1893年春，郑观应赴长江各口岸，督察招商局各分局，他从武汉返回后即函告盛宣怀说，张之洞“又奏扩拨七十万，仍恐不敷，势要招商承办”。尽管如此，张之洞仍然硬撑了两年多。甲午战败之后，汉阳铁厂的资金更加困窘，已到了山穷水尽的地步。

张之洞通过各种渠道筹措了大批银两，表明了他筹建汉阳铁厂的决心和坚忍不拔的毅力。尽管如此，汉阳铁厂的经费问题，仍然长期得不到解决，为它的持续发展蒙上了一层阴影。

七、“股权”与“债权”不分，留下了后患

汉阳铁厂在建设过程中所投入的经费，按照学术界的研究，有各种不同的数字版本。但是1896年4月25日，张之洞向朝廷呈上的《查明

炼铁建厂各项用款》的奏折中，明确指出用款总数为5687614两。

就以这568多万两的用款来说，实际上可以分为三类：一是清政府财政拨款的投入，最明显的是户部所拨的铁路经费200万两，它们形成的是对企业的“股权”，是企业真正的“产权”；二是各种名目的借款，它们形成的是企业的“债权”，无论是何种债权所有人，他们实际上都并不拥有对企业的“产权”；三是企业的收入，如铁厂的销售收入，这是企业本身的营业性收入，既不是“股权”，也不是“债权”，从性质上讲，不应该与上述经费并列。此外还有来自商捐的款项，这应属于企业的“非营业性收入”，所形成的既不是“股权”，也不是“债权”。

由此可见，张之洞官办时期的汉阳铁厂，在资本与资产问题上，其产权制度最大的特征是资本性质的“股权”与企业负债性质的“债权”并没有加以区分。在铁厂建设、运营过程中，568多万两的用款，既不能简单地界定为企业的资本，也不能简单地界定为企业的资产。之所以不能完全界定为企业的资本，是因为其中相当部分的款项，并不是资本性质的“股权”，而是企业向外借支形成的“债权”；之所以又不能完全界定为企业的资产，是因为铁厂开工投产之后的常年经费支出，属于生产中的成本开支，无法纳入铁厂的资本或者资产之中。铁厂开办与运营过程中，雇员的薪资、办公经费等，这些资金一经开支，都已经离企业而去，根本就无法固化为铁厂的资产。如果它们是从借款来源中开支的，从理论上讲企业日后还是要偿还的。

问题在于，汉阳铁厂在建设及运营期间的各种挪用、借支款项，几乎全部都来自各级衙门或官办机构的经费，这就为汉阳铁厂在举债当时，以及欠债之后的名义上的“拖欠”，实际上的“借而不还”提供了条件。这些以挪借名义形成的企业的“债权”，随着中日甲午战争的爆发这个大的政治背景，以及官员的变动，机构的更替，时间的推移等等，最后成为名存实亡的“债权”，而不了了之。换言之，汉阳铁厂用款568多万两，并不意味着这家企业就真值568多万两。正如中国银行史上的首位董事长叶景葵认为，汉阳铁厂“综计官办时代用去五百六十余万两，除厂地、机炉可作成本二百余万两外，其余皆浮费之款”。①

按照现代企业制度的理解，一个企业的创设，首先要确定企业的创办资本，但是，张之洞采取官办体制来创设汉阳铁厂，本质上没有确立企业创办资本的概念。这在晚清这样的制度下，创办企业采取特许制，工厂企业不需要法定的登记，工厂企业开办资本的核准，也就并不存在，这种情况的出现应该也是可以理解的。由于工厂的开办没有创办资本的概念，所有的就只能是工厂开办所需的资金投入。这种资金投入的特点：一是根据工厂创办、建设、生产的需要，不断地追加资金；二是由于企业采取官办体制，其资金的投入，只能是来自各种途径的财政拨款，以及各项挪用与借支。

汉阳铁厂的创办资本不明确，也为之后的官督商办、商办时期的股权治理留下了后患。当1896年汉阳铁厂改为官督商办时，盛宣怀在《招集湖北铁厂股东公告》中声明：“所有大冶铁山、铁路，大冶、江夏煤矿，汉阳铁厂生铁炉、熟铁炉、贝色麻、西门士、马丁炼钢炉以及铁货厂、钢轨厂、制造机器六厂，皆系官本所置，全行交商局接收。……一俟官本提清，全局矿山、炉座、机器、铁路俱为商人产业。”然而，所谓的“官本”，究竟是多少，盛宣怀在公告中也只能只字未提。

而按照张之洞的《招商承办议定章程折》中所说：“铁厂历年各项用款，共约计银五百数十万两”，明显是把所有的经费投入都列为了“官本”。之后直到1915年，据当时的《时报》所称：“闻当时文襄用款不免浮滥，移交盛氏极为含糊，所有文卷册籍，多存局未尽交出。”“厂矿由张文襄开创，其用有前清户工二部及湖北官款600余万，现拟估其所值如何，除去官本外债，余款交盛摊还股东，并不问其实有股金多少。”②

事实上，在1912年对汉冶萍股本及负债的调查报告中，汉阳铁厂

① 参见汪敬虞：《中国近代工业史资料》（第二辑），科学出版社1957年版，第470页。

② 见《汉冶铁矿收归国有计划》，《时报》，1915年1月3日。

“自开铁厂起，至归商办止，共用官本五百数十万两”，却又将其全部列为了“股本”。这实际上侵犯了官督商办及商办时期股东的利益。①

八、张之洞重视管理与对人才的使用培养

汉阳铁厂是大型的近代化钢铁企业，如何加强管理搞好经营，张之洞为此付出了大量的精力和心血。

首先，注重人才的选用，能知人善任。张之洞在筹办铁厂之初，就开始着手选拔能人干吏，如他选用蔡锡勇为铁厂总办，蔡“器端识运，心细才长，熟习详情，深通泰西语言文字”。又如他选拔湖北候补道朱滋泽为铁政局坐办，选调知县王廷珍为铁厂总监工，任用政坛怪杰辜鸿铭。这些都是非常有能力和真才实学的人，在汉阳铁厂初期的发展中起了很大作用。

张之洞一方面组织起汉阳铁厂的管理骨干，另一方面又不惜重金大胆地聘用大量外洋技术人员，如协助大冶铁矿勘矿的比利时矿师白乃富、德国矿师毕盎希、修建大冶运道铁路的德国工程师时维礼、建设一号高炉的比利时工程师吕柏等，他们在矿山、铁厂的建设与生产中发挥了很大的作用。外洋技术人员最多时达 40 人，这些人才确保了汉阳铁厂的起步和正常运转。

其次，抓紧培养从事钢铁生产与管理的人才。采矿、冶炼等行业，需要专业的技术人才，以及具备专业知识、训练有素的技术工人。张之洞在创办汉阳铁厂之初，就十分重视人才的培养，国内科举制度中没有培养这种专业人才的条件，他决定一方面派年轻的子弟、工人出国学习，另一方面在国内办学堂，培养人才，逐步来解决这个问题。

1890 年，张之洞在购置设备时，通过驻英大使薛福成询问提供设备

① 张忠民：《1890—1896：汉阳铁厂的早期制度特征》，第二届汉冶萍国际学术研讨会论文集。

的英国谛塞德公司能否培训工匠，但是，并没有得到对方的回应。于是，张之洞又转而通过汉阳铁厂聘用的总工白乃富的介绍，于1892年2月15日，第一批“派翻译俞忠沅带工匠十名赴比国郭克里尔厂学炼钢铁”；同年7月，第二批“派华匠十二名”赴比利时郭克里尔厂，由翻译沈鉴带去。正是因为郭克里尔厂答应帮助培训工匠，汉阳铁厂建设后期的设备材料，也就从该厂购入。第一批工匠大部分是广东人，他们在比利时郭克里尔厂学习了一年九个月，于1893年11月启程回国，回国之后，参与了铁厂早期高炉安装风管、高炉生产等工作。

张之洞在筹建汉阳铁厂之初，就计划培养化学、矿务方面的学生。1890年12月20日，他在《咨呈约估筹办煤铁用款折》中，专列了学堂经费一项：“矿学学堂两年经费约银一万两。化学学堂两年经费约银一万两。购买洋书图画仪器约银五千两。化学馆常用药料器具约银五千两，共约银三万两。”1892年3月25日，张之洞在奏请拨借铁厂经费的折中提出：“至原估化学、矿务各学堂，即系为采铁、炼铁、炼钢、开煤本厂所用而设，以备分司各事，与此次遣工出洋学习炼铁，均俟习成以后，即可少用洋匠，藉可稍节经费……”①

就这样化学学堂“延洋人骆丙生为教习，附隶铁厂，虽为化验矿产而设，其实该教习学术以及设备器具，均不止专化金石，兼可化验动植物各种原质与地土所宜。……今铁厂招商承办，所有铁政局内原设化学一堂，即并入自强学堂”。② 化学学堂培养的学生知识面较宽，动手能力很强。

再次，加强对汉阳铁厂内部的各项管理，尤其是对经费的管理。张之洞规定：“每月支销数目应按月册报本部堂，以凭综合……事后各局上月支销册报至迟限于下月初五以前，具文申报。初十日以前到院。如能赶早报出者，尤善。上月经费或存若干？或不敷若干？或欠发若干？垫

① 见张之洞《奏铁厂添购机炉请拨借经费折》，光绪十八年二月二十七日。

② 见张之洞《札蔡锡勇等改定自强学堂章程》，光绪二十二年六月二十七日。

支若干？本月应请领若干？分析开具简明四柱清折，随同上月支销册禀报。”这样铁厂的各项经费预算、支出等情况直接置于张之洞及主要官员的监控之下，从而预防了一部分浪费，堵塞了不少漏洞。

但是，在企业管理上，张之洞却采用衙门式管理与工头制管理。衙门式的管理人员遴选、衙门式的企业组织结构以及管理岗位设置、衙门式的行事方式、几乎所有的管理人员都沿用衙门机构的职务称谓，如总办、会办、提调、委员、司事等。管理机构的运作方式也照同衙门。① 在汉阳铁厂的这种制度下，借着引进设备、购买材料之机，从中贪污、收受回扣的情况还是不断发生。

最后，重视铁厂产品的销售，把它视为铁厂成败的关键，呼吁全国予以支持和扶持。张之洞说：“中国自设铁厂，乃奉旨饬办之件，关系自强要图，凡我军国所需，自宜取自官厂，惟赖户都与各省合力维持，方足以畅地产而保利权。”“则中国铁厂尤宜多方护持振兴以期畅旺。所有北洋铁路局及各省制造机器、轮船等局需各种钢铁物料，或开明尺寸，或绘寄图样，汉阳铁厂均可照式制造，与外洋物料一律适用。工本或先付一半，或三分之一，或酌付定银。”从中可以看出，张之洞从民族大义出发呼吁全国各省共同支持铁厂，同时又提出了机动灵活的经营方案，这对铁厂的发展无疑起着积极的推动作用。②

汉阳铁厂建厂工程从 1891 年 1 月正式动工，1894 年 6 月正式建成出铁。此时的汉阳铁厂规模宏大，为当时亚洲最大的现代钢铁企业。它占地 730 亩，共有生铁厂、熟铁厂、贝色麻钢厂、钢轨厂、西门士马丁钢厂等六大分厂及机器厂、铸铁厂、打铁厂和造鱼片钩钉厂等四个小厂。1894 年汉阳铁厂生铁炉正式出铁的消息惊动了外国的各家报馆，它们把此视为中国崛起的象征，惊呼：“汉阳铁厂之崛起于中国，大有振衣千仞一览众山之势……呜呼！中国醒矣，此种黄祸，较之强兵劲旅，蹂躏老

① 参见张忠民：《1890—1896：汉阳铁厂的早期制度特征》，第二届汉冶萍国际学术研讨会论文集。

② 参见王奎：《张之洞与汉阳铁厂》，《襄樊学院学报》，2003 年 1 月。

嬴之军队尤其（可）虑也。”① 由此可见，汉阳铁厂的建成在当时产生的影响是世界性的。同时，这也反映了张之洞创办钢铁工业的远见卓识。汉阳铁厂的建设不仅规划深远，还以钢铁工业带动和触发了其他相关工业的发展，又以其他相关工业促进钢铁工业的发展。汉阳铁厂建成后，很快带动了相关的采矿业、军事工业、机器制砖业、水泥业、交通运输业、专业教育事业等行业在湖北的飞速发展。这样，以汉阳铁厂建设为切入口，张之洞在湖北推行现代化建设的洋务事业很快进入了一个良性互动阶段，也使张之洞本人因此而成为中国近代重工业的始祖和洋务运动后期最重要的领袖。总之，如果没有张之洞的竭力运筹和多方奔走呼吁，就不可能有汉阳铁厂的诞生。

① 见《东方杂志》，1901 年 7 月 5 日第 66 页。

第四章　甲午战败阴影笼罩下的汉阳铁厂

一、铁厂建设如火如荼，张之洞却受到参劾

张之洞自1889年8月9日被任命为湖广总督后，当年12月20日，正式抵达湖北武昌上任，随后就大力推行“湖北新政”，在缺乏资金、人才、技术的条件下，排除各种干扰与反对，全力以赴地投入了汉阳铁厂的建设。

1893年春，正当工程建设如火如荼地开展，机器厂、铸铁厂、打铁厂先后竣工，炼铁厂的基建工程即将完成，继铁山运道竣工通车后，王三石煤矿正要开始出煤之时，3月13日传出了朝廷收到张之洞被参劾，要派官员进行调查的消息。

此时，已是甲午战争爆发的前夕。1894年6月，朝鲜政府请求中国协助镇压东学党起义，清政府派兵三千人赴朝，进驻牙山，日本借机也出兵一万人赴朝鲜。不久，朝鲜政府同东学党达成妥协。清政府命入朝军队集结牙山，准备撤回，同时要求日本撤军。日本拒不接受，随后挑起武装冲突，企图以武力控制朝鲜，清政府为增援牙山孤军，决定增兵朝鲜。

清廷的一批反对洋务运动的保守派，对攸关国家命运的大事不闻不问，却对洋务派励精图治的行动，鸡蛋里面挑骨头，集其诽谤攻击之能事。参劾张之洞的徐致祥（1838—1899）是一位好事之人，他是江苏嘉定人，咸丰十年（1860年）的进士，清朝有名的官吏。据记载徐致祥

“光绪十年，法越构兵，德璀琳以和议进，朝旨未决。致祥上三策，谓：决战宜速，任将宜专，军势宜联。闽事棘，言何璟、张兆栋无干济才，而荐杨岳斌、张佩纶堪重任，颇嘉纳。时议筑铁路，致祥闻而恶之，痛陈八害，并请力辟邪说，亟修河工，上责其诞妄，镌三级。越二年，铁路议再起，又再阻止之。……历典福建、广东乡试。十八年，授大理寺卿，连劾枢臣礼亲王世铎、山西巡抚阿克达春，而纠弹张之洞尤不遗余力”。

晚清历史上，为修建铁路曾经展开过两次大的争论。1880 年，中俄伊犁争端加剧，直隶提督刘铭传提出修筑铁路的建议，指出铁路利于漕务、赈务、商务、矿务、行旅，对于用兵尤不可缓。他建议清政府修筑南北各两条铁路，由于工程浩大，宜先修清江至北京这一路。刘铭传的提议遭到众多反对洋务运动的保守人士的反对，徐致祥也是其中之一，他于 1884 年 10 月 31 日向朝廷上奏《论铁路利害折》，列举了铁路的“八害”，其中第一害，就是认为有了铁路运漕粮，“而商船歇业，饥寒迫而盗贼兴”。此外，他害怕修了铁路，增加了与“夷人”的联系，不能保住中国人的“自立”等等。由于他与其他顽固派的坚决反对，而洋务派的意见却不一致，第一次关于修筑铁路的大争议，洋务派以失败告一段落。

经过中法战争之后铁路建设的重要性，已被很多人认可，李鸿章与奕譞商议延伸唐胥路，由胥各庄延伸至阎庄。再开建由阎庄延伸至大沽，由大沽延伸至天津的路段。1887 年 6 月徐致祥又上奏朝廷，反对李鸿章修建这条铁路。但是这条铁路工程仍然如期开工，1888 年 10 月 3 日，津沽铁路全线竣工。因此，在第二次大争议中，顽固派不再盲目反对修筑铁路，而将津通铁路的修筑当做众矢之的。此时，两广总督张之洞却提出独到的见解。他认为修筑铁路必须有“经营全局”的观念，必须权衡各条线路的利弊得失，精心选择有利的地理位置，从而提出缓造津通铁路，改筑腹省干路卢汉铁路的主张，指出修筑卢汉铁路有“七利”，并提出了卢汉铁路分段修筑的筹款计划。张之洞修筑卢汉铁路的建议有理有据，得到奕譞的赞赏，李鸿章对此也不得不表示赞同。1889 年 5 月，清廷批准了张之洞的这一宏大计划。津通铁路虽被张之洞所创议的卢汉铁路所取代，但是徐致祥却耿耿于怀，他明确宣告，自己反对所有的洋务派，他认定洋务派是滋生祸乱的根源。

张之洞为修建卢汉铁路，而创建汉阳铁厂，他所举办的洋务事业，却被徐致祥视为水火不容的事情。徐致祥在给朝廷参劾张之洞的奏折中，所罗织的罪名是“辜恩负职”、“任意妄为，废弛纲纪，起居无节，号令不时”、“借电杆，毁通桥，几酿巨患”等。

徐致祥在给朝廷的参奏中写道：“方今中外诸臣，章奏之工，议论之侈，无有过于张之洞者；作事之乖，设心之巧，亦无有过于张之洞者。此人外不宜于封疆，内不宜于政地，惟衡文校艺，谈经征典，是其所长。”

徐致祥在参奏中又写道：“统观该督生平，谋国似忠，任事似勇，秉性似刚，运筹似远，实则志大而言夸，力小而任重，色厉而内荏，有初而鲜终。徒博虚名，无裨实用……而其坚僻自是，措置纷更，有如宋之王安石。”

徐致祥竟还抓住张之洞生活起居上的某些习惯，大做文章。他在参奏中说：“司道大员，牌期谒见，有候至三五时，候至终日，而仍不见者，视为故常，毫无顾忌。至候补府州县以下，概不接见；属员之贤否，不问也；公事之勤惰，不察也。所喜者一人而兼十数差，不喜者终岁而不获一面。其赏识之员，率皆浮薄喜事功利夸诈之辈。厚重朴诚者，则鄙为无能而不用。兴居无节，号令不时，即其幕友亦群苦之。”①

至于“借电杆，毁通桥，几酿巨患”，是指在架设湖北至湖南澧州电线时，少数乡民因无知而烧毁电线杆，经当地官员出来制止，已平息；武昌望山门外一座新桥，因有碍轮船往来，张之洞下令将其拆除，老百姓不满意，张之洞又在原址重建铁桥，“并未激成事端”。

对于徐致祥的参劾奏折，朝廷指派了两江总督、南洋大臣刘坤一与两广总督李瀚章进行调查。刘坤一尽管以前跟张之洞有些过节，但是经

---

① 以上见《凌霄一士随笔》(一)，第333~335页。

过派可靠人员进行调查后，1893 年 4 月 11 日，他对张之洞办汉阳铁厂的情况作出如此的评价：“……中国理财之术，亦已山穷水尽；欲图富强，唯有开采煤铁一策。香帅苦心孤诣，就地取材，于大冶等处分设局厂办理，将以保自有利权不使外溢。今工程已有八九，但愿刻日告成。……关怀时局者无不望鄂局之日新月盛也。”“近来官场多‘自了汉’，只图和平养禄，安知经国远猷？香帅之才足以振举一世，其所办煤铁独具手眼，实为时务急需。若因其稍有糜费而合力挠之、挤之，使其功亏一篑，以快外国人之心，谓我无能为役，沮中国人之气，以后不敢担当，似非计之得也。”①

4 月 15 日，刘坤一在给朝廷的《遵查疆臣参款据实复陈折》中着重汇报了汉阳铁厂的经费问题：“闻准拨经费，目下所余已不甚多，其中用款不无挪移，所谓搜索者或即指此。大凡草创之事，与立有成规者，难易本有不同，省费亦各有别；兴作改易，势难滴滴归源。今湖广督臣张之洞开矿设厂，置炉炼铁，本系仿效西法，事属创始；要作既未熟谙，用款不无稍费。且各种机器均系购自外洋，向来采买洋料价值均以金镑合算，近年镑价日涨，闻以银购镑，亦多短绌；所需经费，恐难符原估之数。前因经营伊始，用人较多，近闻工作稍简，业已减核薪水，裁汰员役，似尚无浪掷情事。”

刘坤一在奏折中还说：“该督臣系怀时局，力任其难，将以炼钢开生财之源，保自有之利，造端闳远，用款诚不免稍多。然揆其本心，实为图富强、规远大起见，果能办有成效，洵足以资利用而塞漏卮。现在铁路一应事宜，规制虽未大备，而始基既立，实未可废于半途。该督臣谋国公忠，励精图治，上思朝廷倚畀之重，下念同朝责望之殷，必能张弛合宜，终始其事。相应请旨饬下张之洞，督率承办各员，共体时艰……妥为经理，以竟全功。”②

① 见《刘坤一致王之春函》，光绪十九年二月二十五日。
② 见刘坤一《遵查疆臣参款据实复陈折》，光绪十九年二月二十九日。

两广总督李瀚章向朝廷上奏了与刘坤一相似的调查报告，特别对张之洞在两广任上的功绩大加赞赏。①

1893 年 5 月 31 日，朝廷下了一道谕旨："据该督等先后查明复奏，张之洞在两广总督任内，并无懒见僚属，用人不公，兴居无节，苛罚滥用等情；现在湖北办理炼铁开矿，尚无浪掷经费情事。其余各条，均系传闻之误。"为徐致祥参劾张之洞之事下了结论。

二、铁厂投产不久，即爆发中日甲午战争

张之洞创办的汉阳铁厂不但是当时中国规模最大的现代化钢铁厂，也是亚洲最现代化的钢铁厂。面对日本军队咄咄逼人的形势，他清醒地意识到，必须抓紧建设好铁厂，早日生产出钢轨与枪炮，以增强国家的实力。

1894 年 2 月 15 日，两座炼铁炉正式点火开炉，翻开了中国冶金工业新的一页。

同年 6 月 28 日，汉阳铁厂正式投产，一号高炉开始炼铁，于 6 月 30 日，生产出第一炉铁。7 月 3 日，张之洞率领大批官员浩浩荡荡视察汉阳铁厂，人们告诉他高炉日夜出铁八次，共五十余吨，有时能达到六七十吨，他为之兴奋与激动不已，他在自己苦心经营的汉阳铁厂，亲眼看到了"辗铁条、制钢轨，以及锤、炼、烘、压各法，一时并举"，内心久久不能平静；他兴奋地向外界宣告，所出之铁虽然是初炼，但与外国产品已经没有什么差别，将来一定会越来越好，足以和外国产品抗衡；他一再叮嘱下属，要把炼出的生铁、熟铁及钢轨、钢条等送到上海去试销，"比较价格，考定价值"，让汉阳铁厂的产品能抵挡住洋铁的进入。

其实，早在铁厂施工后期，即 1893 年 3 月，张之洞就曾经不无得意地向朝廷报告："此时汉阳铁厂及大冶铁矿，汉口及上海领事洋人来观者

---

① 以上参见张实：《苍凉的背影》，商务印书馆 2010 年版，第 326~341 页。

络绎不绝。”同年11月，他又向朝廷报告：“臣近接出使日本大臣汪凤藻来函，‘日本现拟创设铁厂，拟派员来华观看湖北铁厂’等语。”一向对中国抱有野心的日本，他们的财团也坐不住了，也想到汉阳铁厂亲眼看一看，办他们自己的铁厂。

汉阳铁厂在国际上也引起了广泛的关注，1894年6月出铁后，外国人办的许多报纸就及时作了报道，干德利在给英国《泰晤士报》等报刊写的通讯中，引用美国驻汉领事查尔德对汉阳铁厂的评价：“这企业是迄今为止，中国以制造武器、钢轨、机器为目的的最进步的运动，因为这个工厂是完善无疵的，而且规模宏大，所以就是走马观花地看一下，也要几个钟头。”①

然而，正当汉阳铁厂进入成败攸关的试生产阶段，1894年7月25日，“济远”、“广乙”两舰自牙山回航，接应正向牙山驶来的“高升”、“操江”轮，当驶至牙山湾口丰岛西南海域时，突遭日本联合舰队第一游击队巡洋舰“吉野”（旗舰）、“浪速”、“秋津洲”的截击，“高升”号轮船被日军击沉，“济远”、“广乙”号被击伤，这就是史上有名的丰岛海战，日本发动了中日甲午战争。

8月24日，张之洞在不适当的时间，向朝廷《奏铁厂卓有成效请奖给出力各员折》，并“请添炼铁厂用款”。

9月12日，日军大举进攻平壤，四日后平壤被日军占领；9月16日，北洋海军提督丁汝昌率北洋舰队护送招商局的轮船运兵至鸭绿江口大东沟登陆。不料这一军事秘密事先已被日方从美国人那里得知。17日上午，北洋舰队准备返航时，突遭日袭击。丁汝昌立即下令迎战，“致远”舰管带邓世昌为保护旗舰，沉着应战，在舰身中弹太多、严重倾斜、弹药即将用尽时，下令开足马力撞向日舰，此即史称“大东沟之战”或“黄海大战”。

10月8日，清廷召张之洞进京，命湖北巡抚谭继洵署理湖广总督。

---

① 见《洋务运动》（八），第462页。

10 月 24 日，清军全线溃败，日本第二军团进犯旅顺。

10 月 30 日，张之洞奏铁厂拟开两炉，请饬广东借拨经费。他在奏折中说："初出钢料，成色无异洋制，已足为枪炮之用。炮厂业经开试机器，即以炼出之钢，试造……克虏伯陆路车炮。""现因军务紧要，已饬多炼西门士钢及贝色麻钢，为制造枪炮之用。""开春即可制造新式小口径连珠快枪及架弹各件，以应军事要需。"

11 月 2 日，朝廷命张之洞接替奉旨进京的刘坤一，署理两江总督。

11 月 16 日，汉阳铁厂因焦炭不足，暂停炼铁；将已炼成的生铁做原料，学炼各种精钢、熟铁和钢轨。

11 月 21 日，日军攻陷旅顺，连日大肆杀掠，震惊中外。

11 月 24 日，朝廷下旨："湖北炼铁织布各局，均经张之洞办有头绪，现虽调署两江总督，所有各局应办事宜，仍着该督一手经理。" 12 月 3 日，张之洞接到上谕后，于次日致电总理衙门，强调枪炮厂与铁厂的关系，该厂"定常年经费三十五六万两，铁厂目前专恃此款挹注，勉强支持腾挪"，要求将枪炮厂仍归铁政局。①

刚开始投产的汉阳铁厂，就面临着动荡不安的战争环境，内部存在着的各种问题，在资金短缺面前，不仅暴露无遗，而且进一步放大。原来估计的预算，一次次被突破，历次奏请的拨款、借用的经费被消耗殆尽，汉阳铁厂的机器设备被迫处于半停半转的状态。反对修建铁路的保守派，时不时起来发难，张之洞被搞得内外交困、筋疲力尽。

三、企业管理制度上的弊端逐渐显露

徐致祥的参劾并未动摇张之洞的信心，但是甲午战争的失败，却动摇了清政府的根基，对汉阳铁厂的发展也是一个沉重的打击。铁厂生产的经费，原来还可以靠张之洞的关系左右腾挪，四处借贷。随着战争的

---

① 参见张实：《苍凉的背影》，商务印书馆 2010 年版，第 355~365 页。

失败，生产经费已经难以为继，再加上焦炭的供应无法保障，原来在管理上的一些弊端，逐渐放大。加之在生产过程和生产质量上都出现种种问题，引起严重亏蚀。①

面对生产不稳定的状态，衙门式管理和工头制管理的弊端逐渐暴露出来，这在人力资源管理方面表现得更为突出，这又涉及华匠与洋匠两个部分。

在华匠方面，工头制管理下工人的聘用采用包工制形式。这种制度的好处是，一可方便管理，工人的事由工头负责，不用雇主操心；二是工资的预计清楚，开支可借此减低。包工制最先被外国企业采用，之后在中国的矿业、营造、码头等企业流行起来。包工制也有多种形式，铁厂采用的是支付费用的包工形式。1893 年汉阳铁厂曾派遣 20 名华匠赴欧洲钢铁厂实习，其目的就是学成归来后“分派各厂，领首作工”，充足工头。②

但是“汉厂的工人，在包工制下，工作并不积极。原因是厂方的管理阶层，没有严格考查承包者的工作表现。承包者也没有用心指导工人，把工人正确地组织起来，部分工头虚报工人数目，从中骗取工资渔利。例如江夏马鞍山煤矿，据官办时期的报告，井中出煤由洋匠包与工头，按每一煤车作二百四十文算，包工以少报多，半车算一车，随意混报，洋匠却不查点，使开支增加。物料储存库没有设立稽考制度，各匠可随意领取物料、很多工匠便把物料领取来转卖赚钱。晚上，工人可以在工场范围随便出入，有些工人在晚上偷取工场物料图利，故此物料常常失窃”。

华匠的工作散漫，和管理组织的制度不严有密切关系。建厂初期，事务繁多，大量的机器、物料先后运来，洋匠也相继到达。“1890 年，张之洞在武昌设立铁政局，委派布政使邓华熙，按察使觉罗允成，盐法

① 郑润培：《汉阳铁厂的选址与经营》，第一届汉冶萍国际学术研讨会论文集。

② 见张之洞《奏铁厂卓有成效请奖给出力各员折》，光绪二十年七月二十四日。

道瞿廷韶，督粮道恽祖翼及湖北候补道蔡锡勇等总办局务，蔡锡勇为总办，赵渭清、徐建寅为会办，主持一切。又派知县王廷珍和蔡国桢为总监工，协助厂务。下设委员分司各职，负责各部门管理的工作，主要有稽查勤惰、会计收支、考核物料、收管外国机器和调和在厂洋匠各部。厂内以总办为最高负责人，下设会办与提调多人，原意是协助总办，减轻总办的压力，可是会办与提调的聘用与否并不是由总办决定，而是直属湖广总督。换言之，会办与提调名义上是总办之下，实际权力却不受总办控制，变成与总办互相牵制。其下虽然设有委员、司事分理各务，但这些职位，都是由一些现职官员担任或兼任。虽然他们在厂内的组织上，职责与地位都低于总办与会办，但来自民间的总办与会办却不想太责难这些委员，以免委员日后利用官员的身份来找自己麻烦。"

而铁厂的"一切的决定权，最终握在张之洞手中，职员全部都是经他委派出任。往往把官场的一套方法，用在管理铁厂的行政上。一般的职位，多是由湖北省内官员升任。他们大多缺乏明确的工作范围和权限，每定一事，必定十位、八位同时进行，以致事权不一。这些人对铁厂的工作并不了解，又缺乏有关的知识和工作热情"。

在汉阳铁厂生产时停时开的情况下，众多的官员及华匠实际工作量可能还不到原先的一半，但是为了保证自己的收入不下降，就只能进一步钻包工制的空子，弄虚作假，使铁厂的亏蚀进一步加大。

在洋匠方面，设立铁厂之初，张之洞通过驻外使节，聘请洋工程师和洋匠来华，负责技术方面的工作，并与铁厂签订合同。前者即厂矿的"洋总管"，后者即"匠首"、"匠头"。"洋匠除了月薪外，还有房屋、医疗、旅费津贴及回国川资，假如因工伤亡，还有赔偿，条件十分优厚。不过，良好的待遇并不能为铁厂招来出色的洋匠，他们的表现常令人失望。"例如任职洋总管的德培，"……必隔数日方到厂一次，于厂务绝不讲求……该监工既不轻到厂，则必事事函商"。但他连生产成本也估计不出，"厂中炼钢铁的耐火砖，六个月应更换100次，但德培开单竟写1000次，经核算后询问，为多写了一个零"。德培"并且与化铁炉和熟铁炉的洋匠不和，弄至熟铁停工”。①

洋匠表现欠佳的原因是：没有严格挑选，以致洋匠担任不称职之位；洋总管的任期短，发挥不了领导洋匠的作用；洋匠的国籍不同，工作互不协调；管理制度的流弊，导致“洋匠在汉厂工作，为了显示自己的才能，表示自己地位的重要性，常常多雇员工，多购机器。有些把机器拆改或者以各种借口，推卸自己办事不力之处。例如堪纳第名为改造新式熟铁炉，却只将旧炉拆改重装，式样照旧，花费二千余两，并没有实际改造。卜聂造轧，初时以受洋总管掣肘为理由，不能竭尽所长，使产品不精。当他总揽全权，升任总管时，出品反不如前，产品更多不合规格”。

随着铁厂的投产，洋匠聘用的数量不断增加。1894 年，铁厂建成开工后，据张之洞称：“鄂省开炼大炉，自不得不多用洋匠，加意慎重。除原有洋教习、矿师、工师各匠不计外，续募各厂洋匠，择其必不可少者招募二十八人。”② 1895 年初，汉阳铁厂“有炼生熟铁工师，及炼钢之工头、工匠、化学、医生等三十余人”。③

1894 年底，张之洞因“洋总管二月合同期满，不愿再留”，委托驻德使臣许景澄，请德国克虏伯公司代选一位精于炼西门士马丁钢、贝色麻钢、炮钢，老成历练、曾在洋厂任过总管、通晓英文的工程师来接任汉阳铁厂的总管。1895 年 8 月，新聘的总管德国人德培抵达湖北。此时，原任总管白乃富却又不愿离开，并且通过在北京的外交官与总署交涉。张之洞对其“营谋恋差，意欲永远盘踞把持”的作为十分厌恶，通知蔡锡勇：此人万不可用，不如酌情送他几个月的工资，让他早点走人。

谁知德培到任后，又与总矿师马克斯发生摩擦。因为他们合同上的职务都是总管，谁也不服谁，宣称只接受铁政局的领导。他们独断专行，

---

① 以上参见张忠民：《1890—1896：汉阳铁厂的早期制度特征》，第二届汉冶萍国际学术研讨会论文集。

② 见张之洞《奏铁厂卓有成效请奖给出力各员折》，光绪二十年七月二十四日。

③ 见《张之洞致许景澄电》，光绪二十年十二月十四日。

稍不如意就以停工相威胁。张之洞不得已，又请许景澄与克虏伯公司转告德培、马克斯，汉阳铁厂是官办企业，与外国公司不一样，总管的职责是专管开矿、炼铁等生产技术工作，指挥中外技术人员和工人生产。工匠的录用与辞退、厂务管理并不在他们的职责范围内。

在生产时停时开的情况下，洋匠人浮于事、相互扯皮的现象显得更为突出。①

四、燃料供应不上，高炉无法正常运转

燃料问题一直未能解决，成了铁厂前进的羁绊。在燃料方面涉及动力煤和焦炭两类。动力煤的要求较宽，多数用于各厂的汽炉燃料；焦炭是化铁、炼钢必需的燃料，它虽由煤提炼而成，但并不是所有的煤都适合炼焦的。铁厂的焦炭供应最多者是开平矿，占总数的 51. 15%，其次是萍乡矿占 16. 01%，西洋焦炭占 14. 93%，居第三位。"汉厂成立之初，本设有炼焦部门，内设焦炭炉五十座，以及炼焦之各种机器，准备利用各处运来之煤，自行炼焦应用。但汉厂购入之焦炭炉，生产的焦炭很少。一方面是焦炭炉的款式旧，生产力低。另方面是汉厂本身所在地并没有煤出产，要依赖其他地方输入煤来炼焦。张之洞设立汉厂之初，本打算利用湖南出产的煤来炼焦，后来由于运输成本高、煤质杂而改变主意，改在大冶附近一带勘查合适煤矿。可是，经过勘查后，并没有足够的煤供应汉厂炼焦。"

最重要的是生产的产量与质量无法得到保障。张之洞的汉阳铁厂包括生铁厂等六个大厂和机器厂等四个小厂。其中最重要的是炼生铁、炼熟铁、炼贝色麻钢和西门士马丁钢四个厂，其余各厂的设施，都是分别待这四个厂生产后，才进行加工，制作合适的产品。这四个厂中，又以

---

① 以上参见郑润培、李航：《郑观应与汉阳铁厂的营运》，第二届汉冶萍国际学术研讨会论文集。

炼铁厂最为重要。因为炼生铁是钢铁工业的根本，一切钢铁产品，都是先由炼生铁开始，然后通过炼钢和其他制作产品的工序，才把用品生产出来。“在官办汉厂时期，生铁的产量少，质量不稳定；熟铁厂的产品一是成本重，二是厂方只生产出大批熟铁条，未能依照市面流行的铁货锻制；西门士马丁钢，主要为生产枪炮用的钢料，它本可以利用各种成分不同的废钢铁为原料，又可以用劣质焦炭冶炼。但是汉厂的马丁钢炉，主要利用贝色麻钢制炼钢轨时的废料来做原料，其次利用生铁，可是贝色麻钢的开炼既少，制炼钢轨也不多，而生铁的产量也不足够，所以马丁炉的原料也成了问题。”①

1894 年 11 月 2 日，张之洞奉旨接替进京的刘坤一，署理两江总督。他坐镇江宁，三天两头地利用电报遥控指挥，询问江夏马鞍山每天能出多少煤？几时能完成焦炭千余吨的目标？两座高炉修好，还需筹集多少银子？当蔡锡勇与黄遵宪向他报告，在江夏马鞍山井下亲眼见到“第三层煤厚九法尺”，所炼的焦炭“质松而坚，能受压力，以炼生铁极合用，胜于萍煤”后，张之洞才稍感欣慰。

甲午战争失败后，当年 7 月 19 日，即《马关条约》签订后的第 94 天，光绪皇帝发出一道谕旨，宣称“当此创巨痛深之日，正我群臣卧薪尝胆之时”，并提出救亡图存的六项“力行实政”，把修建铁路置于首位。张之洞响应说：“方今时势日急，外患凭陵，日增月盛，富强之计，首以铁路为第一要图。”②

7 月 26 日，张之洞致电蔡锡勇说：“生铁炉必须赶紧开炼。焦炭炉目下每日实能炼出几十吨？生煤每日实能开出若干吨？速据实复。若炉久不开，每月徒有工费而无出货，成何事体？每月总需七八万金，以后用款无从罗掘，以前欠债无从筹还，鄙人实无颜再向朝廷请款，亦无词以谢谗谤之口，是死证矣！……现有旨饬议办铁路，若鄂厂无轨，朝廷诘

---

① 以上参见郑润培、李航：《郑观应与汉阳铁厂的营运》，第二届汉冶萍国际学术研讨会论文集。

② 见张之洞《铁厂煤矿招商承办截止用款片》，光绪二十一年八月二十八日。

责将奈之何？”要求蔡锡勇尽快买几千吨外洋的焦炭，与自己生产的焦炭配合着开炼。但是，要开生铁炉，要买焦炭，钱从哪里来？当时汉阳铁厂已没有资金维持生产的正常运转了。

没多久蔡锡勇复电告知，江夏马鞍山的煤量不足，萍煤里面掺假，买洋煤价格太贵，且运输时间长，不如再花钱买萍煤炼焦，关键是要筹集资金。面对这种情况，张之洞不惜动用自己两江总督职位所管辖的江南筹防局中的款项，经朝廷认可，从8月开始，每月拨3万两银子到湖北，供铁厂购买萍煤。张之洞一再叮嘱蔡锡勇："此专为赶紧开炉而设，万不可徒縻费而无炭。"铁厂终于在9月又点燃生铁大炉，重新开工冶炼生铁了。

一个在当时来说崭新的现代化钢铁企业，在中日甲午战争的冲击下，官办体制的弊端进一步显现，人力资源管理上的问题不断发生，又没有充足的资金，燃料供应不上，崭新的设备只能不饱和地运转着，产品质量也无法保证，最终，它只能是亏本，逼迫张之洞放弃原有的办法，寻找新的出路。

五、产品销售不出去，资金无法回笼

张之洞创办汉阳铁厂，曾经设想将官办企业、轮船、铁路、枪炮等制造部门作为铁厂的主要销货对象，并且还拟订了一系列价格优惠的方案。至于产品价格，在成本尚未核算之前，可参照外洋输入的钢铁产品市价议定，购买方或付半价，或付三分之一，或酌付定银，由铁厂与其商办。张之洞请求朝廷命户部、海署、总署“迅速核定章程，通行各省查照办理”。①

朝廷作出铁路建设“移缓就急”，先建营口至珲春的“关东路”的决策后，为使铁厂今后能向关东路段提供产品，1890年4月22日，张之

① 见《张之洞拟定铁厂开办后行销各省章程片》，光绪十九年十月二十二日。

洞就致电李鸿章："尊处所办营珲路拟用何铁，是否即用鄂铁？抑兼用他铁？或另开铁矿？望速详示，以便筹酌。"但是，铁厂的建设赶不上关东路建设的进度，李鸿章告知："东路须急办，应购西洋钢轨。将来鄂钢炼成，自可拨用，然须随拨随付价，界限仍清。"1891 年 7 月 29 日，张之洞又向李提出此事，"前蒙允许用鄂轨，感甚。明年需用若干？以后每年用若干？价何时付？祈酌示，以便预筹"。三天后，李鸿章回应张之洞："林西接至滦河四十余里，已购地兴工，明春即需钢轨，已向外洋订购。鄂厂明年七月如可制成，容将此间钢轨式样咨送照办，必须一律方能合用，再议价值。"但是，张之洞提出要求延期交货和截留条路经费，李鸿章均未允诺。此时，由于铁厂还未正式投产，还谈不上向关东路销货的问题。

1892 年 12 月 3 日，张之洞为供应钢轨之事，派盛春颐赴天津给李鸿章送信，并附上了《湖北铁政局所置机器、厂屋计各项工程清单》。他在这份清单中说："每年可出生铁三万数千吨，以之炼钢，可得三万吨。钢之价不一，精者每吨值银二三百金；粗者亦数十金；从少牵算，每吨作价四十两。"关于是否接受汉阳铁厂供货的事，李鸿章没有明确给予答复，但是李鸿章看了清单中，平均每吨作价四十两的报价后，直截了当地说："外洋轨价，每吨仅银三十两，又必见货付银。若中国铁价稍昂，犹可通融议办，乃工本运费每吨至四十两之多，相悬太甚，徒慕利不外耗之名，而受暗亏帑项之实，似智者所不为。"就此堵住了"关东路"接受汉阳铁厂钢轨的大门。

由于汉阳铁厂投产的时间与"关东路"建设的时间不合拍，再加上价格上的争议，张之洞没有达到为"关东路"供货的目的。

而熟铁厂的产品也缺乏销路，一是成本重，二是厂方只生产出大批熟铁条，未能依照市面流行的铁货锻制，没有迎合消费者的要求，产品自然卖不出去。贝色麻钢主要用来铸造钢轨，可是由于初期对钢轨的使用情况未能掌握，厂内只准备了生产 60 磅和 70 磅重钢轨的钢轴模子，数量方面不足以应付大量生产，而且损坏之后，也没有技术人员修理。①

在这种情况下，张之洞和蔡锡勇也曾尝试将汉阳铁厂的产品销往国外，主要是日本市场。1893 年 2 月 1 日，蔡锡勇致电驻日本公使汪凤藻，说："洋报载：日廷定议筹款二万万元添设铁路，以三分之一购外洋钢轨。确否？如果属实，建路拟分几年？每年购轨备款若干？此鄂省铁厂所关，请详查电示。"接到汪的复信后，蔡锡勇于 3 月 1 日再次致电汪凤藻，请求协助抓住这一商机，开出了九折的优惠条件，并说明是张之洞的请托："督宪奏设钢铁厂，苦心经营……秋后开炉，日可出钢铁百吨，钢轨、桥梁皆可制造。唯虑销路不广，致碍大局。兹东瀛有推广铁路之议，会逢其适，望公于接见彼都官绅之便，鼎力吹嘘。如集款事成，在鄂购办钢轨、桥料，货色与洋厂相同，价总可比洋厂约省十分之一。如有眉目，鄂当派员来东就议，以期妥速。遵督宪谕奉托，事如可图，即赐电示。"张之洞还打算派人去日本商谈，但这实际是一厢情愿的想法，在日本对中国虎视眈眈的政治大背景下，这是不可能实现的，最终，日本还是从英国进口了钢轨。② 巨额投入的汉阳铁厂，并没有取得与之相适应的产品销售。据有关资料表明，汉阳铁厂从 1894 年 5 月至 1895 年 10 月，近一年半的时间里，生产生铁 5660 余吨，熟铁 110 吨，贝色麻钢料 940 余吨，马丁钢料 450 余吨，钢板、钢条 1700 余吨，总计各类钢铁约 8860 余吨。其中 5600 余吨生铁产量大致相当于炼铁厂两座化铁炉两个月的生产能力。至于铁厂各类钢铁产品的销售以及销售收入就更为有限了。在上述 8860 余吨钢铁中，真正对外销售或供应本厂以外使用的大约仅有 398 吨。③ 而对外销售的收入，据张之洞自己称："铁厂自炼出样钢铁价银二万四千八百二十五两零。"④ 大致相当于汉阳铁厂建设运营总

---

① 郑润培、李航：《郑观应与汉阳铁厂的营运》，第二届汉冶萍国际学术研讨会论文集。

② 张实：《苍凉的背影》，商务印书馆 2010 年版，第 413~414 页。

③ 见《铁政局致张之洞电》，光绪二十一年八月二十七日。

④ 见《张之洞奏查明炼铁建厂各项用款折》，光绪二十四年闰三月十三日。

投入560余万两白银的0.4%，占铁厂投产后两年开支160万两的1.55%。铁厂生产出的产品，积压在仓库里，资金无法回笼。对此，张之洞曾不无感慨地说："中国苦心孤诣，炼成钢铁，不异洋产。万一各省办事人员，以意见为好恶，仍舍其自有而求诸外人，则与自强之本意大相刺谬，厂商之力量亦必不能支。"① 汉阳铁厂在供销环节上的脱节，造成大量库存积压，也可以算作中国历史上国有大型企业最早的一个案例。

六、由"借债"转换为被"逼债"的角色

在汉阳铁厂创办的初期，以及铁厂的建设与投产过程中，张之洞把资金的筹集，当成了自己的头等大事。

1890年5月10日，张之洞在致海署的电文中称，"开办炼铁事宜……已需银九十余万两"。② 七个月之后，张之洞又说："总核用款，除粤省订购炼铁机器定银十三万一千两不计外，所有设厂、安机、采铁、开煤等费，共需银二百四十六万八千余两"，并且还留有余地地声称，"事皆创办，约略估计，疏漏尚恐不免。此外续添料件，续增用费，或尚有溢于原估之外者"，③ 为之后进一步增加费用支出，预先留下了必要的铺垫。

果然，1892年3月，张之洞又向朝廷呈上了一个"除煤窿添接之铁路，约可在原估款中匀拨应用外，共需续增款项三十二万四千六百两，合之原估二百四十六万八千余两，共需二百七十九万二千余两"的奏折。由此，"除部拨二百万两外，尚不敷银七十九万二千余两"，而解决的办法则是"惟有就本省设法腾挪借拨，以济要工"。④ 结果，经户部允准

---

① 参见张忠民：《1890—1896：汉阳铁厂的早期制度特征》，第二届汉冶萍国际学术研讨会论文集。

② 见《张之洞致海署电》，光绪十六年三月二十二日。

③ 见张之洞《咨呈约估筹办煤铁用款折》，光绪十六年十一月十日。

④ 见《张之洞奏铁厂添购机炉请拨借经费折》，光绪十八年二月二十七日。

后，“于厘金、盐厘项下共动拨银十万两，及盐粮各库借拨银二十万两”。[①] 不足之数，张之洞打算“均在奏定枪炮厂常年经费项下，移缓就急，匀拨应用”，预算一再突破，投入再三追加。

在汉阳铁厂即将投产之时，张之洞又为投产后“每年约需银一百万两”的经费发愁。他心里明白，“若无开办巨款，惟有厂成之后，奏请停工”。其最初的打算是请求李鸿章同意，在关东路“铁路经费内，由部预支轨本五十万”，“暂借五十万”。[②] 李鸿章的回复是“于额款内分拨解鄂，断断无此力量”。结果，张之洞只能再次向朝廷奏请“将湖北、湖南两省每年应解北洋铁路经费各五万两，两省共十万两，截留划拨充用，作为预支轨价”，并“由湖北粮道无碍京饷之杂款内借拨十万两”。在预支轨价 10 万两被拒绝后，他再次奏请从湖北粮道、盐道借拨银 10 万两。张之洞在 1898 年 5 月 3 日的奏折中称：“总计该厂开办以来，所有经费，除部拨二百万两，奏请拨用数十万两外，其余三百万两皆是外间多方凑借，焦思罗掘而来，备历艰苦。”[③]

但是，随着中日甲午战争的爆发，乃至战争以中方失败告终，张之洞由原先到处向人“借债”的角色，很快变成被追着要他“还债”的角色。[④]

尽管汉阳铁厂已经正式投产，而张之洞又被任命为两江总督，但是，随着 1895 年 4 月 17 日《马关条约》的签订，清政府面临巨额赔款，这时候各级衙门与官员，首先想到的是要捂紧自己的钱袋子。

1895 年 5 月 22 日，蔡锡勇发电报告张之洞，铁厂暂存在湖北善后局的 9 万两银子，巡抚谭继洵已经批准了照数拨给铁政局；但是善后局却说要扣下两笔借款，这也是谭继洵同意的。这样一来，实际只拨付剩下

---

① 见《户部议复炼铁厂添购机炉折》，光绪十八年五月十七日。

② 见《张之洞致李鸿章函》，光绪十八年十月十五日。

③ 见《张之洞奏查明炼铁建厂各项用款折》，光绪二十四年闰三月十三日。

④ 参见张忠民：《1890—1896：汉阳铁厂的早期制度特征》，第二届汉冶萍国际学术研讨会论文集。

的3万多两，而纱厂一家就需4万两，还有铁厂、枪炮厂三四个月的用费，根本无法应急。得知此消息，张之洞只得赶紧在第二天亲自给谭继洵、龙藩台与善后局发电报，具体说明有一笔2万两的银子不是铁政局用的，应算作善后局的；另一笔2万多两，将来由铁政局报销，可以不还给善后局；还有两笔1万6千多两，是善后局应该还给铁政局的，现在都没有细算。这9万两银子急着要用，希望不要扣了。5月28日谭继洵回电说：你说的各条意见，已通知各局照办。只是善后局资金困难，只能陆续补齐，现在一次提不出9万。

随着铁厂资金困难的风声传出，外国洋行也来逼债。铁厂欠了耶松洋行97700多两银子，已经延期了一年，6月下旬又到期了，多次催逼，不肯再缓。来信说已将票据交给汇丰银行寄到湖北来照收。蔡锡勇想先还一半，谈了半个多月，耶松洋行一定要先还6万，还差一点谈崩了。蔡只能再向张之洞报告，结果由张之洞出面，让江南筹防局借拨了6万。

10月3日，张之洞各致湖北谭制台、龙藩台、瞿臬台、盐道朱道台、牙厘局彭道台一封电报，目的是要落实上年七月经过朝廷批准的每年从湖北厘金、牙厘项下匀拨的10万两银子。他在电文中说："南洋今年已借拨数十万，一时无可再筹，不得不于奏准鄂省厘金、盐课项下商拨。亦知鄂省用款浩繁，今以无可措借，故特奉商：请饬盐道及善后、牙厘两局，将此款二十万两设法筹解以还急债并济要需。如一时未有现款，或先向商号转借，或酌发台票应用，或由铁局向商号代借，由省盐道、厘局给期票认还。总期速济眉急，不至停炉待款。"

三天后，谭继洵回电向张之洞诉苦，说善后局比以往哪一年都困难，应该上交的款项还有六七十万无法筹集。按张之洞所说的办法，准备由铁政局向商号代借，但必须打个折扣，说一次借10万，怕还款的时间拖得很长，失去信用，不如先借5万，还了再借。至于这5万能借到多少，则要看铁厂的本事；其余的更是遥遥无期了。足见铁厂已处于债台高筑、山穷水尽的地步了。①

七、张之洞汉阳铁厂的“告别之旅”

1894年10月30日，正当清军自平壤、鸭绿江节节败退，日军大肆进犯旅顺之际，张之洞为了筹集铁厂生产的经费，向朝廷呈上了《铁厂拟开两炉请饬广东借拨经费折》这样一份奏折。

在朝廷面临十分严峻的形势下，张之洞深感自身责任之重大，因而在奏折中进一步阐述了国家发展钢铁工业的重要性与必要性，强调铁厂生产的钢，可以用来制造枪炮。只要筹足经费，将两座炼铁炉开工后，后续的目标很快就能实现了。

考虑到在中日交战之中，我方处于不利的地位，这意味着汉阳铁厂的经费将进一步难以为继，他又向朝廷重提了两年前与李鸿章、盛宣怀协商铁厂商办的旧事，试图为铁厂的资金寻找新的出路。但是，他内心还是认为铁厂商办存在诸多不利因素；“经臣悉心筹画（划），若归商办，将来制轨造械，转须向商购铁，虽塞洋铁之漏卮，究非自强之本计。”

在奏折中他又强调，铁厂：“若不速开两炉，则铁料难供销售，经费益无所出……不得已仍可交商办，而臣愚总以为非计。盖方今时局，开铁路，制铁舰，制造炮械等事，从此必须逐渐扩充，认真筹办，无待烦言而决，而一切船、炮、机器，非铁不成，非煤不济，已屡见之大学士左宗棠、李鸿章奏牍……”

为此，他列举了当年左宗棠、李鸿章及沈葆桢等竭力反对停止造船的意见，进而引申到炼铁：“今铁厂为制造钢轨、船械之根本，全厂业经告成，钢铁炼有成效，而欲开炼两座炉，尚少此一年数十万两之经费，以事理时势论之，无论如何为难，必应设法筹办。”

---

① 张实：《苍凉的背影》，商务印书馆2010年版，第395~396页。

他向朝廷提出的具体要求是："现在筹计生铁两炉开炼，成本约需银百万以外，实系铁厂不可少、不可缓之需；若不速开两炉，则铁料难供销售，经费益无所出。"①

在对日作战失败的形势下，张之洞借此强调必须加强国防军事工业，而钢铁工业是军事工业的基础，因此政府必须全力支持它的发展，而且要直接控制在自己的手里。

面对中日交战的恶劣形势，这百万资金从何可得？张之洞还是寄希望于广东。他认为自光绪十三年（1887年）起，自己在两广总督任内，经朝廷许可，为广东购置兵船、枪炮所用，筹有"武营四成报效"一宗款项，每年20万两。李瀚章继任后没有再造兵船，报效的经费还在按年照收，此项经费累计已收了八年；此外，自己在广东创办钱局，开铸银元，每年都有盈余，近年来已累计结余数十万两。因此，张之洞在给朝廷的奏折中，明确提出要向广东李瀚章借用50万两。

在中日战争最紧要的关头，显然张之洞的"远水"解不了朝廷的"近渴"。20多天后，光绪皇帝对张之洞的奏折作出了批示："依议，钦此。"圣谕传到了两广总督李瀚章的手上，李的回复很明确："以前项存款先经协济北洋及提拨海防用款，无可借拨。"张之洞的如意算盘又一次落空了。过了半年，1895年4月，在走投无路的情况下，张之洞再次想打广东的主意。他想向外国银行借50万两银子，分三年计息还本。本金从广东银元局所具的款项中分三年来归还，利息则由他来筹措。很快，这个方案也被李瀚章所拒绝。汉阳铁厂不得不处于基本停工的状态。②

1896年2月29日，位居两江总督任上的张之洞，坐船从江苏南京出发，直驶湖北武昌。事先他通知了汉阳铁厂总办蔡锡勇，让他在黄石港等候，张之洞在蔡锡勇的陪同下，于3月7日到田家镇视察了炮台，8日赴大冶铁矿山采矿场看望职工，10日到江夏马鞍山察看煤井，11日抵达

① 以上见张之洞《铁厂拟开两炉请饬广东借拨经费折》，光绪二十年十月初二日。
② 张实：《苍凉的背影》，商务印书馆2010年版，第370、449页。

汉口，12 日察看汉阳铁厂，13 日过江回到湖北督署。

这一次，张之洞一改 1894 年 7 月初，率领大批官员浩浩荡荡视察汉阳铁厂的场面，除了蔡锡勇之外，只有少数几个官员随同他察看由他亲自创办起来的厂矿。国家正处于要向日本掏出大量战争赔款的困难时机，汉阳铁厂同样处于基本停工的状态，铁厂未来的生死存亡尚不明朗。张之洞既没了历尽艰难后取得硕果的喜悦与兴奋，也没了创业者对未来的憧憬与雄心。他对自己为之付出那么多心血、历尽人们难以理解的煎熬所创办的汉阳铁厂，是那样的依依不舍，但是他现在无能为力了，好在他实现了自己再看一眼汉阳铁厂的愿望。

在甲午战败阴影笼罩下的汉阳铁厂，遇到了建设与投产以来前所未有的困难，张之洞不得不准备交棒了。尽管如此，我们必须看到汉阳铁厂的建成与投产，为中国近代工业史翻开了新的一页，其历史意义与影响是十分深远的，汉阳铁厂的创办与张之洞的努力是密不可分的，可以说没有张之洞就没有汉阳铁厂。

第五章　张之洞下决心由盛宣怀招商承办铁厂

一、铁厂建成前张之洞希望由盛宣怀招商承办

张之洞创办汉阳铁厂时，没有接受盛宣怀商办的主张，但并不意味着他完全排斥铁厂商办的意见。事实上他有自己的思考，当初他在给朝廷的奏折中就认为："计惟有先筹官款，垫支开办，俟其效成利见，商民必然歆羡，然后召集商股，归还官本，付之商人经理，则事可速举，赀必易集。大率中国创办大事，必须官创民办，始克有成。"①

盛宣怀虽因与张之洞的意见不同，而没有参与汉阳铁厂的筹建工作，但他还是一直在关注汉阳铁厂的进展情况，张之洞与盛宣怀也一直保持着联系。三年之后，铁厂即将建成，朝廷拨给铁厂的建设款项早已用光，而生产资金尚无着落。1892 年 12 月 3 日，张之洞以铁厂亟须筹定常年成本，计每年需银一百万两为借口，写信向李鸿章求援，随信还开列了铁厂全部工程设备的清单，特地派了盛宣怀的侄子盛春颐，去找盛宣怀与李鸿章，点名要盛宣怀赴湖北招商承办。

张之洞在信中说道："此厂俟成本筹定以后，即须一面奏明开炼，试造轨件及各种钢铁料。至经久之计，终以招商承领，官督商办为主。非此不能持久，非此不能节省，迅速旺出畅销。……拟于开炼后，即一面

① 见张之洞：《筹设炼铁厂折》，光绪十五年。

招商承办。窃思方今有才思、有魄力、深通西法商务者，惟津海关盛道为最。前三年，初议建设铁厂时，盛道曾条上一禀，有慨然自任之意。近日来电，亦仍持官督商办之说。若盛道能招集商股，只须集资数十万，酌缴鄂省挪垫官本，以为归还鄂省暂挪枪炮厂等项之用，即可付之承领。”

张之洞通过建设铁厂三年的实践，逐步悟出“招商承领，官督商办为主”，才是“经久之计”的道理；之所以请盛宣怀“招商承办”，既考虑其“有慨然自任之意”，又凭其“有才思、有魄力、深通西法商务”，才作出这样的选择。事实上，通过铁厂的建设，张之洞对盛宣怀之前在广济、荆门、大冶等地勘查、开采煤铁所付出的艰辛有了进一步的认识与理解，对盛宣怀在办轮船、电报及内河航运中所作出的成绩刮目相看，知道盛宣怀是一个能办事、办实事的人。

对于张之洞的邀请，盛宣怀也有意邀集华商和洋工程师“赴汉冶各厂、各矿复阅一遍，以便将出货成本详细核算”。12 月 13 日，他在给张之洞的回信中转达了与李鸿章商议后的意见：“昨与傅相纵论及此，目前若得商人接办，常年运造出货之本，堪以责令自筹现银数十万两，无须官为筹借。至于官本，宜先还鄂款后还部款。用人、理财，责成公司照轮船、电报两局之例，出入账目，一年禀报一次。大宪只持护其大纲，不苟绳其细务，庶可事简而责专，商人或能乐为其难。”①

因为李鸿章未允诺立即承领，盛宣怀才提出“拟招集商股，承领铁厂办理，先集股一百万两，以四十万缴还官本，以六十万作为开炼经费，不足由商自筹，所有营建厂工官本三百余万两，除先缴四十万外，余款分二十年归还，还清后仍报效三十万两，分年呈缴，但须炼成钢铁后始能承领”的条件，② 于是谈判只能搁浅。

之后，盛宣怀不断地通过一些人向自己通报汉阳铁厂的情况，并作

① 见盛档，盛宣怀《寄鄂督张香帅》，光绪十八年十月二十五日。
② 见张之洞《铁厂拟开两炉请饬广东借拨经费折》，光绪二十年十月初二日。

了一旦铁厂办不下去，他如何去接办的思想准备。1893 年 2 月 3 日，江南制造局翻译钟天纬向盛宣怀函告：铁厂“此种局面，如归商办，亦断难得利。唯为国家大局计，为香帅门面计，非吾师无人能解此围。……如能先订立合同，将全盘交出，旧主人绝不与闻，方能得其要领也”。①1893 年 3 月，曾在自强学堂讲学、编书的杨楷也向盛宣怀通报铁厂的情况，指出了铁厂的要害和必然的趋势：“惟本地苦无佳煤，即有亦不能足用。……尊议官督商办之说，此时虽尚迟回，帑料经费既罄，久后终必出此计。”②

1893 年春，郑观应以招商局帮办的身份巡查长江各分局，路过武汉时，从湖北藩司王之春那里得知，汉阳铁厂已花掉四百万两银子，随即函告盛宣怀说，张之洞“又奏扩拨七十万，仍恐不敷，势要招商承办”。他建议盛宣怀：“如欲接办”，“宜先寻有好煤矿，可炼焦炭，将化铁炉移于大冶铁矿山左右，可省运费，焦炭价廉方可获利”。③ 郑观应是盛宣怀的知己和得力帮手，从郑观应给盛宣怀的信中可看出，他们要承办汉阳铁厂，已经有较充分的酝酿了。④

1892 年 6 月，盛宣怀从登莱青兵备道调补天津海关道兼海关监督，8 月正式到任。1893 年 9 月，由于上海机器织布局的一场大火，使得盛宣怀在天津海关道职位上屁股还没有坐热，就又被李鸿章派往了上海，负责重建织布局。12 月 8 日，他“自津抵沪，从事规复织布局重任”。没有几个月，华盛纺织总厂的重建走上了正常的轨道。盛宣怀办事的魄力进一步为张之洞所看重，1894 年 2 月 17 日，张之洞致函盛宣怀，委派其筹办湖北纺织局，说：“将来此厂办成，即委该道兼充总理局务。”但是，盛宣怀没有接受张之洞筹办湖北纺织局的邀请。实际上，盛宣怀内心的目标是汉阳铁厂，相比纺织工业，他对钢铁工业、对汉阳铁厂更感兴趣，

---

① 见盛档，《汉冶萍公司（一）》，第 46 页。
② 见盛档，《汉冶萍公司（一）》，第 48~49 页。
③ 见盛档，郑观应《致招商局盛督办书》，光绪十九年二月。
④ 参见夏东元：《盛宣怀传》，四川人民出版社 1988 年版，第 187~190 页。

这是他真正想做的“大事”。

二、甲午战败后张再次希望盛接办铁厂

中日甲午战争结束后，1895 年 7 月 19 日，即《马关条约》签订后的第 94 天，光绪皇帝发出一道谕旨，宣称“当此创巨痛深之日，正我群臣卧薪尝胆之时”，“……况当国事艰难，尤应上下一心，图自强而弭隐患……如修铁路、铸钞币、造机器、开矿产、折南漕、减兵额、创邮政、练陆军、整海军、立学堂，大抵以筹饷练兵为急务，以恤商惠工为本源，皆应及时举办。至整顿厘金，严核关税，稽查荒田，汰除冗员各节，但能破除情面，实力讲求，必于国计民生两有裨益”，并提出救亡图存的六项“力行实政”，把修建铁路置于首位，并且肯定了褚成博请求“将各地的船械机器局招商承办以开利源”的奏章，要求各省督抚将军，限期在一个月内，将以上各条就本省情况作出汇报。

户部针对皇上的谕旨回应道：“中国制造机器等局不下八九处，历年耗费不赀，一旦用兵，仍须向外洋采购军火，平日工作不勤，所制不精，已可概见。福建船厂岁需银六十万，铁甲兵舰仍未能自制；湖北枪炮、铁政各局经营数载，糜币已多，未见明效，如能仿照西例，改归商办，弊少利多。”

8 月 3 日，光绪皇帝又下了一道谕旨，称：“制造船械实为自强要图。中国原有局厂经营累岁，所费不赀，办理并无大效，亟应从速变计，招商承办，方不致有名无实。”

当时朝廷的主意是以南洋华侨为招商对象，命令闽浙总督边宝泉、两广总督谭钟麟和广东巡抚马丕瑶派人到南洋和旧金山等地，劝令华侨富商集股投资，可以接办原来的局厂，也可以另办新厂。面对朝廷的做法，张之洞于 9 月 4 日发电报给蔡锡勇，询问：“铁厂一切经费议包与洋人。有愿包者否？每年经费若干？速询各洋匠，电复。”然而张之洞认为铁厂投资多，工程大，南洋华侨无力承担，他首先想到的仍然是盛宣怀。

9月16日，张之洞将蔡锡勇召到南京商议，决定由蔡锡勇出面给盛春颐写信，信中说："弟意令叔前三年本有承办在意……较之三年前难易迥不相同，阁下所目击。况朝廷决意开办铁路，将有成议，所需钢轨铁货，惟患出货不多，不患销路不畅。令叔盘才硕画，承办此厂，必能日见兴盛。……帅意颇以为然。惟三年来添置机炉工料甚多，成本益巨，似须量筹宽缓之法，议请阁下电商令叔，有无接办之意，速复再行详议。"① 蔡锡勇与张之洞着重强调"朝廷决意开办铁路，将有成议"，铁厂的销路将有保障，以此吸引盛宣怀接办铁厂。

盛宣怀从盛春颐那里得知张之洞的想法，他一方面私下对接办铁厂之事进行认真的筹划；另一方面又积极考虑如何将铁路与铁厂这两项事关国计民生的大事，都掌握在自己的手中。

10月16日，张之洞响应朝廷提出的救亡图存的六项"力行实政"，认为"铁路为第一要图"。② 于是上下一致地将修建铁路放上了议事日程。

12月6日，朝廷决定由胡燏芬督办津卢铁路，奕譞等人向皇上报告：卢汉铁路仍然是中国铁路的枢纽，先兴建津卢路，实际是为兴建卢汉路打基础。既便于运输铁路建设器材，也有利于招集商股。光绪皇帝于是发布谕旨："至由卢沟桥南抵汉口铁路一条，道路较长，经费亦巨，各省富商如有能集资千万两以上者，准其设立公司，实力兴筑，事归商办，一切赢绌，官不与闻。如果成效可观，必当加以奖励。将此宣谕中外知之。"③ 光绪皇帝的谕旨，意味着中国即将迎来铁路建设的高潮，张之洞认为这为盛宣怀接办汉阳铁厂，增加了一个重量的砝码。

张之洞一方面做盛宣怀的工作，希望他来承办铁厂，另一方面又抱有幻想，想吸引外国大厂来承办。12月12日，张之洞再次指示蔡锡勇：

---

① 湖北省档案馆编：《汉冶萍公司档案史料选编》上册，中国社会科学出版社1992年版，第124页。

② 见张之洞《铁厂煤矿招商承办截止用款片》，光绪二十一年八月二十八日。

③ 见《光绪朝东华录》（四），第3687页。

“铁厂仍以外洋厂包为宜，望速分电比国、德国各大厂，速派洋匠前来估包。……务望切商，勿再耽延，至要。”但是，蔡锡勇根据他所掌握的情况，打消了张之洞的这一想法，蔡锡勇在回电中告诉张之洞：外洋包铁厂的事，上一年白乃富就问过比国的郭克里尔厂，人家说路太远，无法照料，推掉了。德国、英国的大厂，平素没有往来，突然打电报叫人家派人来，不会有任何效果，反而造成一些负面影响。应该有一个中间人两边游说撮合，事情才好办。

蔡锡勇直率地劝阻张之洞说：“闻盛道已南来，揆度时势，似包与洋人不如包与华人为宜。谨请察酌。”事实上，张之洞招洋商，只是为了造势，是一种手段。他说：“固以华商包办为宜，但中华绅商，类多巧滑，若无洋商多家争估比较，定必多方要挟，不肯出价。”他虽说中国商人“巧滑”，但是，他内心最期望的还是由盛宣怀来招商承办。①

三、恽祖翼兄弟在张、盛之间牵线搭桥

正当张之洞决定由洋商还是由华商招商承办之时，清廷又决定刘坤一、张之洞各回原任。处于矛盾与困难之中的张之洞，为了尽早摆脱困境，一方面抓紧与盛宣怀等进行联络，另一方面抓紧在南京办理交接事宜，争取尽快返回武昌，重新出任湖广总督。

而为汉阳铁厂招商承办之事，盛宣怀也抓紧与张之洞身边的亲信幕僚——自己的武进同乡及世交恽祖翼（湖北按察使）、恽祖祁（负责办理湖北唐心口筑堤工程）兄弟，进行着频繁的接触。

1896 年 2 月 17—18 日，在南京的恽莘耘（即恽祖翼）两次致电盛宣怀，转达张之洞邀请盛宣怀去湖北考察和商谈招商承办铁厂的事宜，盛宣怀对朝廷与张之洞在汉阳铁厂招商承办问题上两种不同的倾向，态度

① 参见张实：《盛宣怀接办汉阳铁厂“被胁迫说”考辨》，第一届汉冶萍国际学术研讨会论文集。

鲜明地说："铁政属洋商，利大流弊亦远；属华商，利小收效亦远。"但是对张之洞是否由自己来招商承办又没有把握，因此说："但帅意犹未决。弟忧谗畏讥，曷敢自信？"尽管如此，他还是表示愿意亲自到湖北参与"通筹决策……熟商办法"。①

2月21日，恽莘耘向盛宣怀转达了张之洞的意见："帅云：洋商之弊，合同周到即可防范；利却甚大，既多现款又可扩做。惟当今迂谬乖巧之人太多，不用心而好乱说，不办事而好挑眼，实不愿与此辈淘气饶舌，故决意不招洋商矣。"接着，恽莘耘传话让盛宣怀到湖北商议："今已决计与吾兄商办，但宜趁此闲空之时赴鄂一行……帅节十七日交替，到鄂须下旬，阁下看毕后正好面商定议。"②

盛宣怀接到恽莘耘的电报后，立即表态说："……拟送傅相出洋后到鄂一气呵成，只须如帅意坚定，必当竭力为国家筹计远大。贱恙不宜北地，驽下不合官场，无论铁事办不办，必请开缺无疑，正如帅言不愿淘气饶舌也。乞代禀。"③

盛宣怀之后再次向恽莘耘表示，必尽力而为，他在电文中说："承公以驽劣尚堪任重，劝令就道，感帅与公挚意。无论如何为难，俟二月间傅相起节出洋后，即当来鄂禀商勘度，如有一知半解，必尽情倾吐。"并提出自己接办汉阳铁厂后的初步设想，即钢铁必须大办，炼炉必须推广，"而推广炼炉非另筹佳煤无可为力"，准备"调开平矿师偕来细勘煤矿"，欲优先要解决煤炭的问题。④

3月20日，已经表态"决意不招洋商"的张之洞，又给驻德使臣许景澄发去电报，请他与克虏伯公司联系，"派人来鄂妥商"承办铁厂之事，提出"官本估作四百万两，拟招商股四百万两合办，厂基、矿地全归官业，有利官商均分"，"预缴十年税项，约一百万两"，"二十年后官

① 见盛档，盛宣怀《寄江宁恽莘耘观察》，光绪二十二年正月初六日。
② 参见张实：《苍凉的背影》，商务印书馆2010年版，第458~459页。
③ 见盛档，盛宣怀《寄武昌恽莘耘观察祖翼》，光绪二十二年正月十一日。
④ 见盛档，盛宣怀《复鄂臬恽松云（指恽莘耘）函》，光绪二十二年正月十九日。

可将全厂收回，所有商添机炉估值给还”的条件。张之洞此举，究竟是对盛宣怀迟迟不来而不满，还是贪图与洋商合办“利却甚大”，不得而知。但是，他开出的条件，德方并不感兴趣，回复是“无暇办理”。

3月22日，郑观应写信给盛宣怀，告诉他有法国人带了巨款，打算合办铁厂，并提醒盛：“或谓英人志图长江，现在苏沪等处铁路已归英商承办，汉阳铁厂不可又归英商。”①

4月5日，盛宣怀致电恽祖翼，请恽探明铁厂与洋商谈判的情况，等候恽的回电，再确定如何行动。

4月14日，盛宣怀又致电侄子盛春颐，要他将法商在黄石港购买煤矿的事秘密报告恽祖翼，了解张之洞的意向。

4月16日，盛宣怀给直隶总督、北洋大臣王文韶报告：“现赴长江一带察看商务。”

4月20日，盛宣怀再次致电盛春颐，请他转告恽祖翼，过几天就到湖北，到时先与恽见面商议有关事宜。

4月26日，张之洞收到王文韶的电报，告知：25日收到朝廷的寄谕，卢汉铁路决定官督商办，派他们两人会同办理。

4月27日，盛宣怀抵达汉口。张之洞复电王文韶，说朝廷的旨意送到湖北还要几天时间，请将谕旨全文用电报转来，并告诉王，盛宣怀已经到了湖北，自己迫切地想知道“朝廷意旨所在”，以便与盛筹划，然后再与王商议。②

4月28日，盛宣怀发电致直隶总督王文韶：“沿江查察各招商分局，今日到汉。鄂厂已糜五百万，但可设法补救。”

4月29日，盛宣怀拜见张之洞。张让盛看了朝廷的谕旨：“卢汉铁路关系重要，提款官办，万不能行，惟有商人承办，官为督率，以冀造成。王文韶、张之洞均系本辖之境，即著责成该督等会同办理，道员许应锵

① 见盛档，《郑观应致盛宣怀函》，光绪二十二年二月初九日。
② 以上参见夏东元：《盛宣怀传》，四川人民出版社1988年版，第190~191页。

等分派地段，准其自行承认，毋稍掣肘，并着该督等详加体察，不得有洋商入股为要。”盛宣怀也呈上王文韶给张之洞的电报，便就卢汉铁路的修建进行了深入的交流。针对广东道员许应锵、候补知府刘鹗、广东商人方培垚、监生吕庆麟四人，均称集有股份千万，愿意承办一事，张之洞与盛宣怀认为，华商不可能如此轻易地分别同时集起千万巨款，且其中方、吕两人从未听说过，毫无社会影响力，一定有洋人在背后操纵，铁路的利权绝不能让洋人夺走。张之洞让盛宣怀先察看汉阳铁厂之后，再讨论招商承办汉阳铁厂与修建卢汉铁路的事宜。

四、张之洞同意由盛宣怀接办铁厂

1896年5月1日，盛宣怀亲自赴汉阳察看铁厂，一方面对机器设备等大致估值，另一方面为一旦接办铁厂后进行筹划。正在实地进行察看的盛宣怀，又接到张之洞的手书：前天王文韶在来电中提出，修建卢汉铁路应“不分南北，通力合作，此朝廷意”，请盛宣怀立即致电王文韶，询问这些话是否可靠？是从哪里得来的？并请用密电迅速回复。此时，张之洞似乎关心卢汉铁路的修建，比关注汉阳铁厂招商承办更为迫切。随即，盛宣怀致电王文韶，转达了张之洞对他的问候，并向王表达了自己的看法，认为修建卢汉铁路需要四五千万两银子，工程需要四五年才能完成，自然是要南北通力合作，才能实现朝廷的旨意。

5月3日，盛宣怀继续赴大冶铁矿察看，然后再去江夏马鞍山煤矿进行实地考察，进一步谋划未来铁厂燃料供应的问题。

5月8日，张之洞没有等盛宣怀返回武昌，就致电给王文韶，他强调为了贯彻朝廷绝不让洋商入股的旨意，必须对许应锵等人分别进行当面考察，确认他们背后是不是洋商的款项，再提出实际可行的方案。张之洞进一步提出，由盛在他和王的领导下主持卢汉铁路的招商与建设，是比较可行的方案，这实际上也在为盛接办汉阳铁厂奠定基础。张之洞在给王文韶的电文中给予盛宣怀极高的评价：“尊意不分南北，通力合作，鄙见但求速成，无分畛域，可谓两心相印。昨招盛道来鄂商办铁厂，连日与议卢汉路事，极为透彻。环顾四方，官不通商情，商不顾大局，或知洋务而不明中国政体，或易为洋人所欺，或任事锐而鲜阅历，或敢为欺谩但图包揽而不能践言，皆不足任此事。该道无此六病，若令随同我两人总理此局，承上注下，可联南北，可联中外，可联官商。"①

5月9日，盛宣怀在对汉阳铁厂、大冶铁矿等进行察看后，返回武昌。张之洞当面告诉他，已经致电王文韶，准备共同推荐他督办卢汉铁路的兴建。盛宣怀当即表示："如蒙两帅委任，中无隔阂，再拼数年精力，为中国争一口气，亦所不惜。"

5月10日，王文韶回电给张之洞，认为张的意见非常透辟，办理的程序双方同心。对于任用盛宣怀十分赞同，并称赞盛"实济时之才"。

张之洞在与王文韶商定推荐盛宣怀来督办卢汉铁路的兴建事宜后，很快就作出了由盛宣怀接办汉阳铁厂的决定。盛宣怀于是向张之洞呈报自己初步拟定的汉阳铁厂《招商章程八条》。5月14日，张之洞发出《札委盛道督办汉阳铁厂》的公文，公文中说："盛道才猷宏达，综合精详，于中国商务工程制造各事宜，均极熟习，经理商局多年，著有成效。因该道从前曾有承办铁厂原议"②，自然，由盛宣怀来接办汉阳铁厂，是最合适的了。

盛宣怀在叙述作这项决定的过程时，说："铁政不得法，徒糜费，几为洋人得。右铭、松云讽阻，乃属意宣，督饬华商接办，重整旗鼓。"③这表明，盛宣怀接到这根"棒"，还是费了不少周折的。

5月23日，盛宣怀向张之洞呈上《接办汉阳铁厂禀》。在禀文中，盛宣怀根据对铁厂、矿山实地考察的情况，列举了当前铁厂存在的问题。阐述了铁厂"非支持不能推广，非推广不能持久"的思路。强调汉阳铁厂原为卢汉铁路而建，支持铁厂关键是要保证铁轨的销路："自应查照原

---

① 见《鄂督张香帅致直督王夔帅电》，光绪二十二年三月二十六日。

② 见张之洞《札委盛道督办汉阳铁厂》，光绪二十二年四月初二日。

③ 见盛档，盛宣怀《寄翁弢甫》，光绪二十二年四月初三日。

议，所有铁路需用钢轨各件，均责成湖北铁厂，按照极新西法自行制造……惟中国办事最易分歧，万一铁路所用钢轨等件仍欲取用于外洋，使华铁销路阻塞，商局何能挽回？届时应准其停工，发还华商资本，仍归官办。"①

盛宣怀在接到张之洞的《札委盛道督办汉阳铁厂》后十天，即 1896 年 5 月 24 日，就正式接办了汉阳铁厂。②

盛宣怀从张之洞手中接办汉阳铁厂，意味着他可以改变张之洞"官本官办"的办厂体制，按照自己"商股商办"的主张来行事了。但是，他从张之洞手中接过这根"棒"，同时，也将张之洞已用于铁厂的官款作为铁厂的债务接管了下来，铁厂"所有已用官款五百余万，责成商局承认。所出生铁，每吨提抽银壹两归还官款"。③ 盛宣怀一接办汉阳铁厂，身上就已背负了沉重的债务。

五、盛宣怀拟定铁厂招商承办章程

1896 年 5 月 23 日，盛宣怀向张之洞呈上《接办汉阳铁厂禀》的公文，张之洞将此公文连同盛先前拟定的《招商章程八条》，交由湖北藩臬两司、铁政局司道详细研究，提出补充修订意见，于 6 月 24 日发给盛进行修订，在盛宣怀修订的《铁厂承办议定章程折》的基础上，6 月 26 日，张之洞向朝廷上奏《札盛宣怀添定铁厂招商章程文》，算是对汉阳铁厂招商承办一个交代。

张之洞在文中说："湖北铁厂兼采矿、炼铁、开煤三大端，创地球东半面未有之局，为中国造轨制械、永杜漏卮之根。开办以来，巨细万端而皆非经见，事机屡变而意计难周。经营积年，心力交困。今厂工早已

---

① 见盛档，盛宣怀《接办汉阳铁厂禀》，光绪二十二年四月十一日。

② 夏东元：《盛宣怀传》，四川人民出版社 1988 年版，第 191 页。

③ 吴伦霓霞、王尔敏：《盛宣怀实业函电稿》（下），香港中文大学出版社 1993 年版，第 828 页。

次第告成，各种铁炉、钢炉冶炼钢铁，制造轨械，均能精美合用，以至铁山、煤井一切机器、运道皆已灿然大备。惟是经费难筹，销场未广，支持愈久，用款愈多。当此度支竭蹶，不敢再为请于司农之举，亦更无罗掘于外省之方。再四熟筹，惟有钦遵上年六月十二日谕旨招商承办之一策。”

针对英、法有多家公司愿出资附股合办，外国公使、领事亦屡来询商，意欲承揽一事，张之洞在文中说：“惟矿务为中国自有之利源，断不能与外人共之，洋商合办之议不得不作罢。”

文中称赞盛宣怀是招商承领的最佳人选：“盛道才猷宏达……久为华商所信服。经臣电调来鄂，劝令力任其难，檄饬将湖北铁厂归该道招集商股，一手经理，督商妥办。并即督饬司道与盛宣怀酌议章程，截清款目，其大指以嗣后需用厂本无论多少悉归商筹，从前用去官本数百万概由商承认，陆续分年抽回，惟限期须从宽缓。俟铁路公司向汉阳铁厂订购钢轨之日起，即按厂中每出铁一吨，抽银一两，即将官本数百万抽足还清。以后仍行永远按吨照抽，以为该商报效之意。”

张之洞又强调：“此次华商承办铁厂，臣与盛宣怀坚明要约，以卢汉铁路必归鄂厂定造为断，并恳天恩饬下南、北洋大臣，直省各督抚，嗣后凡有官办钢铁料件，一律向鄂厂定购，不得再购外洋之物。”①

张之洞的《札盛宣怀添定铁厂招商章程文》，为盛宣怀实现“路、厂一气，轨由厂造”的目标提供了保证，为盛宣怀开启一番新的事业创造了契机。

由盛宣怀提出经张之洞敲定的商局承办湖北铁厂章程共16条，其中最重要的几条是：

一、官局截至商局接办日止，所有用款、欠款，据官局统计，约计五百数十万两，其尾数确数若干，俟结清后再行知照商局；另由官局拨付商局备还已定机器及耶松购物各欠款银十五万两。至以前官局用

① 以上参见赵德馨：《张之洞全集》，武汉出版社2008年版，第376~377页。

款欠款，商力急切难筹，惟有宽其岁时，免权子母，收得一分，补偿一分，总以筹销钢轨为补救要计。拟自路局购办钢轨之日为始，所出生铁售出每吨提银一两，按年核计数呈缴，其煤与熟铁、钢件应免再提。俟官用还清之后，每吨仍捐银一两以伸报效，地税均纳在内，并无另外捐款。

二、从前立厂本意专为造轨制械而设。本省枪炮厂所需钢铁，自应悉向鄂厂定购，然亦所用无多。现今议造各省铁路，所需钢轨及应用钢铁料件，系属大宗。……如果铁厂、铁路一气呵成，所有钢轨各料悉归鄂厂购办，则出铁每吨提银一两自有把握。如路、轨不能一气……华铁销路阻塞，断难支持，应请发还商本，或仍归官办，或即停工，官款亦即停缴。

三、所有湖北铁厂自造钢轨及所出各种钢铁料，并在本省或外省自开煤矿，应请奏免税十年。

四、铁厂目前支持局面，必须将化铁炉两座齐开，添购各项机器。将来推广，必须另开大煤矿一处，并就大冶添造生铁炉数座。如一时商股不及，应请准由商局不拘华商洋商随时息借，以应急需，即以铁厂作保，商借商还。

此外，对商局用人、理财，局厂安全保卫等方面也作了规定。

章程最后一条是："铁厂归商承办，万一遇有兵事、水火、灾异之事，机炉一切无法搬移，应照西例，各听天命，无从保险。"①

汉阳铁厂虽交由商办，但官府对铁厂仍有监管检查的责任。章程规定：铁厂的用人理财、筹划布置即经营权，"均由督办一手经理"，但仍须"随时择要禀报湖广总督查考"；铁厂督办应由股商公举，然后由湖广总督奏派；铁厂的年报也要送湖广总督查核，等等。②

---

① 赵德馨：《张之洞全集》，武汉出版社 2008 年版，第 378~380 页。

② 吴剑杰：《官倡民办，始克有成——张之洞与汉冶萍》，第一届汉冶萍国际学术研讨会论文集。

六、盛宣怀委派郑观应整顿汉阳铁厂

1896 年 5 月 14 日，张之洞正式委任盛宣怀为汉阳铁厂的“督办”，铁厂改归商办。盛宣怀负责招商工作，以及对外事务，确立铁厂的发展方向与整体利益，并决定聘任郑观应担任总办。5 月 24 日，郑观应正式到任。

郑观应上任后就负起“联络上下官商之情，稽查华洋员匠之弊”的责任，不但作为官商之间的桥梁，更抓紧对铁厂进行整顿和管理。他发现汉阳铁厂要解决的问题很多，例如缺乏焦炭，生铁厂产量、质量都不行，钢轨厂不能生产铁路所需要的钢轨等，为此先后三次提出整顿的办法。他清楚有些问题，并非在短时间内可以做到的，比较容易入手的，便是改善厂内管理，提高工人的工作效率，减少人为的错误和浪费。盛宣怀十分支持他从这些方面对铁厂开展整顿。

为了加强对厂内的管理，郑观应在盛宣怀的支持下，把厂内事务管理部门，重新分为总银钱所、支应所、煤炭所、钢铁所、翻译所、监工所、材料所、案牍所、转运所、砖石所、工程所、巡查所等 12 个部门，各部门负有专责，初步建立了一个管理系统。盛宣怀在汉阳铁厂将领导班子、工作重点、铁厂与外界关系基本确立之后，于 6 月 21 日返回上海。7 月 23 日，他致函恽祖翼：“铁厂布置尚未调妥，内部情况复杂，办钢铁业极为艰难，路轨必须与之相辅而行。”①

郑观应按照与盛宣怀商议的办法，开始大刀阔斧地对汉阳铁厂加以整顿。

首先，在人力资源管理方面，郑观应从整顿华匠入手，裁减工作表现欠佳的工人，以节省厂方的管理费用和工资开支。当时华工匠头都依附于洋匠势力，华匠的表现一直是由洋匠来给出评价的，为了顺利进行

---

① 夏东元：《盛宣怀传》，四川人民出版社 1988 年版，第 502 页。

裁减工作，郑观应请盛宣怀直接向洋匠总管德培布置，要求其给予支持，这得到了德培的配合，不但同意协助裁减工作，而且表示一旦华匠技术成熟时，可再裁减洋匠，节省铁厂经费。对于仍然留职，没有被辞退的工人，郑观应则加强考核，改变以往组织松弛、工作散漫的状况，以提高工作效率。

对铁厂以往所聘的洋匠，采取以岗选人的办法进行调整。盛宣怀、郑观应对这些外籍技术人员，既不认为他们都货真价实，也不认为他们都一无是处。盛宣怀根据所掌握的实际情况，决定铁厂只需聘用 14 名外籍技术人员，将应需聘用人员岗位的清单交总办郑观应，由郑对现有的人员进行考核甄别，可用者尽可能留下。最终铁厂聘用的外籍高级技术人员减少为 14 名，为铁厂节省了一大笔经费；与此同时，铁厂千方百计寻觅有能力的国内技术人才，积极培养自己的人才。

其次，针对燃料是铁厂急需解决的一个问题，郑观应对铁厂所需的煤和焦炭进行调查研究，并分别作了计算，得出煤的供应与质量基本能得到保证，关键是焦炭的问题。于是，他对焦炭的需求与供应进一步作实地调查，从需求看，化铁炉需 6175 吨、贝色麻钢厂需 1050 吨，总计需 7275 吨；而从供应看，厂内存有 3000 吨、预计能交货的为 2370 吨、预计能筹到的 2000 吨，总计可供应 7370 吨，供应比需求还多了 95 吨，似乎焦炭的需求与供应不成问题。但事实上，除了厂内存有 3000 吨之外，其余的 4370 吨，都只是预计之数，不一定可靠，特别是准备预筹的 2000 吨，更无法保障。可见焦炭的缺乏十分严重。

与此同时，郑观应对铁厂焦炭的来源，作了认真的调查，得出供应铁厂焦炭最多的是距离较远的开平矿与萍乡矿，占比为 67.16%，距离较近的江夏马鞍山矿，只占 17.91%，西洋焦炭占了 14.93%。从生产成本来看，无论开平、萍乡或西洋焦炭，运输的费用都很大。其中开平焦炭的质量较合适，但是长久使用它，终究不适宜，因为价钱贵且运输困难。至于西洋焦炭与日本焦炭，经过试用，也不是长久之计。

针对铁厂之前建造的一批焦炭炉，已形同废物，郑观应主张将萍乡的煤运至江夏马鞍山，与那里的煤混合起来炼焦炭，提出“萍七马三”和“萍马各半”的设想，希望不让焦炭炉闲置。结果，炼出来的焦炭仍然不适合化铁炉所用，焦炭炉只能停用，山上开采的煤则专供机器使用。

在钢炉焦炭供不应求的情况下，盛宣怀不得不亲自出马，1896 年 12 月 3 日，盛宣怀电告张之洞：炼钢需煤，现开平焦炭供不应求，不得已另派干员赴萍乡设炉，采煤自炼。此铁厂生死关键，势难全徇人情。①

为了解决焦炭问题，郑观应听取了德培的意见，将其他地方的煤运到铁厂来炼焦，这一可节省经费，二不易碰碎成屑，保证焦炭的质量，三是将炼焦所产生的余气，用于锅炉，提高利用率。于是，郑观应决定利用萍乡的煤来炼焦，把铁厂的焦炭炉加以改造，以增加出焦数量。但当时萍乡的生产条件有限，郑观应想派矿师前去勘查，以增加煤的供应，尽管当时没有立即生效，但为日后的发展作了准备。

最后，在生产方面采取了许多积极有效的措施。

针对原先生铁产量少、质量不稳定问题，郑观应从资金实际情况出发，添加部分设备，提高原有化铁炉的效能，增加了生铁的产量，并使质量得到提高，但是生铁质量仍不甚理想。

为了维持熟铁厂的经营，郑观应决定生产市场上流行的熟铁货和铁钉，并计划在上海销售。针对生产中存在的问题，郑观应组织工匠对熟铁炉进行改造，节省用煤将近 40%，大大减轻了成本。后来熟铁厂又改为承包经营，通过减少华匠、降低成本、加强管理，将原先生产熟铁条的成本由每吨 115.88 两，降至 60.26 两，最终降为 50.25 两，较原先减少了 57%。

生产合适的钢轨，必须有足够的轨轴，郑观应先后向英国梯山厂订购多对轨轴，以应需要，并且聘请洋匠负责管理，以确保生产。1897 年 3 月，铁厂开始可以接受卢汉铁路的订单，轧造六十磅钢轨一千吨，并着手承造吴淞铁路所需的钢轨、鱼尾钢片、螺丝钉、枕木钉等。炼钢亦随

---

① 夏东元：《盛宣怀传》，四川人民出版社 1988 年版，第 504 页。

之由每日八九炉增至十炉。①

郑观应自1896年5月上任，至1897年7月离职，时间只有一年多，凭着他在洋务运营中的经验，加上对汉阳铁厂问题研究的深入，已经把握住了铁厂问题的所在，针对厂内存在的主要问题，作出了相应的改革，使盛宣怀接办后的汉阳铁厂开始取得明显的成效。

---

① 以上参见郑润培、李航：《郑观应与汉阳铁厂的营运》，第二届汉冶萍国际学术研讨会论文集。

第六章　萍乡煤矿解决了铁厂缺煤的困境

一、德国矿师在江西萍乡发现大煤田

1896年5月24日（光绪二十二年四月十二日），盛宣怀正式接办汉阳铁厂。他上任后抓的第一件大事，就是要寻找煤矿，解决铁厂的焦炭问题。他在矿师的陪同下，不断地到江西、湖南等地寻觅煤矿。他说：如果自己不能解决煤炭来源问题，“必致厂购洋焦，路购洋轨，大负初心”。如果大购洋焦，必致“亏累不堪”。① 而“路购洋轨”，这将使铁厂的产品销路成为问题。

其实，在张之洞官办汉阳铁厂时期，铁厂已经开始购买萍乡的煤炭，但那是土窑开采出来的。当时萍乡安源一带，开挖的煤炭矿井就有321处之多，其中的一些矿井还联合组成商号，由地方乡绅或宗族势力控制，具有雄厚的资金和实力，在地方有较大的威望与影响力。在汉阳铁厂建设过程中，张之洞始终为寻找合适的煤炭燃料而发愁，1892年10月，张之洞委派湖北候补知县欧阳炳荣赴萍乡，设立官办的萍乡煤务局，专门收购当地各矿井开采的煤炭，以一种较为温和的方式介入当地的煤炭生产圈，该局与当地土窑之间逐渐建立起一种产业上下游而非直接竞争的关系，这种关系一直维持到盛宣怀接办铁厂时

---

① 见盛档，盛宣怀《致张香帅》，光绪二十二年十月二十九日。

为止。①

1895年大旱，萍乡发生大饥荒。此时正值张之洞移督两江，他带了大笔资金赴萍乡购买煤炭，供应金陵（南京）所需。于是萍乡的煤炭开始在东南各省出名。但在未修建铁路前，萍乡的煤炭外运一般都是利用渌水、湘江和长江作为通道的。

随着汉阳铁厂转为官督商办，以及卢汉铁路即将开建，汉阳铁厂再靠到处采购洋焦与华焦，再靠用土法从土窑中开采煤炭资源的办法，已经行不通了，必须尽早找到适合汉阳铁厂发展的大煤田。

1896年盛宣怀聘请了两位德国高级矿师，一位叫赖伦，另一位叫马科斯。盛宣怀要求他们放开视野，在相对更大的范围内进行勘矿。他在两位矿师的陪同下，亲自到江西、湖南等地寻觅煤矿。他还不断委派有关官员，陪同两位矿师及随行翻译到湖北、江西、安徽等省进行勘矿。这两位矿师工作很认真，也有真才实学，他们在江西萍乡四处实地勘查，先后勘查测量了安源天滋山、锡坑、紫家冲、高坑、王家源、大屏山、胡家坊和青山马岭等处的煤田。

当时外国矿师勘矿，经常会遇到当地百姓的敌视和抵制，那年赖伦在萍乡勘探，正值宜春、萍乡两县的县试，应试的童生们从《汉报》上得知此事，因"萍民素畏机器，谓能使山崩地陷，田园庐墓悉被震伤，而借煤为业之人又恐官招新股，夺其现成之利"，② 因此童生们撰写揭帖，号召乡民反对洋人入萍。这使得赖伦的萍乡之行屡屡遇险，依靠军队的保护才得以安全到达矿山。

1896年10月，赖伦一行在萍乡发现了一个大煤田，该煤田位于天子山之支脉安源山，其脉来自莲花县之马迹岭，内含煤矿甚富，属于古生代煤炭纪，色黑如漆，且甚光泽，挥发量少，黏结性富，是制造焦煤的上品。其煤层有十层，主要以小底板层、大底板层、夹槽、老夹槽、大

---

① 范矿生：《近代煤矿与地方士绅关系》，第一届汉冶萍国际学术研讨会论文集。
② 见《恽积勋致郑观应函》，光绪二十二年九月。

槽板层五层为主。矿师向盛宣怀呈报勘查结果，马科斯估计煤储量为2亿吨，其中的倾斜煤层可供炼焦的煤甚多；赖伦估计煤储量为5亿吨，作出了萍乡煤田“脉旺质佳，迥非他处所可及”，“如每年采用一百万吨，可供五百年之用”的预测报告。

1897年6月，为了尽快核实萍乡煤田的情况，盛宣怀委派得力助手张赞宸（1862—1907年，字韶甄，江苏武进人，湖北省候补知县）赴萍乡复查煤务。张与盛是武进同乡，早年就追随盛宣怀，自1896年7月到汉阳铁厂后，先后任铁厂会办银钱股事、提调兼稽核、总董等职。张深知此事的重要性，毅然接受盛宣怀的委派。随同张赞宸赴萍乡的还有李寿铨（1859—1928年，字镜澄，江苏扬州人），李曾因张的邀约一起至盛宣怀接办后的汉阳铁厂赴任，担任张的文书。两人在郑观应的带领下，积极投入了汉阳铁厂的整顿工作。由于志同道合，友谊深厚，成为莫逆之交。此次张赞宸受盛宣怀的重托赴萍乡，遂再次邀约李寿铨结伴同行，两人决心在萍乡煤矿干出一番业绩。

张赞宸与李寿铨接受任务后，便乘坐火轮经长江，过洞庭湖和湘江到株洲，然后转乘小帆船，经渌江到萍乡长潭下船，与先期已在那里的德国矿师赖伦、马科斯会合。他们随即就与矿师一起徒步赴山区探矿，进行实地考察。他们背着勘测仪，携带干粮，披荆斩棘，栉风沐雨，跑遍深山密林，尽访窿区，又复查了萍乡东南一带的安源、高坑、紫家冲、王家源、龙家冲等处的煤田，历时数月，对萍乡产煤地区作了全面的调查和深入的了解。①

1897年，盛宣怀到达江西萍乡后，为了便于张赞宸及矿师们找矿，并协调与铁厂之间的关系，成立了“煤”、“矿”、“钢”三合一的萍宜矿务利和有限公司，使得萍乡煤矿的勘探得以顺利推进。

---

① 黄领：《张赞宸开创萍乡煤矿的伟大实践及意义》，第二届汉冶萍国际学术研讨会论文集。

二、盛宣怀委派张赞宸为萍乡煤务局总办

1898年张赞宸、李寿铨与德国矿师赖伦、马科斯一起，在萍乡境内历时数月，进行了一次全面深入的勘查。他们循着赖伦、马科斯先前在萍乡东南一带发现的大煤田，进行更认真的勘查，发现当地乡民在天子山之支脉安源山上，采用土法采煤已较普遍，开凿的大小土井有300余口，赖伦、马科斯从土井中认真采取煤样，并对煤质进行分析，表明那里的煤质适合炼焦。

勘探结束后，他们确定在萍乡试挖煤井，经过研究选择了两个地方，一个是安源，一个是高坑。当时这两个地方的小井很多，民间挖煤的人不少。两位矿师进行分工，赖伦在安源，马科斯在高坑，各作一个方案进行比较。马科斯认为应该在高坑挖煤，提出在井的上端修筑一座水库，从高坑到芦溪开挖一条运河，煤通过船从运河中运出去，先到袁河，再到九江，由九江运到湖北；赖伦则提出在安源挖煤，从安源到宋家坊修一条铁路，然后上船通过水运，将煤运出。

二个方案相比较，在高坑开井的方案费用太大，负担不起，张赞宸因而决定采用赖伦在萍乡县城偏南的安源挖煤的方案。

方案经盛宣怀确定之后，张赞宸在盛宣怀的支持下，协调各方关系，积极收购煤田区域的土地土井。1897年冬，张赞宸以优惠价格收购了"广泰福"商号设在紫家冲的7个厂18口井，作为建矿的基础。

1898年3月，张之洞与盛宣怀合奏在江西萍乡安源采煤炼焦，3月22日，经清政府批准，汉阳铁厂在萍乡设立"汉阳铁厂驻萍乡煤务局"。盛宣怀委任张赞宸为首任总办，李寿铨为机矿处处长。4月19日，盛宣怀会同张之洞上奏清政府："萍乡煤矿，现筹大举开办。运用机器，延订矿师，以及筑路设线工程繁难，目前需费约百万有余，收效在八九年后。祇以鄂厂化铁炼轨，事虽商办，实国之大政，不得不先掷目前之钜本，以博将来可恃之焦煤"，"拟请嗣后萍乡县境，援照开平，不准另立煤矿

公司。土窿采出之煤，应照厂局时价收买，不准先令他商争售，庶济厂用而杜流弊”。两天后，清政府就批准了盛宣怀、张之洞的会奏，“仿用西法，购机大举开采”，核准张赞宸为萍乡煤务局总办，主持建矿，并要求“江西湖南巡抚转饬所属地方文武，随时照料，妥为保护”萍乡煤矿。①

为了进一步确定萍乡煤矿的矿址，赖伦与张赞宸再次进行考察，最后选择在萍乡县城东偏南6公里的安源，即主矿选址确定为安源，此后也将它称为安源山机矿。1898年5月30日，张赞宸将与赖伦考察的结果向盛宣怀汇报：“赖审地势，测煤路，考磷质，已一月，日内择定安源罗姓地”，“东南矿山以安源地势为低，罗地更低，土井林立，怕水不能深入，洋矿在极低处动手可避险。现筹挖平巷两条，一取上槽，一取下槽，见煤必速，并购相距里许之李姓井，拟先三路分挖，继将三井打通，直取紫家冲、王家源挖取，必旺且佳”。稍后，张赞宸致函向盛宣怀保证：“若有款、有轨（铁路）后，矿无大敌，五年内不收回成本，请坐赞以重罪。”

经督办盛宣怀的同意，张赞宸在萍乡煤矿下设机矿、煤务、材料三大处。盛宣怀并聘请文廷式以地方首绅地位协同照料。翌年又聘任德国矿师赖伦为总矿师。

张赞宸认为欲开发萍乡煤炭，惟有改弦易辙，采用西法，运用机器作业方式大举开采，才能达到兴办实业的目的。他与李寿铨商议后，又向赖伦等请教，提出从五个方面入手筹建萍乡煤矿的设想：一是筹集巨款，二是修建轨道，三是开造浅水驳轮运煤，四是设立官钱号，五是派兵筹防。同时，他还提出了设定矿山界碑、开设电报、修建运道、筑建铁路、兴路报国、建仓积谷、兴学储才等具体的建议。他将自己的设想与具体办法向盛宣怀报告，很快就得到盛宣怀的认可和赞同。

---

① 参见黄领：《张赞宸开创萍乡煤矿的伟大实践及意义》，第二届汉冶萍国际学术研讨会论文集。

由此，张赞宸开始正式筹建萍乡煤矿，他在李寿铨的配合下，经过多番周折，先后在矿址附近购得宋家山、桐梓坡、大冲尾、蟹形嘴、罗家坡、栎树下等处林地1700余亩，收并土煤井276口，使安源周围数十里内的煤井均为萍乡煤矿所有，在此基础上设有机焦炉、土焦炉以及辅助设备厂等。在基本掌控萍乡煤矿，为机器采煤提供了条件后，他决定效仿西法，效仿开平矿，开发萍乡煤炭。

建矿之初，百业待兴，百事需为，尤以筹资与建矿两者为重，总办张赞宸将主要精力放在四处奔波筹集建矿资金、对外联系疏通各种关系上，常年奔走于沪汉之间。而具体建矿工程的大小事务全部交由机矿处处长李寿铨主持承担。在此维艰期间，李寿铨披星戴月，夜以继日，惨淡经营，周旋于萍乡县知府、地方乡绅、乡民、商户之间，就购买山地、土井、林木等的价格、补偿等，反复协商，讨价还价，备尝艰苦，大量购得林地，优价收购井厂数十家。征购林地中采用了许多有利于民生的办法，如凡被征购林地的村民，均可按自愿的原则，安置在矿上做工、井下采煤；因采煤导致民房开裂的适价补偿、乡民饮水产生困难的帮助找水打井，还允诺凡被征购山地的居民，在居住在本矿区内期间，可永久享受平价购煤的优惠等，顺利化解理顺了各方的利益与矛盾，萍乡煤矿各项筹建工作很快运转开来。①

三、盛宣怀千方百计为萍乡煤矿筹集资金

1898年萍乡煤矿正式开始开矿，煤矿采用机器开挖煤炭，资金不足同样成为严重的问题。创办之初，商股未集，惟轮船招商局、电报局两局及零星附股，收得库平银一百万两。实际上，萍乡煤矿初期的开发资金除向十多家银行钱庄借贷外，主要依靠盛宣怀掌控的几家企业的入股

---

① 参见黄仂、徐鹏：《李寿铨与萍乡煤矿》，第二届汉冶萍国际学术研讨会论文集。

和挪借，这些企业的入股分为首次和二次两种，见下表。①

投资者	数额（库平银，两）		占比（%）
	首次入股	二次入股	
汉阳铁厂	200000	0	20.0
轮船招商局	150000	80000	23.0
铁路总公司	150000	0	15.0
电报局	0	220000	22.0
香记等商户	100000	100000	20.0
总计	600000	400000	100.0

资料来源：张赞宸《奏报萍乡煤矿历年办法及矿内已成工程》，转引自《汉冶萍公司档案史料选编》上册，中国社会科学出版社 1992 年版，第 204 页。

1899 年 2 月 28 日，盛宣怀以招商局房产作担保，向德国礼和洋行借款 400 万马克，约合白银一百一十余万两。其中 300 万马克用于购买德国提升、运输、通风、排水、压气凿岩、照明、洗煤、炼焦、动力、发电、机制、造砖、测量、化验等采矿成套设备，100 万马克用于修建萍安铁路和置办湘潭至汉口的驳轮。同时，他还派德籍职员驻德采办机器材料，引进德国技术进行开采，先后聘请德籍矿师、机械师、工程师、会计师、监工、总管等 30 余人，煤矿实行专属开采。1899 年修通了安源到萍乡的铁路，解决了煤的运输问题。

为了进一步为萍乡煤矿募集资金，盛宣怀决定通过发行股票来筹集资金。股票发行分两次进行，据萍乡煤务局首任总办张赞宸的奏折《奏报萍乡煤矿历年办法及矿内已成工程》中所述："查萍矿开办之初，并未领有资本，所收股本，乃二十五年（1899 年 1 月至 1900 年 1 月）以后

① 以上参见朱荫贵：《试论汉冶萍发展与近代中国资本市场》，第一届汉冶萍国际学术研讨会论文集。

事。”因此，其中第一次发行是在1900年，招有商股110万两，第二次是1901年10月19日，萍乡煤矿在《中外日报》等报纸上刊登《轮船招商局经办萍乡煤矿有限公司招股启》，向社会发布招股信息。招股书说，萍乡煤矿“兹因添设铁路90里，庶能畅通运道，总计成本以及归还礼和借款，共需规银400万两，除前已招有商股110万两外，净应添招商股规银290万两，除已允江西绅商附搭50万两，轮船招商局认搭100万两外，应净添招股本规银140万两。每股规银100两，即在萍乡矿务总公司以及各通商口岸招商局挂号，每股先收规银10两，出给收条，俟挂号截止，填给股票息折，每股找收规银90两。本公司专招华人股本，凡入股者需填明姓名籍贯，以注明根册。所有招股章程，另有刊本，请向各口招商局取阅可也”。①

从湖北档案馆保留的此次发行的《萍乡矿务公司股票存根》看，股票包括以下文字内容：

> 光绪二十九年七月初一日。
>
> 萍乡矿务公司为给发股票存根事。
>
> 光绪二十四年三月，督办铁路大臣兼督办湖北铁厂、轮船招商事宜盛，会同湖广总督部堂张，具奏萍乡煤矿援照开平煤矿筹款商办，并派员总办各折片，钦奉谕旨：“萍乡煤矿现筹开办，请援照开平禁止商人别立公司及多开小窿抬价收买。即着德寿饬所属，随时申禁，多重矿务。钦此。”钦遵在案。
>
> 兹由盛大臣咨明京师矿务、铁路总局，遵照奏定章程，设立公司商办，选举总董，先集商股库平足色宝银一百五十万两，以一百两为一股，自一股至千股皆可附搭，按年官利一分，闰月不计。再有盈余，照间应按十成之二五提出缴部，以伸报效。余均照章分派。

① 湖北省档案馆编：《汉冶萍公司档案史料选编》上册，中国社会科学出版社1992年版，第201页。

萍乡铁、锑等矿，叠经洋矿师勘验，质佳苗旺，且铁性合炼上等钢轨。炼铁毗连，实为中外难得之矿。本公司业已购有各矿山地，目下先办煤矿，并设炼焦之洋炉、洗煤机，运煤之轮驳、铁道、挂线路。众董公议，凡事先难后易。将来气局丰盛，扩充铁道，续办他矿，就行推广加股之时，需照轮船、电报等局，先尽开创老商，出验旧票，纳入新股，以示鼓励。再股商如有限财力，听其自行出让，本公司只认票折为凭。

除将股票式样呈送查核，并将章程息折给商书执外，需至股票存根者。

计收到　省　府州　县人

吉庆堂名下老商二股，计库平足色银二百两。

光绪二十九年七月初一日，给第六千二百四号至六千二百五号止，共二股。

总董　陈善言　朱宝奎　严　素

　　　林松唐　何嗣昆　施肇英

　　　盛春颐　盛昌颐

办事总董　张赞宸

帮董　卢洪昶　莫　羲

通过两次股票的发行，基本解决了萍乡煤矿所需的资金。

四、萍乡煤矿的井巷工程与地面工程

萍乡煤矿的基本建设工程分为井巷工程与地面工程两大部分。按照西法采煤，这在中国历史上是第一次，是前所未有的。在德国矿师赖伦等人的指导下，在总办张赞宸的主持下，以及机矿处处长李寿铨的配合下，安源掀起了一场大规模的建矿高潮。张赞宸任总指挥，李寿铨负责购井置地、机井建设、基础建设等重要工作，成为张赞宸开矿的得力干将。

由于萍乡境内的煤田为“盆式大槽煤”，居于山腹之中，不便于机器直接开采。1898 年 7 月 26 日，萍乡煤务局根据赖伦等工程师的勘测，决定选择在安源以北一个地势较平的地方，组织工人开始向山腹挖掘，建设萍乡煤矿的第一座矿井“东平巷”，从而拉开了萍乡煤矿基本建设工程的序幕。此后，基建项目如雨后春笋，拔地而起。

对于井巷工程，张赞宸、李寿铨首先利用从汉阳铁厂、大冶铁矿、江夏马鞍山煤矿调来的部分起重机、锅炉等设备，施工建起八方井、上平巷及东、西平巷各一处直井。同年 9 月，委托赖伦订购的首批欧洲机器到齐，矿井建设全面展开。安源井田开发由赖伦设计绘图，采用平洞、立井方式多层次开拓煤层群，整个矿井采取先上后下、由近及远的前进式方式进行开采。窿道的掘进是用空气及电气凿岩机打眼，用炸药爆破。采用六角钢筋、手锤打眼，用镐采挖。井巷工程施工时，硬岩使用德国第一名家勒特梅游厂制造的、配有电机车和空气压缩机供风的风动凿岩机开采；软岩或煤巷使用德国制造的 1.2 马力、250 伏电压和平头钻头，并带有减速齿轮传动装置的电钻开采。1898 年底，西平巷见煤；1900 年上平巷开进 600 米，见大槽煤层；1903 年机矿窿道逐次告成；1904 年八方井日产原煤 300 吨。此时西平巷开进 1600 米，上平巷开进 1200 米，东平巷开进 1600 米，三个平巷日产原煤 300~400 吨。

至 1906 年底，萍乡煤矿井巷工程突飞猛进，掘进打通了安源至紫家冲大槽这项“最要亦最难”的工程，石巷长 2860 米，开创了全国最长的一条岩石大巷，完成了上、东、西三大平巷和八方、六方两大竖井的建井工程，至此萍乡煤矿井巷大型工程均告完成。

在大力推进井巷工程的同时，张赞宸、李寿铨交叉开展地面工程，至 1904 年，先后建成大小洗煤台各 1 座，其中大洗煤台每日可洗 2000 吨，小洗煤台每日可洗 400 吨，两处共设提煤缸 26 座，所需循环水量每分钟达16吨，其最大马力数为585匹。直井中煤用升降机运出，平巷中煤用电车运出，至洗煤台筛选；大洗煤台专洗平巷中所出之煤，大洗煤台亚洲仅两座，萍矿居其一。此外，建成西法炼焦炉114座、耐火砖厂和煤砖厂各1座、电机房与打风房各1座、机械制造修理厂1座及发电厂等成套的采煤炼焦设备，这在当时也堪称最先进的技术装备了。由于炼焦炉数量大，可为汉阳铁厂提供足够的焦炭。与此同时，他们组织力量，先后安装完成了矿轨、煤车、起重、抽水、发电等机器设备，建设完成电报电话房、总局大楼及员工宿舍等基础设施。此时，张赞宸致电盛宣怀："车站、机厂、洗煤厂、炼焦厂、总局及一切屋厂统聚，此脚跟已立，大局已定。"

1905年，兵部尚书铁良在考察萍乡煤矿后，对萍乡煤矿主持人员赞誉有加。同年秋，清政府财政处、户部函咨盛宣怀，拟调张赞宸赴天津办理天津银行事务。1906年底，张赞宸奉调首任天津银行总办。林志熙继任萍乡煤务局总办，李寿铨、薛宜琳为会办。但是萍乡煤矿一时是离不开张赞宸的，盛宣怀向朝廷告以萍乡煤矿系张赞宸一手创办，去留关系全矿成败利钝，骤即离厂，势恐掣动全局，恳请缓调，后因张赞宸身染重症，入津之议遂成罢论。

经过几年的奋斗，萍乡煤矿规模粗具，拥有安源机矿一个主矿和紫家冲、小坑、高冲和小花石等4个分矿，同时还拥有上珠岭铁矿山、白茅锰矿山、盆形岭锑矿山、白竺铅矿山等矿产山权，并在紫家冲、小坑、龙家冲、王家源、高坑有土井14处，土法炼焦炉50座。安源机矿有东平巷和八方两个采煤系统。萍乡煤矿建成了具有近代机械化的洗煤台、炼焦炉、耐火砖厂、煤砖厂、土炉炼焦处等设备的大型煤矿企业。

1906年10月，安源总平巷穿通，但是总办张赞宸却因过度辛劳而病倒，员工为之十分痛心，各土炉一律停炼停挖。盛宣怀得知消息后，电催张赞宸急赴上海就医。在离开萍乡煤务局前，张赞宸仍难超脱于矿局事务，他对制约萍乡煤矿发展的煤焦运道依然心存牵挂，认为："萍矿事妥，出煤日旺，惟株岳运道为矿命根，大局利害所关悉系乎此"，任事之忠令人感佩。①

统计张赞宸在任 9 年，萍乡煤矿共收款 867.7 万余两，盘存款项 418.4 万两，支款 1250.2 余万两，收支相抵，盈余约 35.9 万两，其规模之庞大，工程之浩繁，亦可见一斑。

五、株萍铁路保障了萍煤对外的运输

萍乡位于湘潭边界，处于罗霄山脉北麓，多丘陵地带。萍乡东区的袁水流入赣江注入鄱阳湖，西区和北区栗水、萍水、草水则流入湘江注入洞庭湖。土法开采煤炭的时期，萍煤运输以水运为主，但是由于萍水通航时间短，进入九月，萍水渐涸，舟楫不能行。此外，夏初封坝，舟楫不通，五、六、九、十等月插秧收谷，采摘茶籽，农忙之际无从觅雇挑夫，有煤也难以向外运出。

萍乡煤矿开建后，萍乡境内的萍水河无法承载起巨大的煤炭运输量，煤炭对外运输经常受阻，加上萍煤在运输过程中管理不善，经常出现煤炭商户以次充好、船户掺杂砂石、铁厂收发所人员工作懈怠造成船只延期等弊端，使得汉阳铁厂的燃料得不到有效保障。这些问题基本上都是因萍乡交通不便而衍生出来的，因此加快改善萍乡的交通状况，才是解决问题的根本之道。

1898 年，正值卢汉铁路动工，急需更多的煤炭炼钢造轨，为解决煤炭的运输困难，盛宣怀会同湖广总督张之洞上书光绪皇帝，提出在安源修建一条专门运煤的铁路，以降低运输成本，解决汉阳铁厂燃料供应问题。盛宣怀招股集资 600 万两，其中 200 万两为铁路建筑费用。

① 参见黄领：《张赞宸开创萍乡煤矿的伟大实践及意义》，第二届汉冶萍国际学术研讨会论文集。

张赞宸、李寿铨在抓紧萍乡煤矿建设的同时，将铁路修建当做头等大事来抓。

1898年底，萍乡煤务局开始修建安源到萍乡县城西门宋家坊的铁路，该路路基系赖伦所勘测，统筹规划则由县令顾家相主持。1898年12月，设局购地。1899年4月，办理购地事宜完毕，共占田地333多亩。6月动工，11月修好路基，铺设铁轨，11月29日，试行通车，11月30日铁路竣工，路长7.23公里，并命名为萍安铁路，为株萍铁路之开端。

除了修建矿区铁路，还必须修建萍乡对外的铁路，张赞宸与盛宣怀商议，拟修建一条萍乡至醴陵的铁路，将煤先由萍乡运到醴陵，再走渌江下湘江至长江，萍乡的煤炭通过长江可运至汉阳铁厂。盛宣怀将这一设想上奏清政府，朝廷很快批准了这条铁路的建设。1899年，盛宣怀委任薛鸿年为总办，开始修筑萍乡至醴陵的铁路。8月4日，盛宣怀派美总工程师李治、副工程师马克来和中国副工程师罗国瑞等勘测路况，到11月20日完毕，自萍乡城至湘东峡山口15公里，先行大量购地，破土动工。由湘东峡山口至插岭关（今老关镇）17.5公里，于1900年2月开始勘定，4月丈量完毕，业主订立契约六七百户之多。此时，因北方义和团运动波及萍乡，工程技术人员回到上海、武汉避难，导致工程停滞一年多。1901年7月，工程技术人员陆续返回萍乡，重新施工。盛宣怀调著名铁路专家詹天佑前往萍醴铁路做工程师。当时主持工程事宜的是“洋参赞”美国人李治，詹天佑以知府的名义前往协助。李治等人无意修筑铁路，而且阻挠使用中国1.435米的标准轨距，结果，实际主持工程事宜的是詹天佑等中国人。詹天佑在萍醴铁路工作了一年，1902年8月袁世凯向英、俄两国交涉收回关内外铁路时，他被调回参加接收工作。同年11月萍乡至醴陵段竣工通车，路长38公里，并命名为萍醴铁路。

萍醴铁路，是株萍铁路的第二期工程。整段铁路自东向西依次建有萍乡、峡山口、老关、醴陵四站，在萍乡站西的青山埠，设有岔道，以便起运，并派有萍乡站副站长驻此进行管理。此铁路三跨渌水，分别在萍乡、峡山口、醴陵三站的东面建有大桥，最初所建桥梁除醴陵钢桥之外，其他为木桥或石桥，峡山口站东的木桥长 140 米，醴陵钢桥长 151.28 米。

张赞宸、李寿铨他们本以为萍煤能在醴陵转水路运至汉阳，未料渌水滩多水浅，无法承载煤炭运输，他们立即向盛宣怀报告这一难题。1901 年春，萍乡县令顾家相自豫章（南昌）取道长沙返萍，顺便察看地势，力主从醴陵修铁路至株洲，认为距离近节省费用。盛宣怀决定仍由薛鸿年承办，于 1903 年 7 月，派美总工程师马克来、副工程师休文和中国工程师罗国瑞等勘测铁路路基，将这条铁路延伸至株洲，求助湘江来运输煤炭。到 11 月勘测完毕，随即破土动工。1905 年 12 月 13 日，醴陵至株洲铁路建成通车，最初叫醴陵铁路。全线接通后，将原有萍安、萍醴名称统称为萍潭铁路（当时株洲属湘潭县管辖）。至此耗时 6 年多、耗资 450 万两白银的株萍铁路全线竣工通车，全长 90.29 公里，从此，安源的煤炭可直达株洲。

株萍铁路整条铁路共设安源、萍乡、醴陵、株洲四个大站及峡山口、老关、板杉铺、姚家坝、白关铺五个小站。铁路建成后由萍乡煤矿铁路处代管，属萍乡煤矿资产。这是江南最早的一条铁路。

修建株萍铁路主要的用途是为了把萍煤用铁路运至株洲，经湘潭、长沙、城陵矶转运局转运，然后下湘江再走水运至大冶和汉阳炼钢。当时用于萍煤运销的轮船、钢驳和大小木驳就有 30 多艘，可见萍乡煤矿的繁荣景象。

由于萍乡煤矿煤焦质好且价廉，除主要供应汉阳铁厂外，还远销外地，很快占领了长江中下游市场，萍乡成为江南地区最主要的能源供应基地，煤炭源源不断地运往长江中下游各个城市，甚至远销到日本、美国旧金山，不仅加强了萍乡与整个长江中下游地区经济的融合，而且有力地支撑着这一地区的经济发展。

1918 年，安源与长沙的铁路贯通，并连接武汉，安源由此成为一个通衢繁富之地。

六、萍乡煤矿建成中国最大的新式煤矿

1907 年 10 月 15 日，盛宣怀亲临萍乡验矿，历时 10 年的萍乡煤矿宣告正式建成。萍乡煤矿总耗银 676.8 万两，生产能力达到日产原煤 1300 吨，日洗原煤 3400 吨，日产焦炭 600 吨，年产煤砖 5 万吨。萍乡煤矿建成后当年产煤 40 万吨，焦炭 11.9 万吨。① 萍乡煤矿的平均出焦率高于同期的英国，低于德国、法国和比利时，与美国基本相当。

据史料载："溯当时创开萍矿，历尽险阻艰难，始有蓬勃之气象。盖该矿之大煤槽，在初开之安源西北紫家冲，山势崎岖，无运道可通，就东南平坦可通安源地方煤脉外观之处，发轫开凿，直达紫家冲大槽。而山腹之内，石隔中阻，非洞穿不能，钻打炸裂，石凿千锤，费数年之苦若干血汗，始于前年直达大槽。其蕴藏之富，如入煤海矣。目前每日出煤一千五百吨，明年可增至三千吨。再阅三五年，汉厂发达，蒸蒸日上，则萍煤随之而盛，所炼焦炭，固深合化铁之用。"那时萍煤运销走萍乡，直达湘潭铁路下湘江，再走水路到汉阳。萍乡的煤有力地保障了汉阳铁厂的生产。

在盛宣怀的督办下，经过张赞宸、李寿铨的努力，萍乡煤矿成为拥有一个主矿和 4 个分矿，同时还拥有铁、锰、锑、铅等矿的大型矿山。

萍乡煤务局设有收支处、稽核处、工程处、化学房、绘图房、五金材料所、火车机器所、锅炉房、打风房、起重吊车房、堆煤场、洗煤台、炼焦炉以及饮食寄宿所、病房等部门；运输局设有汉阳运销局、岳州转运局、长沙分销局、株洲转运局、湘潭转运局等分局；以及武昌鲇鱼套栈，拥有钢驳 24 艘，木驳 165 艘。

萍乡煤矿开办时，规模已很大，除了以上厂矿、机构外，还建有电

① 吴杰、杨弃：《安源：百年煤矿话沧桑》，《国企》，2012 年第 1 期。

报电话房、矿山救助、医院、矿务学堂、员工小学、印刷厂、萍矿官钱号等生活服务配套设施。

煤务局下设12个处，46个单位，拥有工人13000多名。工人的组成，湖南占70%，湖北占20%，萍乡只占10%。此外，有德国矿师、总管、工程师、工匠20多人；中国委员、司事200多人。

1908年，萍乡煤矿全面建成，整个煤矿彻底从土法开采模式转向西法机械开采模式。它不仅成为我国最早采用近代机械化生产、运输、洗煤、炼焦的大型煤矿，而且还是中国人自办的最大新式煤矿，被列为“中国十大厂矿”之一，位居全国第三。矿区万盏灯光，两旁的喷泉与炫彩的街灯交相辉映，蔚为壮观，时有中外来宾前来观光游览，萍乡号称“小南京”，萍乡煤矿后来居上，超过了开平煤矿的规模，尤以其丰富的资源、先进的技术设备、质优价廉的煤焦而风靡一时，被誉为中国“第一之实业”、“东亚有数之大煤矿”。①

萍乡煤矿的成功与张赞宸、李寿铨的努力是分不开的。张赞宸在萍乡历时十年，任总办九年，历经艰辛，竟将当年“荒僻无人之境，变为通繁富之场”，为萍乡煤矿的建设与发展，作出了不可磨灭的贡献，他却不幸积劳成疾。1907年2月2日，张赞宸赴沪疗病，4月13日病逝于上海，卒年45岁。盛宣怀致挽联道：“开萍乡实业，殚精竭虑，成绩昭彰，身后勋名，当与山灵同不朽；自芝罘来游，集益推诚，相期远大，生前气谊，有非铭述所能传！”对其创始之功，给予了高度的赞扬。

同样盛宣怀对李寿铨的评价也很高，他说：“萍矿李寿铨为该矿创始之人，熟悉地方情形”，为萍乡煤矿作出了卓越的贡献。李寿铨在《萍矿说略》中细述建矿艰辛历程：“创办之初，内地风气未开，百计阻挠，事多棘手。基础甫立，旋值更辛之岁，风鹤频惊，地方不靖，工

① 黄领：《张赞宸开创萍乡煤矿的伟大实践及意义》，第二届汉冶萍国际学术研讨会论文集。

程因之窒滞。嗣后又遭匪乱，工虽未戳辍，屡濒于危，此皆开矿以来叠经之磨折也。而卒以当事者坚韧镇定，上下一心，历尽艰难，得有此成功之日。”

盛宣怀接办汉阳铁厂后，十分关心萍乡煤矿的建设，他多次来萍矿实地考察和处理公务，尤其是他针对当时工业落后的状况，引进了西方科学技术，聘用洋人专家来煤矿管理，同时开发高坑新矿。在开发高坑新矿时他力主雇用富有经验之洋矿师充做副手，帮助筹划开矿办法，以及参酌工程进行之方针。据汉冶萍公司的老人著书回忆，盛宣怀多次来过萍矿指导，他还亲自下矿井考察，作风严谨，平易近人，工作中讲究实事求是，从来不浮夸虚假，为人低调，从不宣扬他自己。

萍乡煤矿的开挖，彻底解决了汉阳铁厂缺煤的问题。

第七章　汉阳铁厂为中国铁路提供合格的钢轨

一、盛宣怀关注钢轨的质量问题

盛宣怀在抓紧萍乡煤矿开发建设的同时，把解决铁厂的产量与质量问题也提上了议事日程，特别是关注由于生铁含磷过高而引起的质量不稳定问题。

汉阳铁厂的炼钢厂在1897年5—6月、钢轧厂在1897年7月之后开始实现正常生产。此后，生产逐步稳定，贝塞麦钢厂的月产量维持在2000~2500吨，西门士马丁钢厂维持在400~500吨的水平。① 这期间钢铁生产的主要问题是因含磷高而导致产品质量的不稳定。

1897年下半年，钢轧厂开始向正在修筑的卢汉铁路最初的一段（卢沟桥至保定）供应钢轨。1897年10月9日，铁厂出现钢轨检验不合格的报告："……此次所验第三条钢质过硬，拉力只长一分，制钢轨不甚相宜。照泰西章程，验得第三条钢质如此，须将同时所出之钢轨再验一条，倘仍只拉长一分，应将全行钢轨概行废弃。目下各钢已经杂乱，未能照此章办理。"② 但是这并未引起工程师卜聂的重视。

1901年汉阳铁厂为卢保路、保正路供给的钢轨全部完成，而此时

---

① 吕柏：《中国采矿业与钢铁工业》。

② 见盛档，《顾培验轨报单》，光绪二十三年九月十四日。

负责卢汉铁路的洋总监沙多，则因铁厂生产的钢轨质量不行，拒绝继续订购汉阳铁厂的钢轨。直到 1903 年卢汉线使用铁厂的钢轨出现多处断裂现象，时任汉阳铁厂提调的宗得福才道出其中的缘故："……又奉敬电，沙多云去年所运北轨，断者甚多，当即两次复电。旋据卜聂云，外洋轨质含磷只 0.05，汉阳铁厂所拉之轨含磷皆 0.12 不等。历年皆伊设法，另用马丁钢炼成样轨，就铁路洋工师考验。此次验轨之洋人，闻北轨有断，颇觉认真。此后即难蒙混。"① 原来负责钢轨生产的工程师卜聂在这么多年当中一直以含磷低的马丁炉钢拉成的"样轨"来对付各种检验，导致在近六年当中，铁厂由贝塞麦炉生产的含磷相对高的钢轨得以顺利出售。

事实上，汉阳铁厂的质量问题不仅与先前张之洞引进的炼钢设备有关，还涉及铁厂从原料、生铁冶炼、炼钢到轧钢等各个环节。

首先，从钢轨生产来看，虽然汉阳铁厂同时引进了贝塞麦酸性转炉和西门士马丁碱性平炉，但是贝塞麦转炉生产了 80%以上的钢，马丁平炉生产的钢不足 20%，轧钢厂轧制的钢轨主要是用贝塞麦转炉生产的钢来轧制的。吕柏记录的数据表明："钢轨用材的含磷量达 0.08%～0.12%。"显然，此时所产的钢轨是用贝塞麦转炉生产的、磷含量较高（与标准相比）的钢材。②

其次，从原材料来看，钢轨含磷高缘自含磷高的铁矿石和焦炭。就大冶铁矿各矿区的矿石来说，如果在冶炼时合理选择铁矿石，问题不是不能解决，铁厂管理人员也早就知道这一情况，但是始终没有很好地解决。为了能给卢汉铁路供轨，铁厂的洋工程师用马丁钢炼成的样轨来应付检验。

其实，早在 1897 年 3 月，高炉炉长、比利时工程师吕柏就向盛宣怀提出生铁含磷高的问题，他指出从成本考虑，铁厂应多用萍乡焦炭，

① 见盛档，《宗得福致盛宣怀函》，光绪二十九年二月初九日。
② 吕柏：《中国采矿业与钢铁工业》。

但萍焦含磷重，只能选择含磷少的铁矿配合炼制，才能炼得合适的贝塞麦生铁，并对铁厂未能正常对焦炭和矿石进行化验和分类表示不满，他说："料质到厂，务当从实照常化验，则深知料质，可以参配下炉，照常出铁。……化学所未能如法化验，为所中应用药水、器具散乱无条，外人均可混杂进内。……自去年开炉之后，日间尚未照常化验铁质以及各种料质，如矿土、焦炭等类。"① 吕柏向盛宣怀反映"化学所未能如法化验"的情况后，盛宣怀当即指示郑观应立即采取措施，确保高炉的每批料质进行认真化验，使质量得以改善。盛宣怀还致信郑观应："记得纱帽翅所开之铁，含磷甚少，请阁下迅速致函赖伦"，想从源头上解决汉阳铁厂含磷太重的问题。

盛宣怀尽管先前在湖北涉足煤铁的勘探与开采，但是他对钢铁的冶炼技术与设备等，也是门外汉。他听说钢材的质量和冶炼设备与矿石的匹配关系很大，于是 1899 年 1 月，当年春节之前，他又一次赴大冶铁矿山查勘铁矿，并向铁厂聘请的洋人技师请教，特别是了解铁矿石的成分与设备的关系问题，然而，这些技师也讲不出个所以然来。1903 年宗得福发现问题后，这才真正引起了盛宣怀的重视。

盛宣怀看到汉阳铁厂所生产出来的钢材，样子也很好看，但是质量不行，材质发脆，容易断裂。他弄不明白，为什么同样是煤和铁沙，同样是洋人的技术和进口设备，洋人生产出来的钢材，质量好得很，而汉阳铁厂生产出来的钢材，质量却不行。既然国内聘请的洋人技师也讲不出个所以然来，那只有派人到国外炼钢厂去，在炼钢生产的现场，一个环节、一个环节仔细地去考察，找出问题的所在。

二、李维格一行赴欧美日进行考察

面对汉阳铁厂生产的钢材质量问题，盛宣怀认为需要对汉阳铁厂进

---

① 见盛档，《吕柏致盛宣怀函》，光绪二十三年二月。

行一次全面的技术改造，关键是要深入分析汉阳、大冶、萍乡三地的资源，尤其是要掌握铁矿石与焦炭，以及它们相互之间配合的性能，在充分考察国外同等规模钢铁企业的做法的基础上，找到汉阳铁厂钢材、钢轨质量不稳定的症结，通过技术改造和设备扩充来解决铁厂的实际问题。

盛宣怀很想亲自赴国外考察，彻底弄个明白，但是这是不可能的。为此，首先要找一位既通西文，又谙熟厂务的人携带铁厂的原料和产品出洋“求医问诊”，寻求答案，那究竟派谁去方能承担此重任呢，思考再三，只有请他的莫逆之交、汉阳铁厂的总翻译、苏州才子李维格出马了。

即使用今天的眼光来看，李维格也是此项任务非常合适的人选。李维格（1867—1929 年），字一琴，祖籍江苏吴县，1867 年生于上海南市区，幼时家境贫寒。早年游学英伦，留居清朝驻英参赞李经方的行邸，兼习法文，不久随驻英公使许景澄回国。因其精通英、法两国文字，对西方世界有实地了解，回国后受到清廷一些洋务派人士的赏识。遂于 19 世纪 80 年代末、90 年代初进入仕途，担任候选郎中之职。之后他又随翰林院侍讲崔惠人出访美国及日本。在此期间，他通过实地考察，进一步了解西方及东邻日本的发展，搜集各国工业科学进展的信息。那时国人学习西方，多注重政治制度及思想，李维格却与众不同，他注重格致之学（即物理学等自然科学），称得上博学多才。李维格 1896 年 4 月起任汉阳铁厂总翻译，从此进入钢铁事业，虽后来转入《时务报》并致力于《湘报》和湖南时务学堂的创办，但经盛宣怀力邀，最终回到上海任南洋公学之提调，兼教书译书。1900 年重新回到汉阳铁厂，掌管汉阳铁厂西人商务，从那以后，李维格一生未离开钢铁事业。

早在 1902 年 9 月，李维格就致信盛宣怀，提出汉阳铁厂减轻成本、广筹销路的六种办法，其中就有游历洋厂一项，并毛遂自荐出国考察，得到盛宣怀的支持。

1902 年，盛宣怀在给朝廷的报告中写道："……制造必取法于人，耳闻不如目见，臣久思亲赴各国一观其布置而不得其暇，只得遴派妥员代往考察。兹查有总办湖北铁厂三品衔候选郎中李维格，心精力果，体用兼赅，本来谙熟方言，近复留心工学，臣与李维格坚明约束，铁厂之成败利钝，悉以付之……臣已代筹资斧派令该员带同洋工程司一名，克日驰赴日本，先阅其新开铁厂，即由日本放洋赴泰西各国，游历各厂，究其工作精奥之大端，彼何以良？我何以楛？彼何以精？我何以粗？他山之石，可以攻错。"①

1902 年 10 月，盛宣怀正式派李维格偕同在厂工作的英国工程师彭脱、德国矿师赖伦赴欧洲实地考察。

1902 年 10 月 24 日，李维格乘日本邮轮"博爱丸"前往日本，10 月 28 日参观日本制铁所（八幡制铁所），当他准备继续登邮轮前往美国时，却被盛宣怀以铁厂两炉齐开和筹划借款为由召回国。这让本想借此成就一番事业的李维格非常失望，萌生退意。此时盛宣怀面临着李维格去留的问题："此君之长，在廉谨明达，不参私见；此君之短，在游移文弱，中无主宰。然与贤阮（原意为魏晋间'竹林七贤'中的阮籍、阮咸叔侄二人。此指盛宣怀的侄子盛春颐，此人 1897—1904 年任汉阳铁厂总办）絜量高下，实尚略胜一筹。用人难，用人于危疑震撼之间尤难。"② 李维格从日本回国后，盛宣怀决定让李维格暂留上海，负责筹借外资。实际上，当时即使让他们继续欧美考察的行程，回来之后也无资金扩充铁厂的设备，进行技术改造。当时正值卢汉铁路施工的紧张阶段，盛宣怀首先要保证铁路建设的资金。

盛宣怀对人才是十分尊重、十分爱惜的。1898 年夏，李维格曾应聘于由盛宣怀创建的南洋公学任教。当时，学校设立了师范院、外院、中院和上院四所分院，李维格于师范院教授英文。尽管执教时间不长，

---

① 见盛档，《铁厂派员出洋片》，光绪二十八年九月。

② 见盛档，《杨学沂致盛宣怀函》，光绪二十九年正月初八日。

但是李维格在此期间以专业水平卓越、教学水准一流、认真执教、诲人不倦的高尚品行令广大师生敬佩。盛宣怀对其的人品、学识早有所知。盛宣怀认为，某人既有贤才，就应任之专，任之久，充分发挥其作用。盛宣怀说："李维格工程本领，系在汉厂历练而成……铁厂之成败利钝，悉以付之。用人之道，必当用其所长，尤当久于其任。若用之不专，或朝令暮改，皆不足尽其才。"①

三、李维格领衔，解决钢材质量问题

1904 年卢汉铁路建成，汉阳铁厂与日本签订了供应铁矿石的合同，盛宣怀筹集到了资金，于是他下决心扩建企业，趁此机会对企业进行技术改造，从而解决困扰多年的钢材质量问题。

盛宣怀便再次指派李维格出国考察。与上回不同，此次盛宣怀为其详细拟定了考验矿质、考究厂务、访聘工师、购办机炉以及筹补用款等五大项 41 小项任务，其中考验矿质被列为头项任务，并分别就焦炭、铁矿、炉砖原材料及其与炼铁轧钢各方面的关系都作了细致的要求，可见盛宣怀深知只有掌握了汉阳铁厂炼铁原料的特性，才能对症下药，从而获得合理的技术改造方案和购置设备。

关于"矿石"含磷过高的问题，盛宣怀在给李维格出国考察的指令《札李维格文》中，第一项就是"考验矿质"，即"大冶铁矿含质如何，用萍焦能否相配，其磷轻者可制贝色麻钢，其磷重者能否制马丁钢，又能制何等翻砂生铁"。李维格在《出洋采办机器禀》中，实际上把考察"生料"（即原料）作为第一项，强调"铁厂命根，全在铁石、焦炭"。事实上，铁矿石磷多是常见的重要因素，但不是唯一因素……焦炭也可能磷多（萍乡煤矿焦炭磷重有史料为证），因此导致铁厂钢轨质量问题的"矿石"磷多的原因，既涉及大冶铁矿石，又包括萍乡的

① 见盛档，盛宣怀《寄张宫保》，光绪三十二年八月二十日。

焦炭；不仅如此，还涉及用人和技术的因素。①

李维格为这次出国考察作了充分的准备，分别取大冶、萍乡的矿石、焦炭样品以及铁厂的成品装箱随船携带，仅大冶矿石样品按照矿石不同的地点就分装了8箱，每箱半吨。

关于“考究厂务”，盛宣怀与李维格商定，着重考察欧美小厂规模的情况；如何降低焦炭炉成本又能制成上等焦炭；生铁炉如何节省焦炭，可否用碎铁石、碎焦炭；生铁炉是否以二百吨为合算；生铁水如何调和、令其直达炼钢炉；贝塞麦炉如何添办；马丁炉如何添办；市面繁货钢板、钢条、轧轴如何精细操作；商务核算如何操作等九个方面的问题。

关于访聘工师、购办机炉以及筹补用款等项，盛宣怀也一一作了认真的考察部署。

自1904年4月8日起，李维格等一行先后赴日本、美国、英国和德国考察，在美国匹兹堡对炼铁原料使用尤为注意，在英国寻访钢铁专家，化验矿石及成品样品，以征求最适合的炼制方法，历时近8个月，于当年11月27日回到上海。对于大冶、萍乡的矿石焦炭样品考察得知：“大冶铁石、白石、萍乡焦炭，并皆佳妙，铁石含铁百分之六十至六十五分，而焦炭则等于英国最上之品”；对于钢轨生产考察得知：“炼钢有酸法碱法之别，酸法不能去铁中之磷，惟碱法能之”，“汉厂贝塞麦系酸法，而大冶矿石所炼之铁，含磷过多……而含炭少，磷多则脆，炭少则软。卜聂炼钢，减少含炭分数，使其柔软，以免断裂，然柔则不经摩擦，轻易走样……此汉厂贝轨所以不合用也”。在考核了原料和钢质之后，李维格决定听从英国专家的意见，废弃贝塞麦法而改用马丁碱法炼钢，并据此筹备购买新机炉之事，把新设备的购置重点放

① 参见张泰山：《原料与技术：清末汉阳铁厂废弃贝炉浅议》，第二届汉冶萍国际学术研讨会论文集。

在“炼造碱法马丁钢、船料、桥料、屋料等货”。①

经过出国实地考察，李维格找到了汉阳铁厂生产的钢材质量不佳的关键所在，即“矿石”含磷过高，导致钢轨易脆、易裂。他发现汉阳铁厂所采用的炼钢设备与炼钢方法，不适宜炼含磷过高的矿石。②

李维格回国之后，针对“矿石”含磷过重的原因，立即向盛宣怀建议，购置新设备，改造旧式炼钢炉，放弃原用的贝塞麦转炉，改用马丁碱法炼钢炉，同时改进工艺，去除磷质。盛宣怀对这一建议颇为称许，并指示照办。这样，就使“十余年未解之难题，一朝涣然冰释”。李维格说：“在洋考察，既有把握，于是绘图贴说，广招英、美、德专门名厂投标，并与同行之萍乡矿师赖伦，及新雇之工师等，一再讨论，剔破疑团，然后分别订定。归国后激励同人，勇往从事，胼手胝足，四年苦功，于去冬（1907 年）十月告成出钢。”③

从李维格回国，购置新设备，再到炼出第一炉真正合格的钢材，又花去了整整五年的时间。这为“西法炼铁，事非素习，无以得其窍要，计穷力竭，欲罢不能”④ 的盛宣怀，解决了又一个阻碍前进的拦路虎。

四、奋斗十年，炼出了合格的钢材

为了尽早炼出合格的钢材，李维格在英国工程师彭脱、德国矿师赖伦的协助下，采取了招标的办法：“自开清单，招英、德、美专门名厂十数家投标，复与同在外洋之萍矿总矿师赖伦及聘定之新工师，投标之各厂家，一再讨论辩难，然后分别定断。”⑤ 由于是招标，汉阳铁厂

① 见盛档，《李维格呈出洋采办机器禀》，光绪三十年十二月十二日。

② 参见方一兵：《汉冶萍公司与中国近代钢铁技术移植》，科学出版社 2011 年版，第 37~40 页。

③ 李维格：《记汉冶萍》，光绪三十四年七月。

④ 李维格：《记汉冶萍》，光绪三十四年七月。

⑤ 见盛档，《李维格呈出洋采办机器禀》，光绪三十年十二月十二日。

此次设备引进分别来自英、德、美三国的9个厂家，而且价格上也比较节约。

此次出洋采办的机器以炼钢和轧钢设备为主，对于炼铁高炉，李维格计划通过换风机和添造热风机来提高原有高炉的产量，最终达到每炉每天100吨，从而有200吨的日产量，以便与添置的炼钢炉产能相匹配。1905年9月，他致信盛宣怀提出在对原有高炉进行改造的同时，应该再建造一座日产200吨的炼铁高炉，并再添置两座炼钢炉，以达到月钢产量8000吨的目标，满足日益增大的铁路建设的需要。①

新建设的高炉是由总工程师吕柏设计的，吕柏曾担任汉阳铁厂高炉炉长6年，他对铁厂生铁冶炼的情况非常熟悉，因此不论从技术上，还是从成本上说，他都是新高炉设计者非常适合的人选。

在张之洞主持汉阳铁厂时期（1890—1896年），主要技术引进来自英国、比利时。首先，这一阶段的技术引进是政府行为，技术引进的决策者是张之洞与驻英大使刘瑞芬等政府官员，而且是在没有本土技术基础情况下进行的。张之洞获得技术信息的渠道依赖于驻外使馆官员咨询的结果，可以想象那些使馆官员是不可能熟悉钢铁技术的，依靠这种途径所作的选择，本身就存在很大的风险，而风险还来自决策者自身对相关知识的缺乏，这也是使铁厂一投产就遇到焦炭供应不上，以及钢轨质量不合格等诸多问题的主要原因。其次，从技术引进的方式看，技术传递只能单方面全方位地依赖技术输出方英国和比利时两国，由英方设计规划铁厂、提供设备、负责建造，技术引进的技术人员是英国、比利时、卢森堡等国的工程师，在此情况下输出方的态度对技术引进的效果至关重要。而当时张之洞与刘瑞芬从沟通到作出决策，显得十分仓促，在这种情况下，技术引进的效果只能单纯建立在外国技术人员的个人水平和工作态度上，这就更增大了风险。最后，这种技术引进直接跨越了两种不同的社会文化体系，由于这是技术引

① 见盛档，《李维格致盛宣怀函》，光绪三十一年八月初八日。

进的最初阶段，技术的传递者是来到中国不久的外国技术人员，而中方职员是晚清政府官员、传统文人、地方乡绅，即来自欧洲工业社会的外国工程师要与中方这些职员直接共事，双方在价值取向、办事方式上存在很大的差异，极易产生矛盾。而技术引进带来的煤铁矿大规模开采，势必对当地传统生产生活带来影响，从而引起东西方的文化冲突。

而由李维格主持的这次技术引进，是设备引进和改扩建；技术来自德国、英国、美国。首先，该阶段的铁厂已经为商办企业，且管理者已经有了一定的钢铁技术常识和经验，决策者是铁厂督办盛宣怀、总办李维格、萍乡煤矿总矿师等，他们十分重视对技术信息的调查，派遣在企业任职多年且通英文的李维格以及外籍工程师赖伦、彭脱等赴美国、欧洲进行调研，并携带了铁厂的矿石、生铁等产品去进行检验，对症下药，获得的技术信息准确，并且符合铁厂的实际情况。其次，在技术引进的决策方式上，采用的是招标方式，设备来自多家企业。而高炉的设计由在厂工作多年的吕柏负责，根据其设计再订购设备。可以说，这一阶段引进的设备是符合铁厂的矿石资源条件和生产目标的，是相对合理的。最后，从效果来看，由于所引进的设备与铁厂的资源相匹配，引进的技术比较合理，因此解决了铁厂的产品质量问题。当然，不能不看到，产品的生产成本还比较高，一定程度上影响了技术引进的效果。但是，应该肯定这是在本土技术能力欠缺的情况下，一次相对合理和成功的技术引进。

李维格在主持这次技术引进过程中，得到盛宣怀充分的信任。1905年1月17日，在他即将上任之时，他向盛宣怀提出："此次订购机炉，选用工师，均司员一手经理，久荷知遇，欲委以总办厂务，司员现无可诿辞。……用人行政，须有专一全权，宫保（即盛宣怀）既予之，则或有所设施，或有人请求，事无巨细，均须饬由司员议复。"①

① 见盛档，《李维格呈出洋采办机器禀》，光绪三十年十二月十二日。

盛宣怀对于李维格的要求，爽快地答复道："该郎中既坚明要约，本大臣自应坦白宣示。……该郎中应即日驰赴汉阳铁厂总办厂务……所有汉厂旧款，新旧兼顾，应用之款，悉系本大臣一人之责，断不使该郎中有内顾之忧。……至本厂用人办事，准如该郎中所禀，给予全权，本大臣必无丝毫掣肘。"①

经过李维格与众工程技术人员的努力，1907 年冬，汉阳铁厂终于炼出第一炉真正合格的钢材，不几天，盛宣怀就赶赴湖北"来鄂验视新钢"，为"居然媲美欧洲"而自豪，为"东西人来阅者，皆称中国亦能做到如此"而高兴。②

五、制定第一部钢轨制造标准

汉阳铁厂解决了钢材的质量问题，炼出了真正合格的钢材，此后，盛宣怀积极筹备将汉阳铁厂、大冶铁矿、萍乡煤矿三者组建为煤铁钢联合企业——汉冶萍公司，在扩大生产规模的同时，进一步提升产品的质量。

铁厂生产的钢制品，主要市场就是铁路钢轨，因为铁厂兴办的主要目的就是为了修建卢汉铁路（即京汉铁路）。作为中国最早的钢轨制造企业，汉冶萍公司先后承造了京汉、津浦、正太、陇海、沪杭甬、粤汉、株萍、南浔、广九等铁路的钢轨。

从 1897 年起，盛宣怀与比利时公司在汉口签订卢汉铁路借款合同，共 17 款，其中就有"比公司举荐总工程师监修路工"这一款，以卢汉铁路借款合同为蓝本，以后各路借款合同中均确定由债权方举荐工程师监修铁路。由于中国尚无钢轨制造标准，各国工程师依照本国钢轨样式来设计和修建铁路，各条铁路钢轨轨式各不相同，美国、英国、

---

① 见盛档，《盛宣怀批李维格禀文》，光绪三十一年二月。

② 以上参见方一兵：《汉冶萍公司与中国近代钢铁技术移植》，科学出版社 2011 年版，第 37~41 页。

法国、比利时等国钢轨样式五花八门，使得汉冶萍公司无法进行规模化生产，对未来铁路通行也带来不少后患，为此，汉冶萍公司将钢轨制造标准的制定，提到了议事日程上来。

集中和连续生产是提高轧钢生产效率的关键，而集中和连续生产的前提是标准化，如钢轨的标准化。20 世纪初，英国和其他欧洲国家正是通过产品的标准化，从而提高生产效率和降低成本，其也是提升钢轨质量的重要保证。

1911 年 4 月，盛宣怀与英、法、德、美四国财团签订《湖北湖南两省境内粤汉铁路湖北境内川汉铁路借款合同》，合同约定选用英国人为湘鄂段总工程师，英国人格林森受聘担任了该职。格林森在中国已经有好多年，曾经参与津浦铁路的设计，担任过沪宁铁路总工程师。格林森与汉冶萍公司总办李维格的交情很好，而粤汉、川汉铁路当时是汉冶萍公司最大的客户："厂中钢轨现已拉完，日盼部饬议订川粤汉购轨合同，即可开拉。"① 在李维格的推荐下，盛宣怀选定格林森作为钢轨制造验收章程的议定者。

1911 年 7 月，汉冶萍公司在总办李维格的主持下，以英国通行章程为蓝本，拟定了《八十五磅钢轨及附属品制造验收通行章程》。该标准以英式 85 磅轨为标准，详细规定了 85 磅钢轨及附属品的样板、制造法、化验、剪裁、整齐、长度、钻孔、标志、试验法、试验器具、出钢号数及日期登记、试验费、剔退钢轨记号等规范，并附有样板图纸和计算方法。② 7 月 13 日，该章程与湘鄂段总工程师格林森商议后正式确定，李维格在给盛宣怀的信中说："验收钢轨等件规则已与格林森议定，兹特具禀呈部，务乞即日具奏颁行，愈速愈好，此事与厂甚有关系也。"③ 并通过盛宣怀以邮传部名义上奏清政府。1911 年 8 月，清政

---

① 见盛档，《李维格致盛宣怀函》，宣统三年五月二十八日。

② 方一兵：《汉冶萍公司与中国近代钢铁技术移植》，科学出版社 2011 年版，第 90 页。

③ 见盛档，《李维格致盛宣怀函》，宣统三年六月十八日。

府准奏，由邮传部颁布该标准。我国第一部钢轨制造技术标准由此产生，它统一了中国干线铁路钢轨样式规格以及制造、验收标准。

由于辛亥革命爆发，该标准还未来得及实施，就随着清政府的覆灭而失效了。

辛亥革命之后，由于标准失去了官方地位，铁路工程的修建仍然未能统一，汉冶萍公司只能依靠自己的力量与客户再三磋商，将钢轨纳入标准之内。

1913年李维格在《时报》上发表文章《中国钢铁实业之将来》，总结中国铁业不能发达的两个原因：一无国家保护，二无统一标准，呼吁政府加以重视。

同时汉冶萍公司致函交通部，希望借助交通部的力量推行这一标准，并恳请早日颁布轨制标准，但是，新建立的民国政府无暇顾及。

1915年，政府颁布民业铁路法，规定铁路的建筑方法及车辆构造，应依交通部核定之工程方法及车辆图式说明书办理。此时汉冶萍公司的钢轨制造标准仍然没有官方地位，于是公司希望借助民业铁路法的颁布，再次说服交通部，将公司先前制定85磅及后又增定的60磅钢轨标准，予以正式颁布。但是，交通部始终没有正式回应汉冶萍公司的请求。

1914年，新成立的中华工程师会在第四期会报上全文登载了《规定八十五磅钢轨及附属品制造验收通行章程》，只是将原先标题中的“奏定”二字，改成了“规定”二字。工程师会会报将此标准刊出，表明此标准已得到铁路工程师团体以及业内的认可。由于汉冶萍公司是国内当时唯一的钢轨制造商，该标准实际上起到了临时统一中国钢轨标准的作用，得以在国内实施。

我国第一部钢轨制造技术标准的制定与实施，对我国工业技术、制造业的发展是有深刻意义的，它为规范制造业技术标准提供了一个范式，为我国提升制造业产品质量开了一个好头。

第八章　汉冶萍，中国第一个煤铁钢联合企业

一、盛宣怀主持下的新铁厂厂址的争议

盛宣怀在开始接办汉阳铁厂的一段时间内，由于燃料问题尚未解决，加之产品质量有问题，因此铁厂一直处于亏损状态。为了摆脱这一困境，铁厂内部要求在大冶设厂的呼声高涨起来，鉴于此，盛宣怀将勘查煤矿的重点放在大冶周边。1896 年 6 月他发现宿松、宁乡两处煤矿“皆属佳煤”，而且“与大冶一水可通”，因此“拟在大冶江边另添生铁炉数座，就近化铁，以省运费”。① 铁厂会办赵锡年认为“化铁炉本宜设于大冶”，即使大冶不免多费人工和多占土地，毕竟“究少险象”，“万一有损，亦尚不碍大局”。② 铁厂总办郑观应认为，在大冶设厂炼铁，只需储备两个月的焦炭即可；他还根据洋矿师勘察的报告，提出“大冶可供建厂的地方有七个，其中最善者有菜子湾、小牧养、袁家场、周家巷等四处”。③

正当铁厂主事者踌躇满志，打算在大冶设厂之际，1896 年 10 月江西萍乡发现了大煤田，1898 年安源煤矿正式开始开矿，洋矿师马科斯于是提出在萍乡设炉炼铁的建议。铁厂翻译李维格和铁厂总办盛春颐

---

① 见盛档，《招集湖北铁厂股东公告》，《汉冶萍公司（一）》，第 77 页。

② 见盛档，《赵锡年致盛宣怀函》，光绪二十二年六月二十一日。

③ 见盛档，《郑观应致盛宣怀函》，光绪二十二年七月二十七日。

先后提出在萍乡设厂的主张。盛宣怀鉴于以往自己在湖北勘矿的经验，以及“以煤就铁”的观念，没有支持他们的主张，1899 年 1 月，他又亲自赴大冶查勘铁矿，坚持自己的主张。

随后，矿师们在萍乡附近之湘东又发现了铁矿，盛春颐、李维格二人以赖伦的报告为依据，联名向盛宣怀提出在萍乡设厂的请求，提出“今若以原拟添置汉厂机器之款就萍乡设生铁炉一座、马丁炉一座、熟铁炉约二十座”，则“炼铁厂聚于一处，必获巨利”。①

此时，萍乡是否有合适的铁矿成为设厂的关键。为此，盛宣怀又委派矿师布卢特对湘东铁矿进行勘探，但前景并不乐观，只有上竹岭铁矿情况稍好一些。尽管如此，布卢特仍认为，萍乡不仅有优质的煤和众多的铁矿石，而且，那里有炼铁所必需的充足的淡水、粉石和尚佳的火砖泥，条件优越，“实堪以开设一大铁厂”。② 矿师鲁培亦赞同在萍乡设厂，他认为在萍乡建炉，生铁成本每吨为十七八两，与目前铁厂生铁成本为三十余两相比，效益可观。

当时情况下，多数人主张在萍乡设炉炼铁，就盛宣怀本人而言，亦有些倾向于改在萍乡设厂了。1903 年 4 月 24 日，他在自拟的方案中称，“准将醴潭路款移缓就急，先办萍一炉炼熟铁。另借日款设大冶一炉，专化生铁售日本，汉二炉专炼贝钢，则厂矿皆活”。③

然而，此时盛宣怀又请赖伦将萍乡与大冶两地各自的优势与问题作了一次综合比较分析。赖伦分析后认为就炼钢铁成本来说，总体而言，大冶比萍乡略高。但是，萍乡生产的钢铁，运至汉口的话，运输费用明显比大冶至汉口的高出不少。将生产成本与运输费用合在一起算，显然，在大冶设厂的综合成本更低。再加上大冶还有这样几个优势：一是靠近长江，水路四处可通；二是现有铁路已解决了运输问题，无需再投资建铁路；三是大冶社会稳定，这一条件更容易筹借到洋款；

---

① 见盛档，《盛春颐、李维格致盛宣怀函》，光绪二十七年八月二十七日。
② 见盛档，《布卢特：勘察萍乡矿务报告》，光绪二十九年正月十四日。
③ 见盛档，《萍乡张道去电》，光绪二十九年四月二十日。

四是大冶地方风气早开，无虑阻閙，比萍乡更容易聘用到好的工匠。赖伦的结论是："铁厂以大冶设厂为是。"① 这无疑对盛宣怀的决策提供了重要的依据和产生了重大的影响。

当初主张在萍乡设厂的人主要是因为萍乡有铁矿作为支撑，但是，"萍乡铁矿难恃，又须接展铁路四十里，需款过巨"。② 因此，大冶成为新铁厂厂址的唯一选择。

李维格担任汉阳铁厂总办后，分析铁厂的现状，指出铁厂成本过高的原因：一是生铁炉用焦太多；二是炼钢炉出钢不多，难造钢板；三因铁路未成，煤焦价贵；四因股本太少，欠款利息过重。因此，举借巨款添建新厂为"定倾扶危出奇制胜，目前实此一着"。③

由于各种原因，新厂的建设一直进展有限。直至 1908 年萍乡煤矿全面建成，汉阳铁厂炼出了合格的钢材，清政府正式批准"汉冶萍煤铁厂矿有限公司"成立之后，汉冶萍公司的生铁、钢材的订单越来越多，国际国内的形势对加快发展钢铁的呼声与压力越来越大，因此"新厂急宜赶成，不可一失再失也"④ 才提上了议事日程。1909 年，盛宣怀在第一次股东大会上宣称，"要在大冶江边造四个化铁炉，专炼生铁"，但是由于诸多因素，新厂真正的建设，还是从 1914 年 9 月才开始的。⑤

二、盛宣怀推动汉冶萍合并商办案

汉阳铁厂的运营状况尽管有所改观，但内有官款，外有洋债的负累，决定了它远未走出亏损的阴影，欲进一步改扩建，又难筹集资金。

---

① 见盛档，《赖伦致盛宣怀函》，光绪二十九年五月二十一日。

② 见盛档，《李维格呈出洋采办机器禀》，光绪三十年十二月十二日。

③ 见盛档，《盛宣怀致张之洞函》，光绪二十九年八月初六日。

④ 见盛档，《李维格致盛宣怀函》，光绪三十一年正月初八日。

⑤ 左世元：《汉冶萍公司铁厂厂址调整与大冶铁厂的建设》，第一届汉冶萍国际学术研讨会论文集。

在此情况下，盛宣怀从政局变动的挑战中，窥测到突破困境的途径。

1906年清廷宣布预备立宪，并在当年以“厘定官制”对中央政府实行了局部调整，其中包括新设统管铁路、邮政、轮船等洋务企业的邮传部，此项政制改革涉及当时处在官督商办体制下的招商局、电报局、汉阳铁厂等企业隶属关系的变动，牵动了官场利益的再分配。

当时已经控制招商局、电报局的袁世凯北洋集团，为维持现状有意拖延改制，汉阳铁厂当时虽尚未遭遇因政制变革引发的隶属关系变更的冲击，但是，这种变动令盛宣怀的汉阳铁厂督办的地位日趋脆弱。面对挑战，盛宣怀乘势而上，主动推进汉阳铁厂的改制，思考并推动将汉阳铁厂、大冶铁矿、萍乡煤矿合并成为一个完全商办的企业——“汉冶萍合并商办案”。

本身已为商办体制的萍乡煤矿进入“合并商办案”不存在任何障碍，但是汉阳铁厂、大冶铁矿因有前期官办遗留问题，关键是如何处理厂矿官办时期投入的巨额官款，进入“合并商办案”难度甚大。为此，盛宣怀着重以汉阳铁厂的生存发展为理由，来阐述“合并商办案”的必要性。1907年8月29日，盛宣怀致函张之洞，称：“若将铁厂、煤矿分招，则萍煤招足甚易，汉厂人皆震惊于旧亏太巨，成本过重，虽老股亦不肯加本，新股更裹足不前，是以十年之久，屡招屡辍，竟致无从提起。”①

为使上述理由具有说服力，盛宣怀必须首先让“合并商办案”得到地方商绅的响应，成为一种民意，以此来影响并制约政府中对该案持反对立场者。蒋抑卮、袁树勋等成为“合并商办案”的第一批响应者。

蒋抑卮（浙江兴业银行创办人之一）尽管赞成“合并商办案”，但是在组建新公司的基本设想方面，与盛宣怀有着根本的分歧。蒋提出在对汉冶萍各厂矿资产作彻底清算的基础上，对现有设备作折旧，旧

① 见盛档，《盛宣怀致张之洞函》，1907年8月29日。

有的亏欠作合理的处理后，归入新公司的资产债务；而盛宣怀则主张简单地在扩大股本吸纳新资产的基础上组建新公司，即新公司对汉冶萍诸厂矿包括债务在内的旧有一切，予以无条件地全盘继承。盛宣怀的主张当然出于维护自身的利益，但更重要的是他根据自己的经验，判断蒋抑卮的方案必将增大合并的政治障碍，于是他对“合并商办案”的商议，无丝毫妥协的意向。

1907年6月初，盛宣怀递出作为协商基础的《合股章程十二款》，蒋抑卮出于传统商人的本能及对企业投资的专业性，在交涉中态度骄矜，双方交涉了一个月，没有结果，而此时袁树勋（期间先后任民政部左侍郎、山东巡抚等职）已表达了退意。袁树勋限其身份对汉冶萍进行投资有所顾忌，然而其子袁伯夔则对该项投资甚感兴趣，令盛宣怀仍寄希望。蒋抑卮既不轻易妥协，也不轻言放弃的处事方式，恰与盛宣怀十分相似，就在袁树勋下决心退出之时，7月初，蒋抑卮再度赴武汉，立场有所妥协。

蒋抑卮在宋炜臣（武汉近代工商业创始人、中国火柴工业先驱者）的斡旋下，立场有所软化，蒋在与李维格的接触中表示，汉阳铁厂“二百余万亏账肯认”，“权利只要新旧公平”等等。

但是在盛宣怀看来，蒋抑卮“二百余万亏账肯认”的妥协，并未放弃其此前将汉冶萍合并商办“当作亏空盘替”的立场，指示李维格向蒋抑卮明确提出，合并商办“是加股不是盘替”，并称“推广办法万难动摇”，于是此次交涉再陷僵局。7月18日蒋抑卮向李维格表示“拟俟新厂开工后再说”，即待铁厂250吨新化铁炉投产后再行交涉。

而此时盛宣怀并不希望交涉停顿，7月19日，盛宣怀致电李维格，承认双方立场大有沟通余地，所谓“如肯细谈，公理何难明白”，指示李维格“宜相机而行”，“不论袁（树勋）之来否，总需把臂入林，亦不在乎招股之多少也”。双方的交涉由此再度启动。

8月5日，盛宣怀致函李维格，透露出双方已经达成基本共识的信息：“近日有人言抑卮是精刻一路。中国富家子弟，未曾见过欧洲大事业，无怪其拘执，多在小处计较。若请公司中商务董事，亦甚要有精刻人在内，锱铢必较，方能鞭辟入里，免得宽袍大袖，从铁线中抽出之利，亏损在无形之地，况抑卮自拟附股三十万，将来必能得其死力。"①

蒋抑卮此时已作"附股三十万"的表态，盛宣怀也对他的精明能干称赞有加。至于袁树勋，盛宣怀在给李维格的函中提到"海老（即袁树勋）略变沪产，闻亦真有此事。但彼之力亦不待变产也"，意味着他也有让其子袁伯夔投资的意愿。至此，"汉冶萍合并商办案"迈出了第一步，争取到了江、浙官绅商阶层的响应。②

三、盛宣怀实现煤铁"合为一家"的宿愿

汉阳铁厂在盛宣怀的主持下，找到了萍乡煤矿，解决了煤炭这个关键的原材料，接着，又由李维格领衔，闯过了钢材质量关。这时正"值各省兴筑铁路，经邮传部通行各省，一律购用"汉阳铁厂的钢轨和其他有关部件，销路不成问题了。

此时，为了降低成本，增强竞争力，盛宣怀又在考虑如何减少汉阳铁厂的税收负担问题。他在1901年铁厂续免税厘五年的情况下，于1906年请求政府再减免十年。这样，汉阳铁厂的免税特权就受到种种非议。对此，盛宣怀愤慨地予以驳斥，他在给商部的信中说，汉厂"几经挫折，近甫转机，若自运中国口岸，先为税厘所困，出运他国口岸，又为彼国进口重税所困，势必各省尽销洋铁而后已，势必汉厂商力告竭即日倾覆而后已！如中国何？如大局何"？③ 经过盛宣怀的努力，续免税厘的请求亦获得批准。

---

① 见盛档，《盛宣怀致李维格函》，1907年8月5日。

② 参见易惠莉：《易惠莉论招商局》，社会科学文献出版社2012年版，第189~193页。

③ 见盛档，《盛宣怀致商部税务大臣》，光绪三十二年八月初二日。

1907年6月初，盛宣怀开始推动“汉冶萍合并商办案”，到8月中旬得到江、浙官绅商阶层的响应，并争取到了张之洞的支持。

所有有利因素的汇合，使得汉阳铁厂大有起色。盛宣怀认为，汉阳铁厂不仅站稳了脚跟，且有大发展的可能，具备了煤铁厂矿联合起来的条件，可以实现盛宣怀多年煤铁“合为一家”的宿愿了。

1907年“汉冶萍煤铁厂矿公司”正式挂牌宣告成立，盛宣怀出任第一任总理，李维格出任协理。经过近一年的酝酿与准备，1908年春，盛宣怀赴清政府农工商部注册，奏请朝廷批准，将汉阳铁厂（汉）、大冶铁矿（冶）、萍乡煤矿（萍）合并为一，成立“汉冶萍煤铁厂矿有限公司”。其中汉阳铁厂和大冶铁矿由张之洞始创于1890年，大冶铁矿不是一个独立的经济实体，隶属于汉阳铁厂，经营管理形式上，张之洞采用官办体制。1896年，盛宣怀接办之后，改为官督商办体制，张之洞则成了铁厂合法的官方监督，并写进了铁厂官督商办章程中。萍乡煤矿采用近代化的大机器生产始于1898年，由盛宣怀主持，并采用官督商办体制。在1898年至1908年3月间，汉阳铁厂和萍乡煤矿是两个独立的实体。现在，盛宣怀下决心要将它们合二为一了。

盛宣怀在奏折中说：“臣去秋由汉而萍，验收汉阳新钢厂，履勘萍乡大煤槽，风声所播，商情踊跃，沪汉等处华商拟议加集巨股大举合办。先是臣已函商前督臣张之洞，力筹保守之策，拟将汉冶萍煤铁合成一大公司，新旧股份招足二千万元，一面拨还华洋债款，一面扩充炼铁……以商办已见实效，自应循照成案，以期保全中国厂矿挽回中国权利。”①

盛宣怀之所以要将汉阳铁厂、大冶铁矿与萍乡煤矿合起来办，原因是多方面的。首先，是为扩充招股募集资本与还洋债。“因本厂所用商本已七百数十万两”，“尚需添本二百万两”，“而本厂实在商股只有一百万两，萍乡商股亦只有一百五十万两，其余皆属重息借贷之款，认利息不

---

① 见盛档，盛宣怀《汉冶萍煤铁厂矿现筹合并扩充办法折》，光绪三十四年二月。

认盈亏，断非正办，尤非久计”。[1] 盛宣怀认为只有通过合办，招集商股来解决眼前困难方为上策。其次，是为抵制日本觊觎，挽回国家利权。盛宣怀认为“外势日重，觊觎日险，汉冶滨江，尤难保护，明示中外此厂矿为全国商力团结而成，自较官办为稳慎。侄势孤力弱，遍求不应，何敢再事游移，坐误大局”？他在这里所指的，就是日本对大冶铁矿的野心。盛宣怀认为汉冶萍的合并商办，有利于抵制日本的野心，维护国家利权。再次，是从煤铁关系角度考虑的。盛宣怀说：“若将铁厂、煤矿分招，则萍煤招足甚易，汉厂人皆震惊于旧亏太巨，成本过重，虽老股亦不肯加本，新股更裹足不前，是以十年之久，屡招屡辍，竟致无从提起。”他又说：“现因铁厂、煤矿相依为命，若仍前分作两公司，难免畛域。”[2] 盛宣怀是从招股及解决汉冶萍内部的关系考虑的。最后，是从张之洞调离湖广总督后，对汉冶萍可能产生的影响而考虑的。当时，张之洞即将调离湖广总督职位，盛宣怀很担心如同轮船、电报当年被袁世凯抢夺那样，由于张之洞的离任，给汉冶萍带来某些不测，为了便于掌控，他需要尽早合并商办。[3]

1908 年 11 月 7 日，清政府正式批准“汉冶萍煤铁厂矿有限公司”成立，确定公司设在上海，由盛宣怀任总理，李维格任汉冶萍公司经理兼汉阳铁厂坐办。汉冶萍堪称“中国钢铁工业的摇篮”，也是当时亚洲最大的钢铁联合企业，汉冶萍堪称“中国的第一个钢铁托拉斯”。

四、汉冶萍公司生产经营状况

1908 年，汉阳铁厂新的西门士马丁炼钢炉建设完工并投入生产，一、

① 见盛档，盛宣怀《汉冶萍煤铁厂矿现筹合并扩充办法折》，光绪三十四年二月。

② 湖北省档案馆编：《汉冶萍公司档案史料选编》（上册），中国社会科学出版社 1992 年版，第 204 页。

③ 参见李玉勤：《对盛宣怀合并商办汉冶萍公司决定性原因的考察》，第一届汉冶萍国际学术研讨会论文集。

二号生铁高炉也完成了技术改造，汉冶萍公司一经成立，便将汉阳铁厂带入了一个短暂的黄金发展时期，生产产量明显增加，产品销路也较为顺畅，汉冶萍公司的经济效益也有了一定的改善。

首先，从原料的生产情况看，铁矿石的生产成本相对来说有一定的优势。由于大冶铁矿石含铁量约为65%，远远高于同期英国、德国、法国国内生产的矿石，汉阳铁厂所炼生铁，每吨需铁矿石约1.7吨，而英、德、法、比四国的用量约为2.5吨，美国约为2吨。如此低的矿铁比，无疑使生铁成本中铁矿石的费用较低。铁矿石生产初期采用承包制，采掘费用低，生产效率也很低，从1904年起开始逐步使用机械化生产，但是因负债，每年需偿还的利息过高，形成了高额的固定成本费用，这在一定程度上抵消了低采掘费用所带来的优势。从运输费用看，大冶铁矿石由采掘处运至汉阳铁厂码头，1896年平均每吨花费1.18两，占每吨铁矿石成本的46.7%，而同期英、比、德煤铁矿石的运输费用比汉阳铁厂高1~2倍。

萍乡焦炭的高灰分和水分，导致铁厂每吨生铁的焦炭消耗量较高，1914年铁厂一、二、三号高炉每吨铁需焦炭分别为1.275、1.229、1.148吨，而英国1916年的数据为，每吨铁需焦炭仅为1.08吨，低于汉阳铁厂。萍乡煤矿的设备与技术水平并不落后，平均出焦率高于同期的英国，低于德、法、比，与美国基本相当，但在引进设备的时候，西方国家炼焦设备刚开始由传统的蜂窝式转向副产式炼焦炉，采用副产式炼焦炉，每吨焦炭的成本可以降低5先令，而萍乡煤矿恰恰引进的是蜂窝式的炼焦炉，加上管理因素等，焦炭的成本不仅高于西方国家，比中国其他煤矿成本也高。从运输角度来说，萍乡与汉阳之间路途遥远，株萍铁路修建后，萍乡的焦炭可经由铁路和水道大量北运，1914年汉阳铁厂每吨生铁成本中焦炭运费约4.42两，即每吨生铁约21%的成本消耗在焦炭的运输上，这一比例远高于同期英、美、德等国的水平。可以说，萍煤尽管解决了汉阳铁厂的燃料问题，但是从经济成本核算上看，企业的负担还是不轻的。

其次，从生铁冶炼的情况来看，铁厂原有两座100吨的高炉（一、二号），三、四号高炉分别于1910年和1915年开炉，生产能力每炉每日250吨。生铁产量在辛亥革命之前逐年增加。从销路来看，生铁除了供本厂炼钢外，有相当份额销往国外市场，主要是日本、美国和南洋市场。

生铁冶炼与欧美企业的技术相比，一是高炉生产能力与欧美企业相比已明显落后；二是由于风压较低，日产量达不到设计产能，人工加料方式，不仅影响出铁量，也影响质量；三是高炉煤气未得到充分利用，这在一定程度上也是一种损失。

从生铁成本看，一是汇率变动频繁，极大地影响铁厂的生铁成本。1915年前，汉阳铁厂每吨生铁成本与同期西方主要产铁国相近，尚具竞争力，销路看好。此后，由于生铁成本本身有所提高，更主要的是英金汇率在五年间急剧上升，导致铁厂生铁成本远远超过西方生铁。二是从生铁成本的结构看，尽管生铁原料和工资的比重均低于英、美等国，但是铁厂高昂的日常开支费，导致其生铁成本缺乏竞争优势。

再次，从炼钢的情况来看，从1905年至1917年，汉阳铁厂共建设西门士马丁炼钢炉7座，1座150吨调和炉，17座煤气炉，以及打风机、起重机等辅助设备。从生产能力看，1909年汉冶萍公司每日可出马丁钢约250吨，每年可出钢7万多吨；1911年之后，每日可出钢约400吨，每年可出钢10万多吨。然而，公司最高的钢产量为1914年的5万多吨，足见其生产并未饱和。

从技术上看，造成生产能力稍低的原因，一是炼钢炉料中废钢的使用率不高（中国炼钢处于起步阶段，废钢数量有限）；二是由于汉冶萍公司布局不合理，没有充分利用高炉煤气或炼焦炉煤气；三是炼钢炉的炉砖不能完全自给。但是，从钢的质量看，汉冶萍公司所炼的钢锭成分比较纯净，含氧率仅0.11%，含锰率仅0.45%左右。

从炼钢成本来看，一是公司的燃料、砖料消耗明显高于美国同类的企业；二是工人工资较低；三是其他成本接近于美国小企业的水平。这样，汉冶萍公司每吨钢锭的成本略高于美国的大型炼钢企业，低于美国的二、三类炼钢企业。

最后，从轧钢的情况来看，汉阳铁厂改扩建以后，轧钢生产能力有所提高。从轧钢的技术分析，一是从轧钢的设计生产能力来说，每年可出钢料750吨，远高于炼钢设备和炼铁炉的生产能力，但铁厂二期工程全部完工后，生铁的产量大于炼钢的产量，炼钢炉的生产能力大于轧钢的产量。炼铁、炼钢、轧钢设备的产能仍未能合理匹配，影响了投入资本的回收。二是从设备性能上看，显示出辅助设备优于主体设备的状况。三是公司轧钢规模不大，但轧制的品种繁多，不利于集中与连续生产，这实际上增加了生产成本。

从轧钢的成本来看，其与欧美企业相比没有明显的优势，1908年公司钢货的平均成本每吨约50两，略高于美国的水平。①

由上可以看出，无论从原材料、生铁、炼钢与轧钢的生产成本或产品价格上看，与同期欧美同类企业相比都要略高于它们的水平，但是，对于刚刚成立不久的汉冶萍公司来说，能够取得这样的经济水平，应该说是来之不易的。

五、汉冶萍公司的企业管理制度

1896年5月24日，盛宣怀正式接办汉阳铁厂，汉阳铁厂改制为官督商办，6月24日，盛宣怀拟定的《铁厂承办议定章程折》中规定："铁厂奉委商办之后，用人理财，筹办布置，机炉应否添设，款项如何筹措，委员司事，华员工匠人等如何撤留，及应办一切事宜，悉照轮船、电报各公司章程，遵照湖广总督札饬，均由督办一手经理，酌量妥办。但随时择要禀报湖广总督考查。"

之前，张之洞官本官办时期，汉阳铁厂的用人理财更多的是沿用清

① 以上参见方一兵：《汉冶萍公司与中国近代钢铁技术移植》，科学出版社2011年版，第42~53页。

廷衙门的管理模式，机构臃肿、人浮于事是相当严重的。盛宣怀对汉阳铁厂管理制度的改革，试图按照企业的管理模式进行，他强调铁厂的管理应参照轮船、电报各公司的章程来进行，应该说这两家公司的章程，已经吸收了当时西方企业相对先进的制度，摆脱了不少清廷衙门行政管理的陋习。

为了加强管理，盛宣怀在汉阳铁厂总厂设总办外，另设稽查总董三人，一司银钱、一司制造、一司收发，以后又增设稽核处、提调等职务。总厂所属的大冶铁矿、江夏马鞍山煤矿等，均设一员一董、分任其事。员董以下设委员，少则几人，多则十余人。

盛宣怀所拟的《招商章程八条》中，对总董下属的各职能部门的职责作了详细的规定：(1) 总银钱所，专司银钱总账兼稽查全厂收发，并考察各所旬报、月报诸务，并采办各项应用材料。(2) 支应所，专管华洋薪水、工食，常工、短工、脚价、铁车、轮驳等船辛工饭食以及起驳等力。经用数目按旬报明总银钱所稽考。(3) 煤炭所，专管本厂生熟、钢炉应用煤炭及核收各路煤炭，并多用熟谙煤质、考究等第之人。随时收发。仍按旬报明总银钱所稽考。(4) 钢铁所，专管逐日所出钢铁，磅定准数，即送储转运所取具收单，送总银钱所稽考，仍按旬缮表分报各处。(5) 翻译所，专与各炉洋人交涉本厂工作，并考究矿师、矿煤等事。(6) 监工所，专管生铁、熟铁、钢炉常工及添雇小工，并照料炉顶、炉口工作等事。(7) 材料所，专管本厂各炉厂备用各种砂、泥、木等料，又机器应用荤素油等等，兼管砖厂出数收发。(8) 案牍所，专管文牍来信，并造办月报、年报。(9) 转运所，专管栈房钢铁各料收发，按旬报明总银钱所。(10) 砖石所，专管收发铁石、锰石、灰石等料。(11) 工程所，专管翻砂厂、打铁厂、木厂及各炉修整，并铁路、火车、轮驳船、修舰诸事。(12) 巡查所，专管本厂巡丁昼夜梭巡，并弹压闲杂游人诸事。

可见，汉冶萍公司已经初步形成了比较全面、科学的管理制度，制度突出以生产为中心的目标，各级、各部门的职责比较明确，相互的配合比较完整，有利于企业生产管理的正常运转。

汉冶萍公司在人力资源管理上，也建立了一套相应的制度。为了引进西方冶炼、采矿等专业技术人才，通过推荐等方式，采用聘用制，与外籍人员签订聘用合同，吸引了一批专业人才。从现在保存的聘用合同看，合同对所聘用人员在职权、任务、薪金、住房、公务经费、休假等各项事宜都有着较明确的规定。但是，对西方专业技术人才的聘用，往往受制于各国在中国之政治经济利益影响的大小，从而出现同一职务岗位频繁更换的状况，如汉阳铁厂总工程师岗位，就出现多国聘用的工程师轮流更换现象，而每一次的更换，往往都与大背景的政治经济利益有关；此外，华、洋工程技术人员发生矛盾，以及外籍工程师在进行勘探或建设中，遇到当地居民的敌视和抵制，也是终止某些外籍人员聘用合同的原因。

在华人管理人员方面，一般采用任命制，厂矿长由公司任命，各厂矿的处长、股长也由公司任命。而在华工的用工上，则采用雇工制和包工制两种形式。汉阳铁厂的员工分领工、工头、匠目、工匠、长工、小工、长夫等名目，统以领工或工头管理，各分管工程的员司，皆有管理工人的职权。工人分班到工，须在所属部门公事室牌管处悬挂名牌，牌箱过时即被锁上，迟到者受罚。同时，还设有查工处，其职责除结算工资外，还日夜巡查各处名牌，清点人数，以督促工人工作。工人劳动时间一般在 12 小时左右，有时还要多些。夏季做工时间定为上午 4 时至 10 时，下午 2 时至 8 时。①

对于有进取心或肯于学习的工人，公司通过开办学堂或以招收学徒的方式进行培养，如通过化学房（化验室）和各车间招收学徒的方式，公司培养了一批技术工人、化验员、绘图员等。

① 参见屈霁光、刘建民：《官督商办时期汉冶萍厂矿人事管理初探》，第二届汉冶萍国际学术研讨会论文集。

六、汉冶萍对钢铁专业人才的培养

盛宣怀接办汉阳铁厂，是在甲午战败，清政府被迫以割地、赔款了结之后的事。在痛定思痛之后，盛宣怀意识到中国欲强大，必须通过变法图强。

他清醒地认识到，“自强首在储才，储才必先兴学”，中国必须抓紧培养人才。他说：“日本维新以来，援照西法，广开学堂书院，不特陆军海军将弁皆取材于学堂；即今之外部出使诸员，亦皆取材于律例科矣；制造枪炮开矿造路诸工，亦皆取材于机器工程科地学化学科矣。仅十余年，灿然大备。”盛宣怀客观地比较了中日之间的差距，深刻地认识到人才的重要性。为了加快培养人才，1895 年、1896 年，他先后创办了北洋大学堂与南洋公学。

煤铁的勘探、钢铁的冶炼与生产，在晚清时期的中国，同样是一项全新的事业。从事钢铁生产与管理的，应该是专业的技术人才，以及具备专业知识、训练有素的技术工人。因此，从汉阳铁厂创办之初，到盛宣怀接办铁厂，之后又发展为汉冶萍公司，他都十分重视人才及人才的培养。可惜，在科举制度下，国内没有可供任用的技术人才，更谈不上技术工人，最初只能聘用外籍技术人员，以及雇用从事过相关产业的工匠。

从 1890 年筹建汉阳铁厂到 1912 年首个中国人担任总工程师为止的 22 年中，铁厂先后聘请了 5 名外籍技术人员担任总工程师，他们是贺伯生（英国，1890—1892）、白乃富（比利时，1892—1896）、德培（德国，1896—1897）、堪纳第（美国，1897—1905）、吕柏（卢森堡，1905—1912）。

盛宣怀接办汉阳铁厂时，铁厂原先聘用了 36 名外籍高级技术人员，他提出采用以岗选人的办法，经过考核甄别，留用了 14 名人员。为了勘探和开办萍乡煤矿，铁厂向德国礼和洋行借款，由此萍乡煤矿的勘探、设计、设备采办和修建工程均由德国工程师负责，于是聘用了德国矿师赖伦、马科斯及施密特、李治、马克等人，其中以赖伦最为重要。

当时聘用外籍工程师涉及的因素有：(1) 西方国家企图通过他们的工程技术人员控制正在成长中的中国工业，铁厂从外交上考虑，只得频繁更换工程师，由英国人手中，到比利时人手中、德国人手中、美国人手中，最后又回到比利时人手中；(2) 在公司运作中经常发生华、洋不合的问题，尤其是1905年之前，外籍工程师和中方管理者之间经常出现信任危机，出现危机的原因是多方面的，有外籍人员不称职的，有双方沟通不够的，更有因文化背景差异而造成的；(3) 外籍工程师在进行勘探和建设过程中，常常遇到当地百姓的敌视和抵制，尤其在萍乡这样相对内陆化的地区，因此也造成不断变更对外籍工程师的聘用。

汉冶萍公司为了改变主要技术岗位过分依赖外籍技术人员的状况，一直努力寻觅和任用国内掌握勘矿、冶炼等方面科技知识的技术人员。这些人大多是早期的出国留学人员，在张之洞时期主要是福州船政局的留学生和早期留美幼童等。盛宣怀接办后，主要是聘用归国留学生，如帮助盛宣怀解决钢材质量问题、后来任汉冶萍公司经理的李维格，留美幼童、湘矿矿师邝荣光，留学生、炼钢厂分董徐庆沅，留日学生、化铁股股长严恩棫等。

由于北洋大学堂、南洋公学还不能培养钢铁冶炼与生产专业的人才，1902年10月，盛宣怀开始资送学生出洋游历，他认为“躬验目治，专门肄习，乃能窥西学之精，用其所长，补我之短”。从1902年至1918年，汉阳铁厂及汉冶萍公司先后送培的学生有吴健（英国谢菲尔德大学钢铁冶金专业，硕士）、卢成章（英国谢菲尔德大学钢铁冶金专业）、郭承恩（英国谢菲尔德大学机械专业，学士）、黄锡赓（美国里海大学采矿专业）、杨卓（美国里海大学矿冶专业，硕士）、陈宏经（美国）、金岳祐（德国矿学专业）、朱福仪（美国威斯康星大学）、程文熙（比利时）、赵昌迭（美国里海大学冶金专业）等10名。

特别要提到的是，由盛宣怀亲自从南洋公学挑选、由汉阳铁厂送到英国谢菲尔德大学委托培养的留学生吴健，他是该校首批获得冶金专业学士学位和硕士学位的学生之一。1908 年底，吴健从英国回来，就回到汉阳铁厂，成为汉阳铁厂的第一位中国工程师，正是这一年，汉阳铁厂与大冶铁矿、萍乡煤矿合并成立汉冶萍公司。吴健挑起了汉冶萍公司的重任，1912 年 2 月他被委任为总工程师并先后任汉阳铁厂与大冶铁厂的厂长。此外，1914 年留美学生王宠佑被委任为大冶铁矿矿长、留美学生黄锡赓被委任为萍乡煤矿总矿师，一批归国留学生担任了汉冶萍公司的要职，逐步替代了外籍技术人员。

汉冶萍公司还十分重视对技术工人的培养，盛宣怀接办铁厂后，铁厂设有专门学堂。1897 年，李维格曾拟了一份《汉阳钢铁厂学堂章程》，规划设立化学、炼铁、炼钢、机器四所学堂。但由于当时经费困难，正规学堂没有办成。然而，汉冶萍公司通过化验室和各车间招收学徒的方式，培养了一批技术工人、化验员和绘图员。

如化验室，在主任骆丙生的带领下，从事各项化验工作，他还兼任化学教习，培养技术工人，尤其是 1907 年随着阿亨博士的加入，化验室条件有了很大的改善，培养了一批合格的化验人员。1904 年大冶铁矿添设化验所，由铁厂派出一名自己的学生承担此项工作："博矿师意，矿山须添化学堂一所，以资化验，商诸汉厂，拨派一化学生随带化铁药料器具，就矿山公事房内匀出房间安置炉座，求省费而事举。现化学生已抵矿山，月薪二十四元，并由汉厂定。"①

不仅化验室，绘图房及各车间都招收了大量学徒从事绘图、机器装备、火车驾驶、修理等具有技术含量的工作，在实践中培养了众多技术工人，解决了企业缺乏技术工人的困难，外籍技术人员对汉冶萍公司自己培养的这一批技术工人，几乎一致地均给予了好评。

---

① 见盛档，《宗得福致盛宣怀函》，光绪三十年十一月二十三日。

七、武汉被誉为“东方的芝加哥”

1894 年 6 月，汉阳铁厂建成投产时，全厂除了包括熔炼钢铁的生铁厂等六个大厂，还包括了发展制造业而设置的机器厂等四个小厂，已经初步形成了钢铁与制造业的结合。

盛宣怀接办汉阳铁厂之后，首先着眼于企业自身的扩张，随着萍乡煤矿的正式投产开挖，铁路建设高潮的出现，铁厂的生产规模逐渐扩大。自 1905 年起，铁厂陆续建造第三、第四化铁大炉，并废弃原来的贝色麻转炉，改用马丁碱法炼钢炉，建设新钢厂。至 1907 年，铁厂就形成“目前两炉改良添机后，日出生铁二百吨，新置马丁钢炉三座，只用两座……并已开造第三座化铁火炉，明年（指 1908 年）竣工，可日出三百吨，连前每日共出五百吨，足供各省路轨及在华各厂船械之用”的规模，大大提升了铁厂的供给能力。

从 1908 年汉冶萍公司成立到 1916 年盛宣怀去世，中国国内所生产的生铁产量，如下表所示：

年份	汉冶萍	本溪湖	汉冶萍所占份额
1908	66410		100
1909	74405		100
1910	119396		100
1911	83337		100
1912	7989		100
1913	97513		100
1914	130000		100
1915	136531	29530	82. 2
1916	149930	49211	75. 2

以上单位：吨。本溪湖指辽宁本溪湖煤铁公司

资料来源：丁格兰的《中国铁矿志》

由表可知汉冶萍公司产钢量在当时国内钢铁产量中占据了垄断地位。

汉冶萍公司为卢汉铁路及其向东南西北的伸展提供了合格的钢轨。据统计：粤汉铁路（广州至汉口）全长1096公里，其中的670公里使用“汉轨”；正太铁路（石家庄至太原，为卢汉支线）全长123公里，1907年10月通车，全部使用“汉轨”；津浦铁路（天津至浦口）全长1009.5公里，1911年完工，其中北段中290公里使用“汉轨”；广九铁路（广州大沙头至九龙）全长179公里，分华、英两段，其中华段由大沙头至深圳长143公里，全部使用“汉轨”；吉长铁路（吉林至长春）全长127公里，1912年通车，全部使用“汉轨”。此外，“沪杭甬”使用“汉轨”185公里，“株萍”使用90公里，“陇海”使用456公里，“四洮”使用88公里，“南浔”使用78公里。① 这为盛宣怀依托卢汉铁路这个核心，较快地向东南西北伸展创造了条件。

铁厂的兴建原本是为卢汉铁路铸造钢轨的，产品自然以钢轨为主，然而，由于受政治风潮及资金筹措的影响，铁路建造的进度时快时慢，这就造成对钢轨需求的不稳定。铁厂为了自身的生存，想方设法生产一些市场需要的产品，如电线、电杆、铁钉、铁皮等。反过来，随着武汉及国内其他地区生产的发展、市场的需求，也促进了铁厂生产项目与品种的扩展。铁厂先后接到来自武汉、广东、南京等地自来水厂的订单。为了适应这些订单的需求，铁厂内部也逐渐形成了一系列下属小厂，如烘钢厂、钢条厂、轧钢厂、锅炉厂、打铁厂、钩钉厂、小铁货厂、翻砂厂等。

此外，与铁厂关联的厂矿、企业相继出现，并呈现聚集形态。首先，由于萍乡煤矿的建设，大冶铁矿的开采逐渐走上正轨，以及为铁厂和其他厂矿建设提供建筑材料的火砖厂、官砖厂、水泥厂等的建成，形成了以钢铁生产为中心的关联企业的聚集；其次，形成了利用铁厂的产品或技术力量衍生发展的一系列工厂的聚集，除了铁厂内部附属的小厂之外，

① 参见顾必阶：《中国铁路建设与汉冶萍》，第二届汉冶萍国际学术研讨会论文集。

还建成了湖北枪炮厂、车辆厂、扬子机器制造公司、兵工厂、钢药厂等。

汉阳铁厂的发展壮大还带动、促进了其他行业企业的产生与发展。如武汉纺织四局，它分布在武昌城外沿江地区，与汉阳铁厂有着较为密切的关系。在资金方面，一般经常相互拆借、互通有无；在能源方面，纺织四局也是使用汉冶萍公司所属的萍乡煤矿的煤炭为燃料的。类似的还有造币厂，它也是用萍乡煤矿的煤炭为燃料的。在人口布局方面，不同工种、不同年龄、不同性别互相补充，显得更加合理。此外，还有武昌皮革厂，它所生产的皮革，主要供给枪炮厂制造的枪支作为皮带和枪套所用。

以汉阳铁厂为龙头的城市工业体系的初步形成，带动了武汉城市工业的迅猛发展，在晚清末期，武汉地区工业发展的水平已经超过了天津，成为国内仅次于上海的第二大工业中心，也成为中国的第二大港口，被誉为“东方的芝加哥”。

第九章　汉冶萍公司资本的开拓与发展

一、铁厂、铁路、银行三者一手抓

1896年5月24日，盛宣怀正式接办汉阳铁厂，汉阳铁厂改制为官督商办。10月20日，盛宣怀又奉命“以四品京堂候补督办铁路总公司事务”。在盛宣怀即将要承担铁厂、铁路这两项有关国家振兴图强、有关国计民生的最重要的实业时，他反复地思考：钱从哪里来？国库空虚、赔款累累；向外资银行伸手，除了高利息，还附带很多其他条件。于是，他自然而然地将铁厂、铁路、银行三者联系起来考虑了。他在给张之洞、王文韶的信中说，“今因铁厂不能不办铁路，又因铁路不能不办银行”。①他在另一封给张之洞的信中说，“铁路之利远而薄，银行之利近而厚。华商必欲银行、铁路并举，方有把握，如银行权属洋人则路股必无成”，也即“银行铁路应一气呵成”，将铁路、银行统于一手。②

为了说服清政府同意开办中国自己的银行，他于1896年8月起草了《开银行意见》，认为“开银行可以流通上下远近之财，振兴商务，为天下理财一大枢纽”，故欲富民必自银行始，如实向政府阐明银行开办后，对社会经济等各方面的作用与影响。同月，他又写就《铸银币意见》，认为铸一两重的银元可以逐渐禁止他国银币通用，“实系塞漏

---

① 见盛档，盛宣怀《寄王夔帅、张香帅》，光绪二十二年十月初八日。

② 见盛档，盛宣怀《致鄂督张香帅》，光绪二十二年六月十六日。

厄之一端”。

1896年11月初，盛宣怀向朝廷上奏《请设银行片》，说：“银行流通一国之货财，以应上下之求给，比之票号、钱庄要好。英、法、德、俄、日本之银行推行来华，‘攘我大利’，近年中外士大夫亦多建开设银行之议。现又举办铁路，造端宏大，中国非急设银行，‘无以通华商之气脉，杜洋商之挟持’。”① 盛宣怀在奏折中，分析了当时国家的金融形势，强调了中国开办自己的银行的迫切性。

11月12日，光绪皇帝下诏，命盛宣怀“选择殷商，设立总董，招集股本，合力兴办，以收利权”，着手筹办银行。盛宣怀随即就行动起来了。

同日，军机处面奉谕旨：“银行一事，前交部议，尚未定局。昨盛宣怀条陈有请归商办之议，如果办理合宜，洵于商务有益。著即责成盛宣怀选择殷商，设立总董，招集股本，合力兴办，以收利权。”

盛宣怀对银行的发行钞票和资金调剂的作用有充分的认识，他看到建设铁路、接办汉阳铁厂需要招收华股和外国投资，款项数额大，必须兴办自己的银行，才能把分散的资金集中起来，不让利益流到外国人手中，所以在给清廷奏折中，他陈述兴办银行的宗旨是：“通华商之气脉，杜洋商之挟持。”中国自办银行，自然触犯了西方列强的利益，于是，英、俄、法、奥等国都要求与中方合办，欲加以阻挠。而清统治集团内部的顽固派，也有意刁难盛宣怀。盛宣怀利用各种有利条件，排除各方面的阻挠，几经波折，使中国通商银行得以正式筹办。

中国通商银行名为商办，实系奉旨设立的官商性质，规定“权归总董，利归股商”，决定招商股500万两，先收一半即250万两，其中，招商局集80万两，电报局集20万两，并商借度支部库银100万两，议分5年摊还，至光绪二十八年（1902年）如约还清。盛宣怀名

① 见盛档，盛宣怀《请设银行片》，光绪二十二年九月。

下包括他本人和李鸿章等的投资达73万两；北洋大臣王文韶投资5万两；中国通商银行总董中张振勋和严信厚投资10万两和5万两。以上几笔已近200万两，约占当时实收资本的80%，而真正属于各地商人投资的为数极少。由于盛宣怀事先对开办银行已有了较为成熟的考虑，在接到上谕的十几天后，他就召集了由他选定的既有经济实力，又有管理近代企业经验的张振勋、叶成衷、杨廷杲、施则敬、严信厚、朱葆三、严滢、陈猷等八位股商组成了董事会。

盛宣怀协助各总董议订章程22条，奏明权归总董，利归股商，用人办事，以汇丰银行为准，商款商办，官担保护，而不管事。并借重外才，征用客卿，聘任英人美德伦为洋大班，沪上钱业领袖陈笙郊为华大班，借以融通中外金融。

1897年1月21日，盛宣怀请户部发官款二百万两，存放于新办的银行，外人知有官款在内，足以取信，可与中俄银行争衡，银行信誉一时大增。1月27日，他写报告给总署，将银行名称正式定为“中国通商银行”。

银行的筹办与创建，为汉阳铁厂的生产、卢汉铁路的建设筹集巨额资金提供了有利的条件。

二、中国通商银行在上海正式成立

1897年（光绪二十三年）5月27日，由盛宣怀创办的中国通商银行在上海外滩6号（今黄浦区中山东一路23号）正式成立。这是中国人自办的第一家银行，也是上海最早成立的华资银行；但比第一家外资银行在上海的设立，已整整落后了50年。中国通商银行股权结构见下表。

中国通商银行股权结构

投资者	数额（库平银，两）	占比（%）
轮船招商局	800000	32.0
电报局	200000	8.0
盛宣怀、李鸿章等	730000	29.2
王文韶	50000	2.0
张振勋	100000	4.0
严信厚	50000	2.0
其他	570000	22.8
总计	2500000	100.0

其中：盛宣怀、李鸿章一栏，有相当一部分是挂在盛宣怀名下的别人的投资。从中国通商银行的股权结构可以看出，盛宣怀掌管的轮船招商局与电报局的股权占了40%，这两家大型企业成了中国通商银行的两大支柱。盛宣怀、李鸿章名下的股权为29.2%，这样在银行资金的处置上，盛宣怀具有了绝对的话语权。

5月27日，中国通商银行上海总行开张。此后天津、汉口、广州、汕头、烟台、镇江等处分行陆续开设，京城分行当年亦已开办，盛宣怀认为今后自王畿以至各通商码头，血脉贯通，或不尽为洋商所把持。

中国通商银行成立之初，清政府即授予银行发行银元、银两两种钞票的特权，自此市面始见本国纸币与外商银行之纸币呈分庭抗礼之势，金融大权，不复为外商银行所把持。银元券分一元、五元、十元、五十元、一百元五种；银两券分为一两、五两、十两、五十两、一百两五种。其钞票的式样按照汇丰银行在香港发行的式样，正面印“The Imperial Bank of China”字样，并有洋大班美德伦的英文签字，反面印有“中国通商银行钞票永远通用”和“只认票不认人”等字样。该行最早的章程称，钞票的发行采用十足准备制，但绝大多数年份的现金准备都远远低于发行数字。

通过钞票发行，中国通商银行获得巨额利润。如从 1905 年到 1911 年的六年中，中国通商银行发行钞票没有准备的部分（每年平均 140 万两），按当时贷款最低利率 8%计算，获取利润就高达 80 万两以上。

除发钞外，该行并代收库银，全国各大行省，均先后设立分行，重要者计有北京、天津、保定、烟台、汉口、重庆、长沙、广州、汕头、香港、福州、九江、常德、镇江、扬州、苏州、宁波等处，业务极一时之盛。光绪二十六年（1900 年），八国联军攻占北京，京行首遭焚毁，天津分行亦随之收束，业务渐告不振。到光绪三十一年（1905 年），只剩下北京、汉口两个分行和烟台一个支行了。

1898 年 5 月，盛宣怀向朝廷奏陈筹办中国通商银行次第开设情形，请饬下户部通行各省关，嗣后凡存解款，但系设有该银行之处，务须统交该行收存汇解，以符事体，而树风声。5 月 20 日他接到批示："户部速议，具奏。"旋经分别议准。

最初几年中国通商银行存款的主要来源是清政府的存款，其次是官督商办企业的闲置资本，以及各地关道和道台的待解款以及少数买办、官僚的个人存款。其放款主要对象是外贸企业与新办实业，如 1897 年底，对外国洋行、中国商号和钱庄放款 154 万两，占放款总额的 60%，这些洋行、商号、钱庄主要从事进出口贸易；向洋务运动中创办的近代企业的工业放款为 91.3 万两，占放款总额的 36%；而对民族资本主义工业的放款，辛亥革命前历年的放款额占整个放款的比重都不足 10%。

汉阳铁厂的扩建、萍乡煤矿的建设，以及卢汉铁路、粤汉铁路的建设，都得到中国通商银行资金上的支持。但是，由于这是中国自己的第一家银行，势单力薄，而铁厂、铁路同时要办，这两大项目都是需要巨额资金才能真正运转的，其中铁厂所需的绝大多数资金，都是靠调用盛宣怀掌控的轮船招商局、电报局的资金来解决的，而修筑铁路的资金更变得捉襟见肘了。在这种情况下，不向洋人借债是行不通了。

三、盛宣怀接办铁厂之初资金的筹集

盛宣怀接办汉阳铁厂后，首当其冲的是资金筹集的问题。他寄希望于得到社会上的支持，因此在招商章程中着重强调对早期投资者的优惠。章程提出："拟先招商股银一百万两，仍以一百两为一股。自入本之日起，第一年至第四年按年提息八厘，第五年起提息一分。此系本厂老商，必须永远格外优待。办无成效，额息必不短欠；办有成效，余利加倍多派。嗣后气局丰盛，股价增价，其时推广加股，必先尽老商承认，有旧票呈验，方准其纳入新股，以示鼓励旧商而杜新商趋巧之习。"①

但是，官办时期汉阳铁厂成效不显，同时在民间留下了不佳印象，尤其是甲午战败后，江南民间对投资工矿企业已深存疑虑。此时上海资本市场大量流动资金投向外汇及金银买卖，对工矿投资更是趑趄不前。盛宣怀接办时仍然因为"化铁无煤"，生产不正常，半年后便亏本 20 余万两，至 1897 年底亏空已达 70 余万两。② 因此，招股受到冷遇。为解决铁厂的资金困难，盛宣怀在多方筹措无效的情况下，只得调动他所控制的轮船招商局、电报局、中国通商银行等企业的资金，投资入股汉阳铁厂，解决汉阳铁厂的运营困境。

官督商办初期，民间资金没有大量进入汉阳铁厂，汉阳铁厂的资本构成（见下表）中，95%左右来自盛宣怀掌控的洋务企业，只有 5%左右的资本来自民间。光绪三十二年（1906 年），盛宣怀向张之洞陈述汉阳铁厂官督商办时期集资情况时称，自己从前敢于冒昧承办汉阳铁厂，后路和仗恃的底牌就是"招商、电报、铁路、银行皆属笼罩之中，不必真有商股，自可统筹兼顾"。③

---

① 见盛档，《张之洞奏铁厂招商承办议定章程折》，光绪二十二年五月。

② 见盛档，《盛宣怀致张之洞函》，光绪二十五年十二月初六日。

③ 见盛档，《盛宣怀致张之洞函》，光绪三十二年正月初六日。

官督商办汉阳铁厂初期资本构成

投资者	数额（库平银，两）	占比（%）
轮船招商局	250000	25.0
电报局	220000	22.0
中国通商银行	328500	32.8
萍乡煤矿	100000	10.0
钢铁学堂	39000	3.9
南洋公学	6000	0.6
古陵记	36500	3.65
上海广仁堂	20000	2.0
总计	1000000	100.0

原注：古陵记是盛宣怀家族化名；广仁堂是盛宣怀所办的慈善单位。

资料来源：汪敬虞主编：《中国近代经济史 1895—1927》，人民出版社 2000 年版，第 1716 页“汉冶萍公司所存创始老股账”。

盛宣怀接办汉阳铁厂后，1896 年 8 月 22 日，张之洞批示将大冶县属铁矿归汉阳铁厂，盛宣怀将汉阳铁厂改为总厂，大冶铁矿隶属总厂。这样大冶铁矿同样要筹集资金，才能得以开采，盛宣怀采取与日本方面以铁矿换煤焦的办法来予以解决。1899 年 11 月 22 日，盛宣怀在给朝廷文中称：“中国矿产至富，大利未收，烟煤焦炭用途最广，而东南各省多待济于日本。致使汉阳铁厂、轮船、纺织各厂局，成本加重。各国讲求商务，总以出口之货抵入口之货为第一义。”“大冶铁矿虽取用不竭，苦于煤焦缺少，未能多设冶炉，故炼出钢铁视中国官民需用之数，不及万一。日本丰于煤而歉于铁。上年侯爵伊藤博文来华游历，与湖广总督张之洞和本大臣面商，以彼煤炭易我铁石。”张之洞与盛宣怀商量，认为“此等事原为欧亚两洲通行之事。大冶铁石足供数百年之采炼，岁取五万吨易东洋煤炭，于汉厂炼铁，无损毫末”。

于是，盛宣怀与日本制铁所长和田订立合同七款，以15年为限，“日本每年至少购大冶铁矿石含铁百分之六十五以上者五万吨……中国汉阳铁厂及别项局厂，每年需煤或间需焦炭之额数，须先订定妥……每年分两次，按照时值议定各种价目，焦炭用否，随时酌定”。通过“以货易货”的方式，盛宣怀解决了汉阳铁厂部分焦炭的困难，实际上缓解了资金筹集的难题。①

从1896年下半年开始至1899年底，盛宣怀为汉阳铁厂筹集资金，作了种种的努力，从创办银行到招集商股，千方百计想为铁厂创造一个宽松的资金环境，实际却收效甚微。由于当时中国的资本市场尚在起步阶段，银行只有寥寥几家，证券市场尚未建立，外资银行及它们的财团正虎视眈眈地盯着汉阳铁厂，都想从中分一杯羹，借款条件十分苛刻。汉阳铁厂根本无法从资本市场上筹集到更多的资金。好在盛宣怀当时还有自己所掌控的招商局与电报局，依靠从地方各钱庄筹借短期息款，以及靠他所掌控的这两家企业，相互调拨挹注资金，来调剂和维持汉阳铁厂、萍乡煤矿的资金，使得它们得以喘息。

四、铁路资金宁可借洋债而不招洋股

1897年1月，铁路总公司成立于上海，又在天津、汉口设立了两个分公司。盛宣怀向清政府奏明先造卢汉干路，其余苏沪、粤汉次第展造，不再另设立公司。“时各国商人先谋入股，继谋借款包揽路工。而京外绅商亦竞请分办他路，实则影射洋股与借名撞骗者各居其半。”盛宣怀一律驳置不理，坚持先尽官款开办，然后择借洋债，再集华股，坚决反对招洋股。

盛宣怀担任铁路总公司的督办，他对自己肩上的责任与可能遇到的

① 参见朱荫贵：《试论汉冶萍发展与近代中国资本市场》，第一届汉冶萍国际学术研讨会论文集。

困难是有足够认识的。他在给两江总督刘坤一的信中说，铁路修筑之事“在泰西为易办，中国则有三难。一无款，必资洋债；一无料，必购洋货；一无人，必募洋匠……风气初开，处处掣肘”。① 这三难中，资金可以说是最难的了。盛宣怀曾寄希望通过筹办银行来解决一部分资金，但实际上就铁厂一头，所需求的资金数量就十分巨大，而在当时以外资银行为主体的资本市场上，中国通商银行所占的份额是微不足道的，因此修筑铁路，“资洋债”就不可避免。

盛宣怀虽有 20 多年办实业的实践与经验，对“购洋货”与“募洋匠”来说，已有现成的办法可以借鉴，然而“资洋债”，尽管他之前也代表政府向外国借过钱，但是，现在清政府国库空虚，你再要向外国借钱，就会面临很苛刻的条件。

事实上，清政府原来是打算铁路实行“官督商办”的，由各省富商集股修建。但当时清政府信誉扫地，华商“各怀观望”，无人问津，不得已只好想办法向洋人借钱了。

至于要想借洋人的钱，实际上也有两种方式，即“借洋债”与“招洋股”。尽管这两种方式都是用洋人的钱，但是差别很大。借了洋人的钱，本利还清后，他对铁路的权益无法干涉；招洋股，一旦洋人的股权变大后，他就有可能掌控铁路的主权。这与盛宣怀一贯坚持的“权自我操”的立场是格格不入的。

当时，清政府的倾向是以“洋商入股为主脑”，李鸿章也认为“洋债不及洋股容易”，② 均认为以招洋股为宜。盛宣怀则是从“权”字上考虑的，他说：“所议借洋债与招洋股，大不相同。若卢汉招洋股，鄂、豫……原不至遽为所割，但此端一开，俄请筑路东三省，英请筑路滇、川、西藏，法请筑路两粤，毗连疆域，初则借路攘利，终必因路割地，后患无穷。是何异揠苗助长！若借款自造，债是洋债，路是华路，不要

① 见盛档，盛宣怀《致刘岘庄制军》，光绪二十三年正月初五日。
② 见《愚稿》，卷 24，第 27 页；卷 25，第 10 页。

海关抵押，并不必作为国债，只须奏明卢汉铁路招商局准其借用洋款，以路作保，悉由商局承办。分年招股还本，路利还息，便妥。”①

张之洞赞成盛宣怀的意见，他说：“惟有暂借洋债造路，陆续招股分还洋债之一策，集事较易，流弊较少。盖洋债与洋股迥不相同，路归洋股，则路权倒持于彼，款归洋债，则路权仍属于我。”② 经过再三考虑，盛宣怀决定“无论议借何国路债，必须先用华款，后用洋债”。因为先用华款自造，造成一段，用路作抵押，可以免去苛条，“庶可权自我操，不致贻后来无穷之患”。③

借款筑路的消息一经传出，美、英、法、比等国商人先谋入股，继谋借款包揽路工。盛宣怀坚决反对招洋股而同意借洋债。至于向哪个国家借债，盛宣怀认为，其他国家胃口太大，而比利时是个小国，钢铁资源丰富，铁路技术成熟，尽管它有法国作为后台，但它“国小而无大志，借用比款利多害少”，比较让人放心。

1897 年 2 月，比商至鄂，议铁路借款。3 月 17 日，比利时驻汉口领事法兰吉会见张之洞，面商筑造卢汉铁路事宜。经过四个月的谈判，盛宣怀最终与比利时人达成了协议。

1898 年 6 月，《卢汉铁路比国借款续订详细合同》和《卢汉铁路行车合同》正式签订，清政府向比利时公司借款 450 万英镑（年息 5 厘，9 折付款，期限 30 年）。

在铁路建设资金的筹集上，盛宣怀在张之洞的支持下，力主“争权让利”，宁偿高息，借用“洋债”，拒参“洋股”，力争铁路主权在我。将“借款与造路分为二事”，减少债权对路权的干预，这在一定程度上维护了国家主权。

---

① 见盛档，盛宣怀《寄王夔帅》，光绪二十二年三月二十七日。

② 见张之洞《卢汉铁路商办难成另筹办法折》，光绪二十二年七月二十五日。

③ 见盛档，盛宣怀《密陈筹办卢汉路次序机宜折》，光绪二十三年三月。

五、汉冶萍公司的股票发行

汉冶萍公司为解决资金严重匮乏的困难局面，维持企业生存，谋求企业发展，曾以发行股票的方式融通社会资金。汉冶萍公司的股票真实地反映了公司资本运作与生产经营的基本情况，浓缩了公司由官办、官督商办再到商办的历史演变过程，从一个侧面反映了当时中国的社会经济状况。

汉冶萍公司第一次发行的股票是公司的前身汉阳铁厂发行的。1896年汉阳铁厂已经投入了官银560万两，厂矿虽已粗具规模，但因经营不善而决定由盛宣怀招商承办。为维持企业运转，改良生产技术，扩大生产规模，在获得朝廷的许可下，铁厂督办盛宣怀发布了招商集股章程，提出汉阳铁厂“拟先招商股银一百万两，仍以一百两为一股”。

具体发行方式为，凡认购者“即将股银一月内送至各省招商局、电报局代收，即由该局书明股商记号，先发印股，再由各局将银汇至湖北铁厂掣换股票息折”。①

湖北档案馆保留的此次发行的《汉阳铁厂铁山煤矿公司股票存根》包括了以下文字内容：

> 光绪二十九年七月初一日。
>
> 湖北汉阳铁厂大冶、兴国等处铁山煤矿公司，为给发股票存根事。光绪二十二年五月，奉湖广总督部堂张奏明汉阳铁厂及大冶、兴国等处铁矿煤矿，遵旨招商承办，议定章程，截限交接，以维大局而计久远，并将官商议定章程十六条，附奏核准在案。兹蒙督办铁路大臣兼督办湖北铁厂盛，饬派总董先招商股库平足银一百万两，

① 见盛档，盛宣怀：《招集湖北铁厂股东公告》，光绪二十二年五月初一日。

以一百两为一股。第一次出银五十两，第二次收银五十两，便为完全。自入本之日起，第一年至第四年按年提息八厘。第五年起提息一分。此系本厂老商，必须永远格外优待。目前额息，始因创办艰难，无可支给，随后必照数补给；如办有成效，余利加倍多派。嗣后气局丰盛，股票增价，其时推广加股，先必尽老商承认；有旧票呈验，方准纳入新股，以示鼓励旧商而杜新商趋巧之习。

以上各章，均于光绪二十三年六月十二日，蒙户部议奏。本日奏旨："依议。钦此。"

除将股票式样呈送查核，并将章程、息折给商收执外，须至股票存根者。

计收到：

吉庆堂名下老商三股，计库平足银一百五十两。

光绪二十九年七月初一日，给第一万一千二百三号至一万一千二百五号止，共三股。

总董　宗德福（章）　李维格（章）

郑观应（章）　严　素（章）

盛春颐（章）　杨廷杲（章）

杨学沂（章）　盛昌颐（章）

汉冶萍公司第二次发行股票，是为萍乡煤矿募集资金而进行的。关于这次股票的发行，已在本书第六章第三节中提及，这里不再赘述。

汉冶萍公司第三次发行股票是在1908年汉阳铁厂、大冶铁矿、萍乡煤矿公司正式合并组建为"汉冶萍煤铁厂矿有限公司"之后，于1909年公开向老商、新商"推广加股"。

这是汉冶萍公司历史上组织实施最为严密的一次股票发行。此次发行采取自办发行与代理发行相结合的方式，公司专门拟定了发行股票的详细章程，对招股宗旨、股本结构、股东权益、公司内部管理等问题作出了明确的规定。这次股票发行包括三方面的内容：第一，改革老股。

即将铁厂、萍矿招集的总计 2 万股合银 200 万两创始老股，统并改为银元股，每股 50 元，共折成 6 万股合银元 300 万元。这是公司的“最先创始股本”，被定为“龙头优先股”。第二，推广加股。即加收推广股本 14 万股，合银元 700 万元，此为公司的“推广加股”，此股先尽老商承认，被定为“二等优先股”。第三，续招新股。即新招 20 万股，合银元 1000 万元，定为“普通股”。

这次股票发行由汉冶萍汉口总公司和上海总公司以及公司在各省、各埠委托的代理人共同经办发行事宜。具体办法是“凡向汉口总公司、上海总公司附股者，一经缴银，即可填给股票息单。各省、各埠公司先印有收据，分托妥人经理……当付收据随时知照汉口总公司填股票息单寄经理处次第换给”。① 为保证股票顺利发行，公司还加强了对社会公众的宣传力度，使未来股东对自己的投资对象加深了解。盛宣怀还起草了《公司推广加股详细章程征求意见书》，向老股东广泛征求意见，确定了“先行查账，再行招股”的原则；公司协理李维格组织编印了图文并茂的《汉冶萍煤铁厂矿有限公司图说》，形象地向社会公众展示了汉冶萍公司已有的生产规模。李维格于 1908 年 10 月 25 日，在汉口商会上发表了热情洋溢的招股演说，历陈汉冶萍创办的艰难路程，畅谈汉冶萍公司的美好前景，倡议“请君助力……作西半球灿烂之伟观，群策群力，齐向煤钢世界展动地惊天之事业”。

第三次股票发行实际上包括老股折换和新股招收两项内容，是一次具有股改性质的资本扩张。

汉冶萍公司的股票发行，在发行程序、票面形制、交易管理上，都经历了一个不断规范的过程，从一个侧面反映了公司管理体制的不断完善。

汉冶萍公司的股票的法律地位，在当时的历史条件下得到了比较充

---

① 湖北省档案馆编：《汉冶萍公司档案史料选》（上册），中国社会科学出版社 1992 年版，第 237 页。

分的体现：首先，每次发行都履行了先报请官方批复备案，再明文昭告公众的手续。公司在确定招集商股之后，即制定招股章程，对招股数量、股东权益进行了规定，并先行“禀请大部奏明”，而后再“广为布告”。在实际招股过程中，为进一步招徕商股而对招股章程进行的调整，也同样履行了合法的审批程序。其次，汉冶萍公司发行的股票都制定了招股章程、印股、股票、股票存根、息折等关联凭证。股票的发行过程程序化、管理过程规范化，从而有效地维护了公司股票的法律地位，使之具有很高的信誉度。

汉冶萍公司的股票，作为具有一定票面金额、代表资本所有权的证明书，具有有价证券的基本证券功能。首先，股票持有人根据股票份额可以享有相应的权益。随着时间的进展，股东领取股息、发议权、选举权、被选举权等权益逐步得以完善和实现。其次，公司股票持有人可以自由转让、抵押所持股票，公司的相关规定和手续逐渐规范。①

汉冶萍公司三次股票的发行，反映了中国股票市场由初创到逐步成型的过程。其中，第三次股票的成功发行，依赖于汉冶萍公司的正式成立，反过来汉冶萍公司也从证券市场上获得了一笔可观的资金，可用于企业的技术更新改造，局部解决了汉冶萍公司的资金困难。

六、汉冶萍公司资金结构的变化

钢铁工业是资本密集型产业，汉冶萍公司的发展与其资金结构是密切相关的。关于资金结构，我们着重从企业全部资金来源中的权益资金与债务资金的比例关系来进行分析。所谓权益资金是指企业依法筹集、长期拥有并自主支配的资金，主要通过接受投资、发行股票和内部融资形成；所谓债务资金是指企业依法筹措并依约使用、按期偿还的资金，主要包括银行和金融性公司借款、应付债券、应付票据等。企业资金结

① 以上参见李江：《汉冶萍公司股票研究》，第二届汉冶萍国际学术研讨会论文集。

构是否合理，关系着企业的生存和发展。

汉阳铁厂官办时期，主要完成了铁厂主体设备及附属企业的初建工作，维持生产运营约2年，至1896年5月前，实际耗资约583万库平两，均由清政府提供。由于这583万两有相当一部分是生产资金，加上铁厂在建设过程中，资金浪费严重，所以，该资金的实际留存价值远远低于583万两这个数字。1909年，汉冶萍公司董事会认为，扣除历年亏损，至1896年5月前，汉阳铁厂及其附属企业的资产价值应按投资总额对价处理，合洋例银2787994两，即1896年5月盛宣怀接办汉阳铁厂时，全厂的实际权益资金为2787994两。而盛宣怀进行商办之后，对官办时期挪借的各方资金，并无偿还的义务和压力，因此，此时的债务资金，实际上几乎为0。

盛宣怀接办汉阳铁厂之初，拟招股100万库平两，官利每年八厘至一分。由于当时铁厂处境艰难，无人愿意附股，盛乃利乃用个人关系，动员相关企业认购，招股情形已在第九章第三节中谈及，这里不再赘述。

但汉阳铁厂这100万两股银，有资料表明，迟迟未能招满。正如1905年3月，铁厂总办李维格所作的统计，自1896年以来，铁厂共耗银543万两，“内除轮电局商入股分约五十万两外，其余均系挪借之款”。①汉阳铁厂所欠款项如下表：

1905年5月前汉阳铁厂所欠主要款项

所欠项目	数额（洋例银）	占比（%）
1. 华商股金	544849	7.80
2. 正太铁路生息款	808710	11.57
3. 大冶存正金银行息	50560	0.72
4. 通商银行总行	353151	5.05
5. 汉口行往来款项	80000	1.14

① 参见《李维格：新公司接办汉阳铁厂之预算》，1905年4月上旬。

续表

所欠项目	数额（洋例银）	占比（%）
6. 借信义银行	241310	3. 45
7. 三井预付铁价款	70000	1. 00
8. 借大仓洋行	99582	1. 42
9. 其他	474705	6. 79
10. 铁路公司预支轨价	1280062	18. 32
11. 大冶预收矿价	2262957	32. 38
12. 生铁捐	234298	3. 35
13. 汉口行生铁押款	40000	0. 57
14. 招商局往来款项	187187	2. 68
15. 借三井洋行	100000	1. 43
16. 亨达预付生铁价款	60000	0. 86
17. 比郭克尔厂料价	101202	1. 45
总计	6988573	100. 00

资料来源：盛档，《汉阳铁厂账册》，光绪三十一年十一月

表中第 1 项清楚地显示，至 1905 年 5 月前，铁厂实收华商股金 544849 两，占所欠总数的 7. 8%。可见，铁厂招股仅 50 余万两。

1905 年 5 月前，铁厂资金来源中，发挥主要作用的是企业间的资金拆借。表中 2、4、5、6、7、8、9、12、14、15、17 项，共拆借 2750145 两，占铁厂所欠总数的 39. 4%。

从权益资金与债务资金的关系来看，该时期实际的权益资金，为盛宣怀接办铁厂时的 2787994 两，与铁厂实收股金 544849 两，这两项构成，总计为 3332843 两；该时期实际的债务资金，应从铁厂主要所欠项目总数 6988573 两中，扣除铁厂实收股金 544849 两，为 6443724 两。权益资金与债务资金总计为 9776567 两，债务资金的占比为 65. 9%。

一般而言，大型矿业、冶金企业合理的资产负债率标准应为 25%左右，汉阳铁厂 65. 9%的情形，应面临着严重的偿债风险，但事实上，其

中很多的拆借资金，都仰仗着盛宣怀的个人关系，一般不存在追债的风险，从后来的过程看，这部分资金多数转化为汉冶萍公司的股本。在金融借款方面，上表中的第11项，是向日本兴业银行借款300万日元，折合为2262957两，日方要求以铁矿石价款偿还。大冶铁矿储量丰富，铁厂有足够的偿债能力。盛宣怀等人非但不担心债务违约，反而决定继续实施负债经营战略，以谋划更大规模的扩张。

1905年5月至1908年11月7日"汉冶萍煤铁厂矿有限公司"成立，这段时期的资金结构有如下情况：1905年后三大厂矿引进技术，进行改扩建，主体工程包括改造原有2座100吨炼铁高炉，新建2座30吨马丁碱性平炉，以及添置提高轧钢能力的设备。据李维格估算，工程需筹集资金500万两。面对这一资金需求，铁厂、煤矿并未追加股本，而是将此前尚未招满的股金补足。然而，此资金终究只是杯水车薪，更糟糕的是，此时招商局、电报局均被袁世凯把持，汉阳铁厂的融资环境进一步恶化，在此背景下，盛宣怀不得不倚重金融借款。

外债方面，日本银行成为主要资金来源。比较重要的有两笔：1906年2月，汉阳铁厂向三井洋行借100万日元，4年内还清；1907年3月，萍矿向大仓洋行借200万日元，7年内还清。两项合计，约合洋例银207万两。

内债方面，据1908年3月盛宣怀奏称：截至1907年秋，"铁厂已用商本银一千二十余（1020）万两，煤矿轮驳已用商本银七百四十（740）余万两"，合计1760余万两，其中，商股350万两，股息入股79.5万两，公债票银50万两，预支矿价、铁价、轨价合300余万两。其余外债、商欠将近1000万两。综合分析，表明1908年前铁厂、煤矿的内债约为800万两。

由此可知，至1907年秋，铁厂、煤矿资金来源由三项构成：汉阳铁厂旧产业价值约278.8万两、铁厂商本银1020万两、煤矿轮驳商本银740余万两，合计为2038.8万两。其资金结构具有以下特点：第一，权益资金在资金来源中所占的比例较小，共计708.3万两（包括商股350

万两，股息入股 79.5 万两和旧产业价值约 278.8 万两)，占全部资金的 34.7%。第二，债务资金约为 1330.5 万两，厂矿负债率为 65.3%。虽然这个数据与两年前变化不大，但是，债务资金结构开始向不利的方向发展。首先内债不是从盛宣怀掌控的企业筹措，多为金融资本，须定期支付高额利息，其次外债也不再主要依靠铁矿石偿还，且都要求在短期内偿还本息，与两年前相比，债务违约风险明显加大。第三，日债在资金来源中已占有相当比重，但尚不具有压倒性优势。至 1907 年底，日债总额约为 500 万两，占资金来源总数的 24.5%，其中相当一部分是以铁矿石偿还本息的，故由日债引发的债务风险相对较小。①

盛宣怀作为一位理财高手，他清醒地意识到，要维持汉冶萍的正常运行，必须千方百计地增加汉冶萍公司的权益资金，增加权益资金在资金结构中的比重，尽量减少债务的违约风险，而要真正做到这一点，企业必须走扩大生产规模之路。

① 以上参见李海涛：《清末民初汉冶萍公司资金结构变迁研究》，第二届汉冶萍国际学术研讨会论文集。

第十章　盛宣怀、汉冶萍公司与日本借款

一、日本介入汉阳铁厂的借款谈判

1896年盛宣怀接手汉阳铁厂时，铁厂的周转资金，除了张之洞的铁政局拨款15万两银之外，主要是从各钱庄筹借短期息款。据盛春颐当年12月的报告：铁厂“综计用款自十月底止，已欠各庄有十万一千有余，加之冬月上旬为止，又用二万之余，统计岁内用款总在二十万以外”。盛春颐要盛宣怀汇银30万两，其中20万两应赶在年关前归还各钱庄欠账，余数则存放钱庄，俾给钱庄留下好信誉，以利下年再度举借。①

1896年10月，盛宣怀奉命以四品京堂候补督办铁路总公司事务，他深知铁厂、铁路的项目都是需要巨额资金的，因此，反复强调必须“铁厂、铁路、银行三者一手抓”，但是在自己的银行还没有办起来之前，他只能眼睁睁地看着铁厂将高额的利息偿付给钱庄。1897年2月，为了周转铁厂的资金，他以预付轨价的方式，将筹办淞沪路、卢保路的铁路经费30万两拨用于汉阳铁厂。不过，在钢轨等产品未交付给铁路公司前，铁厂须为这笔预付轨价向铁路公司至少支付年息7厘的利息。

1897年5月27日，中国通商银行上海总行正式开张，银行的股份中40%是来自盛宣怀掌控的招商局与电报局的，此时，中国通商银行以及招商局与电报局，都不可能再来为汉阳铁厂注资了。

---

① 见盛档，《盛春颐致盛宣怀函》，光绪二十二年十一月十四日。

因此，盛宣怀接手汉阳铁厂最初的两年间，铁厂的运营周转资金，基本上是靠从高利贷性质的钱庄借贷，以及铁路公司贷款性质的预付轨价来解决的。

1898 年张赞宸、李寿铨与德国矿师赖伦等在萍乡东南一带发现了大煤田，经采样分析，表明那里的煤质适合炼焦。4 月，盛宣怀奏请清廷任命张赞宸为萍乡煤务局总办，与此同时，盛宣怀又请大冶矿洋工程师测算开发萍乡煤矿所需的费用。在毫无资金准备的情况下，盛宣怀一面命张赞宸向钱庄借款做好开发的前期准备工作，一面亲自在上海、汉口与各国领事、商人进行多方的借款交涉。

当时担任日本驻上海代理总领事的小田切得知萍乡煤矿欲向外借款之事，主动表示日方愿意为萍矿提供贷款，盛宣怀为了争取以最有利的条件从国外借到款，同时与英国、比利时、日本三个国家的代表进行谈判。而事实上，他与德国的借款谈判也同时在秘密进行中，1898 年 6 月，他向德国礼和洋行提出了一份详细的借款条件意向书。

萍乡煤矿的借款谈判，最终于 1899 年 4 月结束，盛宣怀与礼和洋行签订了《萍乡煤矿公司与上海礼和洋行借款合同》。合同规定：萍乡煤矿向礼和洋行借款 400 万马克，其中 300 万用于礼和代萍矿购置矿机、洗煤、炼焦、动力、发电等采矿成套设备，100 万现银交付，用于修建萍安铁路和置办湘潭至汉口的驳轮等。借款期限为 12 年，年息 7 厘，并由轮船招商局"所有在上海洋泾浜南北之地皮、栈房以及各项产业"作为抵押。

盛宣怀之所以选择礼和洋行，而未选择英、比、日的原因，是因为这几家或是要求参与管理，或是要求合办汉阳铁厂，而礼和洋行恰恰没有附带这些条件。当然礼和洋行的合同也有许多不利因素，正如张赞宸后来称："礼和借款，未购机先付款，计息更重"；另外借款与还款均是以德国马克结算，萍矿的还款银在与马克的结算上吃亏甚多。

代表日本与盛宣怀谈判的小田切，明治元年（1868 年）出身于日本东北山形县米泽藩一个中级武士家庭，从小跟着父亲学习儒学。后在东京外国语学校学习汉语，1884年、1885年先后在北京、天津留学，1887年正式进入日本外务省任职。《马关条约》签订后，日本急需通晓中国事务的外交官，外务省就将远在美国的小田切调派为驻杭州领事。小田切担任杭州领事后即结识了盛宣怀，他除了负责交涉杭州专管居留地、东南互保外，还签订了《大冶购运矿石预借矿价正合同》，修订《日清通商航海条约》等。

小田切虽然在萍矿借款中没有与盛宣怀达成协议，但他认为汉阳铁厂借款，对日本政府而言是极好的机会。他在给日本政府的秘密报告中说："……现在我国如能援其资金，则除营业上一般利益外，还能获得下列利益：第一，有运出我国焦煤，而回运矿石生铁之利；第二，有在中国扶植我国势力之利；第三，有东方制铁事业由我国一手掌握之利；第四，有使中日两国关系密切之利；等等。"由此足见小田切对汉阳铁厂借款一事的用心是很深的。

小田切提出的借款条件是，借款200万两，利息5厘，偿还期限10年，铁政局和大冶铁矿等必要管理人员，由日人担任，技师之聘任解雇，由管理人员决定，但不能专用一国人员；关于纯利润分配，贷款人分得四分之一。①

这是日本首次介入汉阳铁厂向外借款的谈判，由于盛宣怀坚持不让外方参与管理，不与外方合办汉阳铁厂的立场，日方最终只能退出，但是这多少给了他们与汉阳铁厂、与盛宣怀接触的机会。

二、中日《煤铁互售合同》的签订

1896年，正当张之洞将汉阳铁厂交付给盛宣怀招商承办时，日本的田雄四郎侯爵在九州福冈县设立日本制铁所（即八幡制铁所），所址面临

---

① 此项比照英国、比利时的条件多少对中国有利。（参见易惠莉：《易惠莉论招商局》，社会科学文献出版社2012年版，第237~248页。）

海湾，交通便利，有丰富的筑丰煤矿为其提供冶炼煤焦，但是日本缺乏铁矿资源，对发展钢铁工业极为不利。因为钢铁资源问题，日本明治维新时代的前辈伊藤博文、井上公爵、榎本子爵等都非常着急。政府曾设调查机构，派野吕博士到全国各地调查铁矿，结果都不如意。此时有个担任清政府实业顾问的西泽公雄，得知湖北大冶蕴藏着丰富的铁矿石之后，即向日本制铁所建议，可以从中国大冶取得铁矿石，以发展日本的钢铁工业。此建议很快被日本政府采纳，并作为国策定了下来。

1898年10月，日本前首相伊藤博文来华访问，他受日本制铁所所长和田中雄的委托，在湖北拜访湖广总督张之洞时提出，说日本神户船厂所炼焦炭（当时汉阳铁厂正缺煤焦冶炼）拟运湖北，回船时可带回大冶的铁矿石。因汉阳铁厂已由盛宣怀接手，张之洞便要伊藤到上海与盛宣怀商谈。

伊藤赴上海与盛宣怀商谈时，请盛宣怀在大冶指定一座铁山，划与日本派人来开挖，小田切作为日方参与交涉的主要成员，在商谈中与伊藤一唱一和，希望盛宣怀能接受日方的要求。其实，小田切从一开始就接受日外务大臣青木周藏的训令："购买现属中国人所有之大冶铁山某一特定区域内之全部矿石，及商议在上述区域内之矿石由日人单独开采是否可能。"① 他们的目标显然十分明确。

盛宣怀为维护汉阳铁厂的利益，便以"大冶铁山归华商集股开办，不论何人，不得另行开挖"为由，坚决拒绝了伊藤的要求，并告诉日方："若按照湖南的办法，仍由华商公司将挖出矿石售运日本，尚可商办。"小田切随即进一步向盛宣怀提出下列建议："一、在大冶铁矿指定某一部分，该区域内所产一切矿石，以一吨若干代价，售予日本制铁所。该区域内所采掘矿石，不得供作他用。二、矿山土地所有权属于中国。此次商议之办法，绝无借用中国土地之意，只不过在其土地上买卖搬运该指

---

① 见《日外务大臣青木周藏致驻上海总领事小田切万寿之助电》，1898年11月30日，《史料选辑》，第5页。

定区域内所产矿石而已。三、中国铁政局聘请日本采矿技师及助手若干人，管理采掘事宜，日本制铁所得派遣委员到该地区，与中国委员共同处理有关矿石搬运事宜。四、矿石代价及其他必要条款等，一俟日本委员来华后，即进行商议、缔结合同。”对于上述提议盛宣怀表示同意，并希望制铁所和田长官亲自来华商议。① 伊藤博文回国后，遂要求日本制铁所所长和田中雄来华商谈下一步的事宜。

1899 年 3 月，和田中雄抵达上海，与盛宣怀谈判合同事宜。盛宣怀向张之洞报告谈判情况：“彼请第一办法，系租山由其自开，已力阻不允；第二办法，只售铁石，按吨定价，或换焦煤，当可无弊。”4 月 7 日，盛宣怀与和田在上海正式签订《煤铁互售合同》，合同基本上是按照先前他与小田切商议的条件而订的。

合同规定：日本制铁所每年购大冶铁矿铁矿石 5 万吨，汉阳铁厂每年购日本煤焦至少 3 万~4 万吨。大冶铁矿石不得卖给在中国有股份的外国铁厂，只能卖给日本。将头等铁矿石价格定为 3 日元一吨，铁矿石含铁量必须为 62%以上；二等铁矿石每吨 2.25 日元，铁矿石含铁量必须为 59%~62%。合同以 15 年为期限，每 5 年议价一次。

合同还规定：日本制铁所委派委员二三名，常驻大冶石灰窑、铁山两处。

1900 年初，日本制铁所派西泽公雄为大冶铁矿矿监（办事处主任)，并在石灰窑江边建筑两座大西式广厦作为办公处。派驻石灰窑的日本人还有松尾茂条、加藤直三、石坂道太郎、小野虎雄、松平卯三郎，另有办公处聘雇的浦飏、弗楞克麟两名外国人，明显超过了合同规定的人数。

西泽公雄等人进驻石灰窑后，又要求盛宣怀批准在大冶石灰窑设日本邮局，并设直通日本国内的电报局。经批准，石灰窑的日本邮局、电

---

① 见《日驻上海代理总领事小田切致外务次官都筑馨六第六十五号机密函》，1898 年 12 月 16 日，《史料选辑》，第 6~7 页。

报局很快就建立了。这个设在大冶铁矿边上的日本办事处，实际上逐渐成为日本控制汉冶萍厂矿的据点。①

该合同对于铁厂向日本制铁所购买煤焦的意义并不大，因为日本制铁所本身并不产煤焦，加之煤焦在中国市场上价格变化很大，因此该合同主要在于铁厂向日本制铁所售卖铁矿石，由此铁厂每年可得收入10万日元以上，解决了铁厂的一部分周转资金。

三、借洋债遇阻，将厂矿逼向绝境

1900年上半年，义和团运动波及萍乡，工程技术人员陆续回到上海、武汉避难，导致工程停滞一年多。这不仅给萍乡煤矿造成很大的损失，而且断了向汉阳铁厂的焦炭供应，迫使铁厂转而再去购进价高的开平焦炭。1901年汉阳铁厂为卢保路、保正路供给的钢轨全部完成，而此时负责卢汉铁路的洋总监沙多，则因铁厂生产的钢轨质量不行，拒绝继续订购汉阳铁厂的钢轨，而且铁路公司明确表示，要将不合格的钢轨退还给汉阳铁厂。这样不仅断了汉阳铁厂可以从铁路公司以“预付轨价”的方式，预先获得周转资金的可能，且致使汉阳铁厂“路轨不销”；而一向从汉阳铁厂购买大量生铁的日本商人，也趁机压低生铁价格，导致生铁销路不畅，厂内钢轨、生铁的积压数量越来越大。萍矿的建设资金与汉阳铁厂的周转资金均频频告急，而钱庄的短期贷款也已无法再借。②

1901年初，盛宣怀决定再次举借洋债，为萍矿筹措建设资金，并筹集用于修复汉阳铁厂从未使用过的生铁高炉所需的资金。盛宣怀仍然采用原先的手法，同时与德、日、比、法四国交涉，涉及的洋商有德商礼和洋行、日商东肥洋行、比商万顺公司等等。

盛宣怀原打算“向比商万顺公司抵借银一百万两，将上海华盛纱厂

① 以上参见马景源：《日本控制掠夺与汉冶萍公司的倒闭》，第二届汉冶萍国际学术研讨会论文集。

② 见盛档，《盛春颐、李维格致盛宣怀函》，光绪二十七年四月十五日。

及芜湖煤矿作抵”，而万顺公司却狮子大开口，竟提出贷款的条件为：“如汉厂之修理机器厂、锅炉、翻砂厂、木厂等处，就刻下所有各机器及房屋作汉厂之成本，交万顺公司代办，由万顺公司添本拓大……汉厂与万顺公司合办。”这是汉冶萍发展历史上，外国公司第一次开口要与其“合办”。

日商东肥洋行答应借款200万日元，条件是要“以大冶铁矿作保”。对于比商、日商的漫天要价，盛宣怀都不能答应，交涉没有成功。而与德、法之间的谈判也没有任何结果。

1901年2月，清政府将开平煤矿贱卖给了英国大东公司，盛宣怀考虑到中国的大煤矿只剩下萍乡煤矿了，因此，他打算将萍乡煤矿归于轮船招商局，萍矿亦可从招商局获得建设资金，但是此计划最终因张之洞的反对未能实现。在这种情况下，他决定以萍矿、汉阳铁厂作押，举借洋债。

1902年底，盛宣怀分别以汉阳铁厂、萍乡煤矿全部产业作押，向德商礼和洋行各借400万马克。此前双方曾签订了《萍乡煤矿与礼和洋行借款合同》，但因张之洞坚决反对，此项合同也未能生效。

当年10月，盛宣怀父亲盛康去世，盛宣怀按照清廷惯例，开去所兼各职差，以便安心为父亲“守制”。清廷在保留了他的铁路总公司督办职务之外，其他各职均准予开缺或改署任。11月，袁世凯借口吊唁盛康丧事，到上海与盛宣怀商讨“轮、电归北洋管辖”的问题。这意味着汉阳铁厂、萍乡煤矿不可能像之前那样，能方便地调用招商局、电报局的资金作为周转资金了。盛宣怀最初的想法是：“电报宜归官有，轮局纯系商业，可易督办，不可归官。”但是，没想到袁世凯回京后做了手脚，朝廷很快下文：“即另简电政大臣，但改官办而不还商本。轮局亦由北洋派员接管。”盛宣怀得此坏消息，十分愤怒地说：“……日本商务大旺，中国只两公司，而十手十目必欲毁之而后快。轮船归北洋主持，尚无大碍，电线改官办，本愿如此，但商人成本二百数十万，若不付给现款，恐股票即为外人所得。此目前之一弊也……（电线）改归官办，非有强兵不能自守，则他人通消息而我不能通。此军务时一大弊也。”不仅如此，袁世凯还以视察为名，要汉阳铁厂将商办后全部的账目清理上交，势要接管铁厂。

1903 年 1 月 15 日，清廷任命袁世凯为电务大臣，原直隶布政使吴重憙为驻沪会办电务大臣，3 月底吴重憙正式接办了中国电报局。2 月，袁世凯的亲信杨士琦当上轮船招商局督办，轮、电二局均被袁世凯的北洋派系所控制。轮、电二局成为北洋的重要财源，由于管理日趋腐败，经营日趋衰落，盛宣怀痛斥袁世凯的北洋对轮、电二局“专为剥削”。

汉阳铁厂面临着有可能被袁世凯夺走的危险，但此时朝廷仍允许铁厂向洋商借巨债，以解决铁厂自身的问题。为此，盛宣怀不得不将为解决铁厂技术设备更新改造，于 1902 年 10 月下旬刚启程赴日本、欧美考察的李维格一行，以铁厂两炉齐开和筹划借款为由，从半途召回。命李维格加紧与洋商交涉借款，以推进萍矿、铁厂的建设与更新改造的进度，阻止袁世凯试图夺走汉阳铁厂的行径。

紧接着，袁世凯在从盛宣怀手中夺走轮、电二局不久，即宣布以后汉阳铁厂借款，不得以轮、电二局财产作保，轮、电二局对铁厂的挹注就此断绝。

1903 年 4 月 3 日，盛宣怀说：“铁厂接济已断。事关国计，若一摆脱，难保不为开平之续（即主权贱卖给了英国）。只得坚忍支持，再费数十年心血，俟有成效，其利益必在轮、电两公司之上。后之来者，亦不难坐享其成也。”① 为了摆脱资金的困难，盛宣怀绞尽了脑汁。

汉冶萍公司之前通过发行股票筹集资金，收效甚微，于是，盛宣怀把自己拥有的轮、电二局的巨额股票，卖得只剩下九百股，而将所卖得的资金，全部买下了汉阳铁厂的股票。

1903 年，萍乡煤矿生产的焦炭已显“供过于求”之状，为此萍矿总办张赞宸向盛宣怀抱怨：“始患焦少，现患太多，若不赶添化炉，萍矿反

---

① 见盛档，盛宣怀《致张大冢宰》，光绪二十九年三月初六日。

受巨累。”而萍矿煤炭含磷过高，加剧了汉阳铁厂钢铁产品的质量问题，截至1903年底，汉阳铁厂存有卢汉铁路工程中剔剩下的钢轨共计19000余条，合重6000余吨。在此状况下，不尽快筹措资金，解决萍矿的建设以及铁厂的技术设备更新改造，铁厂将难以继续运营下去。

此时洋商的借贷条件变得更为苛刻，如德商礼和洋行提出，除非盛宣怀同意与其合办萍矿，或与其合办铁厂，否则不再贷款；而比商万顺公司则坚持非“厂矿两处，或招洋股，或售股票，华洋合办”，才肯贷款。面对此种贷款前景，李维格感到十分悲观，他在向盛宣怀报告礼和洋行拒绝贷款的消息之后，即提出辞去汉阳铁厂督办的职务，他的理由是“无钱不能办事”。①

四、汉阳铁厂首次向日本举借巨款

1899年4月7日，日本制铁所与汉阳铁厂签订《煤铁互售合同》，之后两次修订合同文本。在此阶段，日本制铁所完成了工程建设与生产磨合的任务，至1901年2月，制铁所日产160吨钢铁的1号高炉投产，这样日本对大冶铁矿石的需求进一步加大。

1902年底，当日方打听到盛宣怀与德商礼和洋行签订《萍乡煤矿与礼和洋行借款合同》的消息后，立即采取了行动。12月27日，日本外务大臣小村寿太郎密函小田切：“对于该铁矿如有贷款必要，我方决定进而予以应允。希即善体此意，拟定适当方案，见机与盛宣怀进行商谈。倘或落入外人之手，则实为极严重问题。所以，为了确立我方权利，务望全力以赴。”1903年2月6日，小田切复电小村：“盛宣怀希望借款二百万两至三百万两，年利百分之五或百分之六，本领事先就此提出以下三项条件，即（一）铁矿不得出让或抵押与其他外国；（二）铁矿石价格

① 易惠莉：《易惠莉论招商局》，社会科学文献出版社2012年版，第249~251页。

在合同规定年限第一期末妥善商定；（三）借款由铁矿石价偿还。”3月10日，小村密函指示小田切：“嗣接贵领事2月6日第7号来电……曾就此与有关阁僚咨商，并召制铁所长官，认真进行商谈，结果，决定以附记条件接受盛氏之要求。因此，希望以此为基础与盛氏进行交涉。……总之，我国对大冶铁矿方针，在于使其与我制铁所关系更加巩固，并成为永久性者；同时，又须防止该铁矿落入其他外国人之手。此乃确保我制铁所将来发展之必要条件。”①

日方认为这是一次难得的机会，因此积极行动起来，日方与盛宣怀反复就借款条件进行交涉。7月17日，盛宣怀提出了向日方借款的六项条件：（一）借款总额为三百万日元，其中一百万日元于合同签字之日交付；其余二百万日元，分两次交付，即签字后每三个月交付一百万日元。（二）不以大冶矿全部为抵押，而以其一部，即目前为运往日本而进行采掘之矿山及铁路全部为抵押。（三）日本工程师担任上述抵押矿山之采掘事务。（四）矿石价格，三十年内不变。上等定为日金三元，下等日金二元四十钱。（五）购买八万吨以上要减价之条件删除。（六）铁厂直接由贷款方取得贷款，制铁所向贷款方交付矿石价金。②

中日双方借款条件的交涉，从1902年12月开始，到1904年1月15日，才正式签订《大冶购运矿石预借矿价正合同》，前后经历了一年多时间，谈判过程十分艰难，从最终签订的合同文本看，基本上满足了盛宣怀提出的六项条件，应该说日方的妥协多于盛宣怀。尤其是关于“矿价三十年不变”这一款，日方吸取以往所签合同的教训，认为这将使日方吃亏。盛宣怀在坚持我方立场的同时，认真咨询铁厂洋工程师意见之后，对该问题有了新的认识，在正式签订合同时，将此条改为：矿价十年一协议，协议时视“挖矿之深浅难易，比较前十年，又须考查英国铁价涨

① 以上参见《史料选辑》，第43~45页。

② 参见《日驻上海总领事小田切致外务大臣小村第89号机密函》，1903年7月18日，《史料选辑》，第53~54页。

跌，折中会定矿价。倘会议不定，即应彼此各请公正人一人，秉公定价。倘此两人有意见不合之处，即由此两人公请一人断定，彼此即应照办，不得再有异议”。

此轮博弈，相比德、比两国的贷款以合办铁厂为条件来说，日本通过预付矿价的方式向铁厂贷款，这对于铁厂来说是有利的；另外，通过这种贷款方式，有利于阻止日本向中国索要矿山开采权。对汉阳铁厂来说，以较为理想的方式获得了宝贵的建设资金，它将大冶铁矿丰富的铁矿石资源，转化为巨额的建设资金，获得 300 万日元（约合洋例银 226 万两）的资金挹注。此外，与同时期国内外的借款利率相比，该资金的使用成本较低，年利率仅为 6%，而当时国内资金的年利率普遍在 8% 以上，更诱人的是，该借款无须现金偿还本息，只需 30 年内每年提供 7 万～12 万吨铁矿石即可。该笔资金极大地缓解了汉阳铁厂建设资金不足的问题，谈判成果应该值得肯定。

对日本制铁所而言，此阶段博弈的目标是：“在于使其（指大冶铁矿）与我制铁所关系更加巩固，并成为永久性者；同时，又须防止该铁矿落入其他外国人之手。此乃确保我制铁所将来发展之必要条件。”此轮博弈过后，该目标得以部分实现。至 1904 年，制铁所开始介入大冶铁矿的生产经营事务，并在一定程度上掌控大冶铁矿产业的处置权。《大冶购运矿石预借矿价正合同》载明，合同期限为 30 年，其间，以大冶得道湾矿山及大冶矿局现有及将来之铁路、车辆、修理厂作担保，不得或让或卖或租与他国之官商；矿局聘请日本矿师，连同《煤铁互售合同》的规定，制铁所在大冶铁矿的矿石开采、化验、转运等环节都派驻工作人员。

总体来看，通过合作，双方都获得利益，应是正和博弈。虽然有些条款对汉阳铁厂不尽合理，如借款期限过长，且不能提前偿清借款，日本管理人员进驻铁矿，售日铁矿的成色标准过高，等等，但从总体上说，此次交锋实现了双方的优势互补，对两家企业的发展都起到了积极的促进作用。①

五、汉阳铁厂与日本制铁所的博弈

1904年1月15日，汉阳铁厂与日方正式签订《大冶购运矿石预借矿价正合同》，汉阳铁厂可以得到300万日元的资金挹注，日本制铁所在未来30年中，每年可获得7万~12万吨大冶铁矿石，为此，汉阳铁厂与日本制铁所都确立了规模扩张的发展战略。

汉阳铁厂方面，1904年4月，盛宣怀重新委派李维格一行赴日本、欧美等国考察，当年11月27日李考察回国，铁厂随即启动了技术设备更新改造工程，除改建原有的2座100吨炼铁高炉外，又新添250吨高炉1座。同时，拆除原先的小型转炉、平炉，改建适用于高磷生铁的碱性马丁炼钢炉6座。此外，对轧钢、煤矿、铁矿、运输、货栈码头等配套生产环节也同步进行扩张，更新改造工程一直推进至1911年，其间资金需求的数额越来越大。

日本制铁所方面，1905年2月，在2号炼铁高炉投产后，随即从1906年开始了为期5年的规模扩张。至1911年，制铁所拥有160吨炼铁高炉2座，180吨高炉1座，25吨平炉11座，15吨转炉2座，钢产能由9万吨，扩增至18万吨。生产规模的扩大，对铁矿石的需求大大增加，日本政府很清楚仅凭1904年的《大冶购运矿石预借矿价正合同》，不足以约束中方，因每年可获得的铁矿石有限，且作抵押的铁矿山也只有得道湾一处，如何进一步掌控大冶铁矿，成为日方极为关注的问题。

双方这一回合交锋始于1905年，是年5月，日本驻汉口领事向外务省密报，得知汉阳铁厂急需大笔资金，认为这是日本向汉阳铁厂和萍乡煤矿进行资本渗透的绝佳时机。如果日本不出手，有可能被德国抢先，

① 参见李海涛、欧晓静：《清末民初汉冶萍公司与八幡制铁所的利益博弈》，第二届汉冶萍国际学术研讨会论文集。

建议日本政府主动向汉阳铁厂提供巨额贷款。日本内阁十分重视这一报告，外务省研究后指示驻汉口领事：对此次贷款金额要大，可减低利息，但须延长大冶铁矿采掘权之年限；以铁政局及萍乡煤矿作抵押，且须聘用日本人为技师，负责业务等。日本政府并指示大仓组（后改为兴业银行）、三井洋行负责筹资承贷，贷款总额在500万日元之内。

面对日方主动贷款的提议，中方苦于急需经费，给予了积极的回应，但也提出谈判的前提条件，即须将钢铁销售与借款联系在一起，以销售款偿还本息；钢铁价格每两年协商一次。该条件得到日方许可。10月，双方在上海会商借款事宜，当日方抛出贷款要以铁厂和萍矿产业作抵押，并聘用两名日本顾问参与厂矿事务管理时，中方认为此系政治借款，中止谈判。11月，汉阳铁厂谈判代表在向德商借得30万两贷款后即返回汉阳。

中日谈判破裂，使一些洞悉汉阳铁厂内情的日本人士十分紧张，他们认为，谈判破裂“会使对方倾向于依靠德国商人”，“倘日本政府不采纳我们忠告，（汉阳铁厂）则有转移到德国人手中之危险，此与我国在长江之利权关系很大”。在这些人士的联络策划下，日本民间资本暂时满足了汉阳铁厂、萍乡煤矿的资金需求。

1906年2月13日，汉阳铁厂与日本三井洋行签订了100万日元借款合同，期限3年，年息7.5%，三井洋行代销汉阳铁厂钢铁产品，以货款偿还本息，借款以汉阳铁厂存货作押。

1907年5月1日，萍乡煤矿与日本大仓组签订200万日元借款合同，期限7年，年息7.5%，以萍乡煤矿所有生利之财作押。

对于这两笔民间贷款的谈判，日本内阁未过多介入，日本之前要求延长大冶铁矿采掘年限、派驻顾问，以及以铁厂和萍矿产业作抵押等目的均未实现。

此回合交锋中，盛宣怀充分利用资本市场上德国资本对日本构成的潜在威胁，成功地从日本民间获得了300万日元资金，部分缓解了汉阳铁厂技术设备更新改造工程中的资金紧张问题。同时，贷款方未获得铁厂和萍矿产业抵押担保，维护了汉阳铁厂汉冶萍公司产权的安全，应该说，此轮博弈汉阳铁厂赢得了胜利。①

1904年1月15日，所借的300万日元，加上上述的两笔民间贷款，以及1903年12月14日，汉阳铁厂向日本大仓组借小笔贷款20万两，1907年12月13日，汉阳铁厂又向汉口日本正金银行借小笔贷款30万日元。这样，汉阳铁厂自1903年底至1907年底，总共向日方借了五笔贷款，总计约700万日元。

正是因为有了这些资金，汉阳铁厂才使得李维格出国考察回来后的建议，得到完全的落实，才真正闯过了钢材的质量关，才使得萍乡煤矿的工程建设得以推进。这也为“汉冶萍煤铁厂矿有限公司”的正式成立创造了条件。

六、汉冶萍公司与日本正金银行的博弈

1907年“汉冶萍煤铁厂矿公司”正式挂牌宣告成立，1908年11月7日，清政府正式批准“汉冶萍煤铁厂矿有限公司”成立。所以，之前由汉阳铁厂与日方的博弈，就转化为由汉冶萍公司与日方的博弈。

1907年底，日本横滨正金银行作为一个新的角色，代表日方参加到日本制铁所与汉冶萍公司的博弈之中。

正金银行成立于1879年，早年主要为办理外汇、债券业务的外贸银行。20世纪初，该行逐渐成为执行政治任务的金融机构。1907年，该行总经理高桥是清称，正金银行是“担当国家特别金融任务的机关，其宗旨和目的与一般营利公司迥然不同”，“我们要根据情况，即或牺牲自己的利益，也要为国家利益尽职尽责”。自1907年底开始，正金银行贯彻日本政府的意志，通过不断追加贷款，成功抵制了他国资本对汉冶萍公

① 参见李海涛、欧晓静：《清末民初汉冶萍公司与八幡制铁所的利益博弈》，第二届汉冶萍国际学术研讨会论文集。

司的渗透，使汉冶萍对日债的依赖日渐加深。

汉冶萍公司最早与正金银行发生借贷关系的，是 1907 年 12 月 13 日签订的一笔小额贷款，金额为 30 万日元，以铁矿石价款偿还。1908 年 6 月 13 日与 11 月 11 日，正金银行又分两次贷给汉冶萍公司共计 200 万日元，此两次贷款虽以汉冶萍公司所有产业和九江大城门铁矿山一同担保，但约定 2 年后，可随时归还，加之数额不大，故汉冶萍公司借此款项，不足以受到日方的控制。

就在日本方面不断向汉冶萍公司提供贷款，期望通过债务资金积累，借以掌控汉冶萍公司之时，汉冶萍公司却避开日本的严密监视，经过一年的秘密协商，于 1910 年 3 月，与美国西雅图西方炼钢公司、美商大来洋行签订了《订购汉冶萍生铁及矿石合同》，以 15 年为期，约定汉冶萍公司每年出售生铁、铁矿石各计 3.6 万~10 万吨，由大来洋行负责运送。该合同若履行，将给汉冶萍公司带来一次难得的发展机遇。除了获利丰厚，更重要的是，它将改变汉冶萍在资金、市场方面对日本的过度依赖，形成美日之间相互制衡的局面。具体负责与美商谈判的李维格，对合同的签订十分满意，视为“生平得意之作也”，认为“有此大宗生意，可放手大做矣”。

由于汉冶萍公司的保密工作极为细致，日方直到合同签订后的第三天才从《朝日新闻》中获悉此事。震怒之余，日本各方开始反思其对汉冶萍公司的政策。制铁所驻大冶技师西泽公雄认为，美国购买大冶矿石，不仅出于战略上在长江流域掌控利权，而且是为其国内资源状况所迫，不得不插手东亚事务。盛宣怀等在生铁销售合同中加入了矿石一项，是日本近年来热衷于开发朝鲜铁矿、大冶输日矿石减少所致，乃由于日方的轻率造成此次严重后果。西泽公雄并分析道：“（盛宣怀）合并汉阳、大冶和萍乡成为二千万元之公司组织，内部坚决实行大改革，表面上早就吹嘘合并有利，实际上则尚有很大亏损。据下官暗中探听之消息，今年上半年对股东之利息分配，即已陷入困境。据下官揣测，其所以绞尽脑汁向美国人出售生铁和矿石，主要原因就在于此。

盛宣怀之苦衷，实有值得同情之处。”① 因此，他提请日本当局，对汉冶萍应采取积极进取的方针。

与美商签订合同不久，1910 年 5 月，汉冶萍公司第三号 250 吨高炉投产，生铁产能大幅增加。就在内外形势对汉冶萍极为有利之时，7 月，上海发生橡胶股票风潮，重创中国金融行业，汉冶萍的资金链面临崩断之险。汉冶萍董事会秘书杨学沂向盛宣怀报告：“弟素持不可多借日款之议，事到棘手，只能冒险，恳兄再向正金续借日金七八十万元。”与此同时，美国西雅图西方炼钢公司因经济原因，无法履行合同，导致汉冶萍的产品销售，特别是生铁销售问题顿时变得严峻起来。来自资金和市场的双重压力，迫使汉冶萍不得不再次求助于正金银行，这为日本强化在汉冶萍势力的存在，提供了良好的机会。

为协助汉冶萍公司解决燃眉之急，保障日本制铁所的原料供应，正金银行在 1910 年底，向汉冶萍提供了多个批次的短期贷款：9 月 10 日、11 月 17 日，正金银行各向汉冶萍提供 100 万日元贷款。其中，前一次贷款参照 1908 年 200 万日元的借款条件；后一次借期 1 年，是以盛宣怀及其他股东所持有的公司股票票面计 150 万银元作担保。12 月 28 日，三井洋行向汉冶萍贷款 100 万日元，借期 1 年，以集成纱厂契据作为担保。

制铁所的战略也有所调整，决定将汉冶萍的生铁销售纳入其钢铁生产体系之中。1911 年，制铁所执行第二期扩张计划，将钢产能由 18 万吨扩增至 35 万吨，为此，急需增加生铁原料供应。1910 年 11 月 7 日，制铁所长官中村雄次郎亲赴北京与盛宣怀签订《售购生铁草合同》，约定自 1911 年起，汉冶萍向制铁所每年出售 1.5 万吨生铁，此后逐年增加，到 1916 年达到年 10 万吨的标准，至 1926 年期满。该合同的正式文本于 1911 年 3 月 31 日签订。为实现每年供应生铁 10 万吨的标准，

① 参见《日驻大冶技师西泽公雄致制铁所长官中村函》，1910 年 4 月 17 日，《史料选辑》，第 163 页。

汉冶萍公司势必要扩张炼铁的产能。4月19日，制铁所、正金银行与汉冶萍签订《预借生铁价值合同》，由正金银行借给汉冶萍公司600万日元，用以扩建炼铁高炉，此项借款因服务于制铁所的扩张计划，故日方并未提出抵押担保的要求。① 从1908年到1915年，日本制铁所每年从大冶铁矿运走铁砂6万~7万吨。

在汉冶萍与日方的这轮博弈中，中方试图与美商建立商贸关系，使之与日本相互制衡。经过公司努力，本已奏效，无奈因美商爽约，无疾而终，加上国内金融风潮的影响，汉冶萍的经营形势急转直下，不得不重新寻求日本的援助。日方借此机会，通过资金借贷，进一步密切与汉冶萍的经济关系。此轮博弈中汉冶萍开始明显处于下风。

七、日本对汉冶萍1200万日元的大贷款

1910年8月、1911年1月，盛宣怀先后被任命为邮传部右侍郎、邮传部尚书。他在北京任职期间，两次与来华访问的美国人休瓦布会晤，受休瓦布的启发，盛宣怀坚定了关于汉冶萍发展前途的看法，即汉冶萍扭亏为盈的途径必须走扩大生产规模之路。与此同时，他认识到必须进一步扭转汉冶萍以资源性产品，即铁矿石、煤焦出口为主的不利局面，转变为以初级制品生铁为主的出口，同时要进一步拓宽国内市场。

由于铁路改归邮传部主管，在其任内，盛宣怀实施铁路干线国有化政策，中国大规模铁路建设全面启动，1911年5月20日，盛宣怀与英德法美四国银行团重签粤汉、川汉铁路借款合同，合同明确钢轨及其附件等“应由汉阳铁厂自行制造供用”，这不仅为汉冶萍提供了市场，还将给汉冶萍公司带来资金。据日本人的情报，该合同须提供钢轨及

① 李海涛、欧晓静：《清末民初汉冶萍公司与八幡制铁所的利益博弈》，第二届汉冶萍国际学术研讨会论文集。

桥梁材料合计20万吨，值银一千三四百万两。1911年7月，邮传部先期预支汉冶萍公司洋例银200万两。

另外，盛宣怀拟以萍乡煤矿作抵押，从四国借款200万英镑（约合银2000万两），连同1911年4月正金银行的600万日元的借款，用以偿还汉冶萍的旧债，并着手扩大公司的规模。

日本方面对此十分忧虑，在日方看来，如果汉冶萍同四国达成贷款协议，虽是以萍乡煤矿作抵押，但债务则为汉冶萍公司的债务，那么，汉冶萍与四国之间就建立了关系，“而且从债务金额来说，亦不能说日本比其他外国大得多”。

为阻止汉冶萍与其他国家建立起联系，正金银行总经理高桥是清一方面以此前盛宣怀在签订600万日元《预借生铁价值合同》时，曾向制铁所长官许诺：如筹措事业扩张经费，当先与日本商谈为由，敦促盛宣怀重新考虑向四国募债的做法；另一方面又表示，只要以汉冶萍全部产业和铜官山矿为担保，日本有意承担200万英镑贷款。至此，日本要求攫取汉冶萍全部产业抵押权的野心进一步暴露。

与日本国内政界、金融界高层的贪婪胃口不同，正金银行驻华办事处经办人员与日本驻华领事馆长官，对盛宣怀当时所面临的政治压力有较清醒的认识，他们认为若要求以汉冶萍全部产业作抵押借款，会危及盛宣怀的政治地位，鉴于日本长期需要铁矿石、生铁原材料，他们建议放弃萍乡煤矿。正金银行总行经再三研究，决定作出退让，谋求以“汉阳、大冶现在与将来之公司全部财产作担保”，以此为基础来与盛宣怀举行借款谈判。

谈判正进行时，消息泄露，舆论哗然。与此同时，邮传部与正金银行1000万日元的借款也被披露，清廷陆军部攻击盛宣怀假公济私。在此背景下，盛宣怀提议暂时中止汉冶萍借款案。

因此变故，负责谈判事宜的小田切于4月21日提请正金银行总行再次更改方案，放弃盛宣怀最忌讳的厂矿抵押担保问题，而以“制铁所生铁矿石价款作抵偿，进行1200万元以下借款之秘密谈判”，并要求取得汉阳铁厂、大冶矿的优先担保权。4 月 25 日，高桥是清在同外务省、制铁所、大藏省等会商后电告小田切，指出："日本之所以重视此次借款，其目的旨在汉阳、大冶取得优先权，如实际不能确保汉阳、大冶之担保，而即于此时进行巨额借款则殊无意义"，命令小田切等停止协商。

不过，日本外交系统却持不同意见，日驻华公使致函外务省，支持小田切的意见。他认为，汉冶萍在迫不得已时会采取向他国借款的做法，而且一旦因盛宣怀的健康状况及中国情势导致其死去或者垮台，情况将变得更加复杂，为此，他希望外务省说服正金银行总行，同意 1200 万日元借款，"如本案不能成功，则对将来恐别无保障之途，而且从前经过种种苦心与策划逐渐赢得的我方对汉冶萍公司的特殊地位，亦将难免毁于一旦"。制铁所驻大冶铁矿技师西泽公雄也致电制铁所长官中村雄次郎，建议对 1200 万日元借款，"千祈忍受目前若干不便，予以同意"，此举是"避虚名得实利的一种手段"，"绝对必要"。他们希望通过巨额借款，造成日本与汉冶萍关系密切的既成事实。

4 月 26 日，日本外务省、大藏省、制铁所和正金银行会商后决定，同意 1200 万日元贷款，同时放弃以汉阳铁厂、大冶矿作担保。5 月 1 日，盛宣怀与正金银行董事小田切正式签订 1200 万日元借款的《预借生铁价值续合同》，合同注明："此借款并无抵押"，但汉冶萍亦不将产业抵押他国借款。①

此次借款合同的签订，首先，汉冶萍从日本获得巨额借款，年利率仅 6%，且未使日方达到以公司全部产业作抵押的企图；其次，借款偿还方式十分自由，如生铁价值不够还本付息，可以焦炭抵付。更有利的是，汉冶萍融资的主动权未被束缚。因借款合同对汉冶萍公司十分有利，所以合同签订后，高桥是清就怀疑盛宣怀在整个过程中利用了

---

① 李海涛、欧晓静：《清末民初汉冶萍公司与八幡制铁所的利益博弈》，第二届汉冶萍国际学术研讨会论文集。

日本“热切希望贷款”的心理而欲擒故纵，迫使日本一再降低条件。

八、客观看待汉冶萍向日本的借款

盛宣怀接办汉阳铁厂，继而发展为汉冶萍公司，他对钢铁产业需要投入巨额资金的认识，随着生产规模的扩大，变得越来越深刻。最初为了筹集资金，他先后两次发行股票，尽管当时外部环境不好，民间资本不看好铁厂，但是因为他掌控着轮、电二局，可以方便地调用它们的资金，或以它们作担保，借到资金。

1903年袁世凯从他手中夺走轮、电二局，使轮、电二局对铁厂的挹注断绝。为了更新改造技术设备，将铁厂办下去，盛宣怀不得已只能以铁厂本身的财产作保，开始频频向外国举债。与此同时，盛宣怀把自己拥有的轮、电二局的巨额股票，卖得只剩下九百股，而将所卖得的资金，全部买下了汉冶萍的股票，以扩充汉冶萍的资金。

与西方国家比较，当时，向日本借款相对容易，为了维持公司的正常发展，扩大公司的生产规模，在招商集资无着、经费难以解决的情况下，他多次向日本举债。然而，盛宣怀的上述举措，受到了社会、官场，甚至清廷的严厉谴责。最使盛宣怀焦虑的是，日本的势力逐渐渗透进入汉冶萍，汉冶萍在一定程度上受到日本势力的左右。

盛宣怀之所以向日本大量举债，一是，当时以英法德美为代表的西方列强，通过各种手段拼命地掠夺中国的财富，如英商大东公司强行低价收购开平煤矿就是典型的实例，它们在中国划分势力范围，企图通过贷款等方式，达到控制中国厂矿、铁路等的主权。盛宣怀在与德商礼和洋行、比商万顺公司的借款条件中，在向四国银行团为铁路干线筹集资金时，这些国家的代表，都向中方附带了很多苛刻的条件，为了制衡西方列强对中国的约束，盛宣怀不得不另辟蹊径，转而更多地向日本借款。

二是，他轻信了日本，妄想中日合作，可以共同抵御欧美势力的侵入。1908 年 9 月，盛宣怀在赴日就医期间，曾去日本制铁所考察，当时他与制铁所所长中村雄次郎交谈时说：“东亚惟汉厂与制铁所并峙，近来名誉远播，欧美至为震惧，煤铁报章至论之为黄祸西渐，极力筹抵御之策，美、德各厂已经联合，而国家又任保护。”①

三是，盛宣怀有自己个人的考虑。正如与盛宣怀有多年交往的日本驻沪领事小田切所说，盛宣怀希望通过用举债的办法，从公司收回自己的资金。小田切在向正金银行总行的报告中说：“该公司总理盛宣怀和协理李维格鉴于该公司历来在营业上负债不少，其主要债主为盛宣怀，盛氏几乎把自己全部财产充作制铁事业之资金，由于铁厂事业已逐步得到整顿，而盛氏亦已渐入老境，拟于此时，募集约三千万元的公司债，一方面用以偿还盛氏通融之款项；另一方面，用充事业扩张之资金。商议结果，拟一半从日本募集，一半从他国募集。……盛宣怀因已将其全部私产投入汉冶萍公司，当然会感到极大苦痛。所以他很想由哪里举一笔债收回其资金，以预防在万一时发生汉冶萍公司与自己资产之间的纠纷，这是合理的想法。……因此，他才按预定计划以萍乡煤矿作担保……此种场合，对我国来说正是可乘之机。”② 在清廷摇摇欲坠的政局下，盛宣怀对自己督办汉冶萍的地位，始终感到如履薄冰，他感觉不知什么时候，汉冶萍就有可能像轮、电二局那样，被清廷接管。因此，他不放心自己的资产白白投入到汉冶萍中去，千方百计地要从中取出。

盛宣怀、李维格等从维持公司运转、扩大生产规模以图他日获利的立场出发，认为只要注意借款策略，举借外债是公司经营的“激进之策”。李维格 1905 年就说过“官款难筹，商本难集，舍此实无他策”。盛宣怀也认为尽管借债“固犯清议之忌，然试问中华今日上下财力，舍此恐必束手，吾不敢谓借款为上策，但胜于无策，但看如何借法”。

① 见盛档，盛宣怀《东游日记》，第 17 页。
② 夏东元：《盛宣怀传》，四川人民出版社 1988 年版，第 413 页。

在资本严重匮乏以至于生产无以为继而国内官款商本都无从筹集的背景下，在公司要么停产倒闭、前期投入和努力全部付诸东流，要么举借外债或有振兴之可能的现实情形中，企业管理者的这种认识是有理由的。如果能真正做到“权自我操”，举借外债也是可以避免利权丧失的。不可否认，汉冶萍公司发展中所需的资金大多来自附有苛刻条件的日本借款，但在当时的中国，一方面政局动荡，政府财政极为困窘，无力支持汉冶萍公司，另一方面工商业和金融信用业极为薄弱，汉冶萍公司是一家规模庞大、耗资甚巨的煤铁钢联合企业，不得不通过借款于外国以争取发展机会。

早在1913年就有人撰写了一篇《汉冶萍公司历史平论》，评价过盛宣怀借债发展公司的业绩：“就借债论：萍乡先借礼和马克，后还礼和，续借大仓一款，非此不能成萍乡；大冶先预支矿石价，非此不能成汉厂；嗣后九江矿借正金一款，又预支正金生铁价一款，非此不能续成汉、萍两处之扩张。”从大冶新厂的建设来看，当时的汉冶萍公司仍希望能够走上独立自强的钢铁工业之路，而不是单纯寄希望于出售矿石。

从汉冶萍公司各个时期企业的投资和经营权来看，汉冶萍公司是我国近代民族工业发展的先驱和代表。1924年刘少奇撰文评述当时的汉冶萍公司，说：“中国汉冶萍公司，即东方最大之煤铁产业，他的衰败兴隆比平常产业有更深几层的重要。他不独立在国民经济上占有极重要的地位，且为发展东方‘物质文明’之根据。”以张之洞、盛宣怀为代表的爱国民族实业家们发展中国重工业的努力也体现了中国早期现代工业化道路的艰难，其发展对于中国模式的工业化道路具有深远影响和启示。①

至辛亥革命前，汉冶萍公司已达到相当的规模，公司员工7000多

① 雷儒金、尚平：《浅谈汉冶萍公司的民族性及其成败的现代启示》，第二届汉冶萍国际学术研讨会论文集。

人，有炼铁炉 3 座，炼钢炉 6 座，建立了完整的生产配套设施，年产铁矿 50 万吨，煤 60 万吨，生铁约 8 万吨，钢近 7 万吨，占清政府全年钢产量的 90% 以上。其中钢材约 4 万吨，钢轨 2 万余吨，并朝着进一步发展的目标前行。

第十一章　辛亥革命之后的汉冶萍公司

一、中日合办的“宁约”与“神户约”

1911 年夏秋间，从四川开始的保路风潮兴起后，广东、两湖也随之继起，清王朝处于风雨飘摇之中，保清派人士群起攻击盛宣怀，盛乃成为众矢之的。10 月 10 日，武昌起义爆发，随之各省相继宣布独立。

10 月 26 日，清王朝为平息众怒稳住统治，将盛宣怀作为替罪羊革职，永不叙用。12 月 31 日，盛流亡日本。

1912 年 1 月 1 日，中华民国政府在南京成立。孙中山出任临时大总统。

但是，南京临时政府财政极为困难，早在 1911 年 12 月 25 日，孙中山一行曾抵达上海，29 日，孙中山赶赴日本三井物产上海支店，与店长藤濑政次郎会面，正式提出向三井物产的借款请求。据记载：“藤濑氏讲，如果汉冶萍能够华日合办，三井方面可以拿出五百万来……孙中山亦表示同意；藤濑氏又说明确答复需要一星期时间。”①

日本方面对南京临时政府借款案的反应极其迅速，12 月 31 日夜，日本制铁所所长中村雄次郎在东京拜会三井物产常务理事山本条太郎，

① 李廷江：《日本财界与辛亥革命》，中国社会科学出版社 1994 年版，第 200、265 页。

中村希望山本从有利于将来日本在中国获取有希望的矿山的国家利益出发，对借款案作出积极回应。1912 年 1 月 11 日，日本外务省出台了《日中合办汉冶萍大纲六条》，以日中合办汉冶萍作为向南京临时政府借款的前提。对此，南京临时政府的代表表示“大体上同意，正与盛宣怀协议中”。而在日中合办汉冶萍借款案中，据有重要地位的一方——汉冶萍公司，至 1 月 12 日后才正式涉入其中。

之前，1911 年 5 月 1 日，盛宣怀曾与小田切签订 1200 万日元借款的《预借生铁价值续合同》，合同规定正金银行从当年 8 月开始向汉冶萍公司分期交付借款，但是由于种种原因，借款一直未予支付。

当 1912 年 1 月 12 日，日本政府批准以日中合办汉冶萍为前提的对南京临时政府的借款案后，盛宣怀代表汉冶萍公司与正金银行签订的 1200 万日元的借款合同自然终止，被迫涉入与其本人及汉冶萍公司毫无权益可言的南京临时政府对日借款案。日方决定仍由正金银行董事小田切出面与盛宣怀交涉。

在当时国内的政治形势下，以中日合办汉冶萍为代价，替南京临时政府借款，对盛宣怀来说并不存在太大的障碍，要害在于由谁来承担“中日合办”的责任。盛宣怀因为铁路干线国有化，执行借款中外合办筑路之政策，在清政府邮传部尚书任上身败名裂，自然明白“中日合办”汉冶萍所承担责任的分量。

1 月中旬，南京临时政府派何天炯赴日，通过王勋（阁臣）将用汉冶萍公司筹款一事告之盛宣怀，盛在“义在容辞”的答话之余，提出“由政府与日合办……或由公司与日商合办，均可；惟合办以严定年限、权限为最要，免蹈开平（煤矿）覆辙”。

南京临时政府策略地回复：“所拟中日合办，恐有流弊，政府接任，亦嫌非妥当办法，不若公司自借巨款，由政府担保。”孙中山的设想是由汉冶萍公司“自借巨款，由政府担保，先将各欠款偿清，留一二百万作重新开办费，再多借数百万转借民国”。无奈日本方面坚持不合办不借款，临时政府无计可施。临时政府既要借到款，又不愿承担

“中日合办”的责任，一时陷于两难境地。

1月17日，孙中山通过他的代表向流亡在日本的盛宣怀传言：“民国于盛并无恶感情，若肯筹款，自是有功，外间舆论过激，可代为解释”，又作出了汉冶萍和盛氏被没收的“不动产可承认发还”的承诺，其意都是在迫使盛宣怀主动承担“中日合办”汉冶萍的责任。

接下来的一个多月，是盛宣怀一生当中最难过、最不自由、最痛苦的日子。一方面是南京临时政府为缓解财政上的困境，急于要从日本方面获得巨额借款，同意“以中日合办汉冶萍”为条件，但是又不愿意由政府出面来签借款合同的字；另一方面是日方坚持中方不在以中日合办汉冶萍为前提的借款合同上签字，就不肯把钱借给临时政府。而他们双方妥协的结果，是要让盛宣怀来签这个于他本人、于汉冶萍都无益的字。盛宣怀一方面要忍受被国内舆论、民众大骂“卖国”的罪名，但又无法辩解、说出真相的痛苦，另一方面南京临时政府黄兴、何天炯等头面人物，不时地发来措辞强硬的电文，对盛宣怀施加压力，迫使他尽快签字；而孙中山却又一再以保障盛宣怀的相关权益，维护盛宣怀的声誉，让盛宣怀理解新政府的难处，使得他处于不得不去做违心之事的尴尬状态中。在那一段时间里，盛宣怀每天寝食难安，不断地咯血，还要担心国内家人的安危。

1月26日，日本代表小田切说汉冶萍公司已无财产，不同意贷款，只能华洋合办。同日，上海三井洋行与南京临时政府签订了中日合办汉冶萍公司草约（称“宁约”）。

1月29日，小田切在神户将中日合办汉冶萍公司合同，交盛宣怀草签（称“神户约”）。

2月22日，黄兴致电盛宣怀：“前由何天炯转达尊意，承允助力民国，由汉冶萍公司担借日金五百万元，归民国政府借用。见义勇为，毋任钦佩。兹特请三井洋行与尊处接洽，商订条约，即日签押交银，公私两益，是所切盼，并复，陆军部总长黄兴叩。”

2月23日，孙中山致函盛宣怀：“执事以垂暮之年，遭累重叠，可念也。保护维持，倘能为力之处，必勉为之。现在南北调和，袁公不日来宁，愚意欲趁此机会，俾释前嫌，令执事乐居故里。”

同日，孙中山下令废除中日合办汉冶萍公司草约（“宁约”）。这时南京临时政府用招商局财产向日本筹款一千万元，亦未能成功。①

2月28日，三井物产向盛宣怀出具了南京临时政府批准“沪三井之约”的证明，在这样的背景下，盛宣怀与小田切在日本神户正式签署中日合办汉冶萍草合同，盛宣怀于公司草合同末条声明：俟民国政府核准后，须股东会议决。

3月8日，盛宣怀复孙中山函：“……惟中华之民穷困极矣，非洞开门户，大兴实业，恐仍不能负公挽回时局之苦心。侧闻公阅历欧亚，知足民大计，必从实业下手，路矿圜法尤其大者。”对孙中山“保护维持”家族财产，表示了感激之意。

3月30日，盛宣怀致孙中山函：“钢铁关系自强，需本甚巨，华商心有余而力不足，恐非政府与商民合办不能从速恢张，以与欧美抗衡也。”

3月10日，袁世凯在北京就任临时大总统一职。

3月22日，汉冶萍公司召开股东大会取消中日合办草约（“神户约”）。

4月1日，孙中山正式辞去临时大总统一职。

二、盛宣怀最后岁月中的汉冶萍

1912年10月间，盛宣怀自日本回到上海。

1913年2月18日盛宣怀致函友人吴蔚若，说：“归国后故园独处，书画自娱，如梦初醒，不欲知秦汉以后事。惟民穷财尽，实业如航业、铁业已成之局，似不难于保守。乃因董事不得其人，内外交讧；股东

① 夏东元：《盛宣怀传》，四川人民出版社1988年版，第539页。

散处四方，每届开会，到者甚稀。西人目为自弃权利。大约官僚附股，讳莫如深!”

3 月 29 日，盛宣怀致搆武先生函，说：“鄙见商办公司必当奉工商部为惟一之管辖上司，不宜杂乱，一羊九牧，必无收成。”

同日，汉冶萍公司召开特别股东大会，盛宣怀被选为总理，会后又被选为董事会会长，盛宣怀重新控制汉冶萍公司大权。

4 月 22 日，盛宣怀致梁启超函，说：“汉冶萍中日合办，非由弟主，而实由弟挽救。近已有人代为昭雪。”说这是“颇类强迫，不得已辞总理仍为董事（会长）”。但因重病，会长事务，常由王存善代理。

1913 年 6 月，盛宣怀在《送儿孙游学箴言》中说：“我生平就最喜欢迎难而上。钢铁是国家的支柱产业，也是我们家的祖业，能继承钢铁事业才是真正的豪杰，才是我们家的好子孙!”①

盛宣怀最后岁月里，仍与日本制铁所进行博弈，其主要意图，在于维持汉冶萍公司的正常运营，且尽量不使个人利益再遭受损失。1913 年 12 月，盛宣怀在未知会北京政府的情况下，与正金银行签订 1500 万日元的大额借款。该借款主要用于偿还汉冶萍的旧债（这些债务很多与盛宣怀关系密切），并恢复和扩大汉冶萍的钢铁生产。作为交换，盛宣怀同意：借款以公司现有及因本借款公司所添置之动产、不动产、一切财产并将来附属此等财产作共同担保，抵押于正金银行；以制铁所所购矿石、生铁价值还本付利，不足者以现款补足；公司聘用日本人为最高工程顾问和会计顾问。

为了增强公司与日本制铁所博弈的力量，盛宣怀与股东、董事会成员研究官商合办汉冶萍公司的问题，并积极进行准备。1914 年 2 月 2 日，公司董事会向农商部提出官商合办案，对此，3 月 5 日，日本政府表达了对汉冶萍官商合办案的反对态度。3 月 7 日，汉冶萍股东大会顶住压力，通过了官商合办案。4 月 13 日，公司董事会正式呈文国务院

① 见盛档，盛宣怀《送儿孙游学箴言》，1913 年 6 月。

和农商部，请求官商合办，以此前公司积欠的国家款项扣除辛亥革命给公司造成的损失，剩余部分充当汉冶萍的国家股份，另由北京政府筹借1000万两，扩充公司规模。5月25日，北京政府派曾述棨等赴上海调查公司情形。7月20日，曾述棨等递交调查报告。8月5日，张謇就此事发表意见，力主“国有”，暂以“官商合办”为过渡，国家入股后，将修改与日本订立的合同，加强管理，并最终通过国家控股方式实现汉冶萍国有案。12月11日，北京政府饬令江海关监督施炳燮再次彻查公司历年办理情形。①

第一次世界大战（1914年7月—1918年11月）爆发后，日本对德宣战，乘机向德国势力范围的山东进军。9月26日，盛宣怀致函外交总长孙宝琦，要他警惕日本侵略。盛宣怀说：“惟望欧战早停，中立不致败坏。近邻不怀好意，触之即动，似宜小心。”对于日本控制的汉冶萍公司，提出“以外债图扩充，以铁价还日款，以轨价充经费”的方针。

日本方面为扫除全面控制汉冶萍的障碍，转而以北京政府为主要博弈对象。1915年1月18日，日本向袁世凯政府提出“二十一条”要求，其中第三条规定：“汉冶萍公司中日合办，附近矿山未经公司同意不准他人开采。”名为“中日合办”，实为日本独占，以实现多年处心积虑吞并汉冶萍公司的阴谋。

3月6日，正金银行董事小田切电告盛宣怀，“中日合办”汉冶萍公司，对盛氏来说“所享之益尤大”，力请盛同意。3月28日，盛宣怀复电小田切，以股东们反对“中日合办”和“各国效尤”为理由，拒绝名为“中日合办”汉冶萍公司、实为吞并的妄图。

慑于日本的军事外交压力，5月25日，北京政府外交部发出《关于汉冶萍事项之换文》，声明：中国政府因日本国资本家与汉冶萍公司

① 李海涛、欧晓静：《清末民初汉冶萍公司与八幡制铁所的利益博弈》，第二届汉冶萍国际学术研讨会论文集。

有密切之关系，如将来该公司与日本国资本家商定合办时，可即允准；又，不将该公司充公；又，无日本国资本家同意，不将该公司归为国有；又，不使该公司借用日本国以外之外国资本。

至此，无论在民间商事层面，还是在国家政策层面，日本在汉冶萍公司攫取的权益均获得认可。它标志着清末民初汉冶萍公司与日本制铁所的博弈，最终以日方的胜利而告终。

1915 年春夏间，为了既不“中日合办”，又能把汉冶萍维持下来，盛宣怀允许由梁士诒、孙多森所办“通惠实业公司”出面发行实业债票等办法，以维持汉冶萍公司运转。11 月 24 日，正金银行上海分行经理儿玉致函盛宣怀，说：“日本绝不能承认贵公司与通惠公司结成关系。”12 月 12 日，盛宣怀致函孙宝琦，坚信借内债“只要所借者不是外人间接、息率轻，彼（指日本）断无阻挠之理”。盛宣怀斩钉截铁地答复儿玉说，通惠公司“果有此能力（筹款），则汉冶萍必当签字”，同意向通惠公司借款。

1915 年冬，盛宣怀病重，不能起床，也不能管事。1916 年 4 月 27 日，盛宣怀在上海病逝，结束了他的汉冶萍与招商局等的实业生涯。

三、北洋时期与抗战之前的汉冶萍

1916 年，盛宣怀去世之后，由孙宝琦继任汉冶萍公司的董事长。

北洋军阀统治时期，“二十一条”签订后，袁世凯曾计划仿照德国、日本建立君主立宪制国家，最终因日本从中作梗和地方军阀的反对而终止。袁世凯死后，北洋军阀分崩离析，皖系、直系两大派系先后控制中央政府，各个派系都想以汉冶萍为筹码，从日本方面获得借款。

期间，汉冶萍公司前后向日方借债 17 次，借款总额约 3700 万日元和 262 万两白银，受日商控制更紧。到国民政府统治时期，该公司完全被日商所把持。

受第一次世界大战波及，汉冶萍公司所属的汉阳、大冶两处钢铁厂先后停工。然而湖北省于1915年9月，成立“湖北官矿公署”，决定自行开采象鼻山铁矿。1917年成立“象鼻山铁矿”管理机构，1918年开工基建，并修建了一条自象鼻山至沈家营江边的、全长22.25公里的铁路。汉冶萍公司大冶铁矿1920年亦成立了采石处，生产白石，供汉阳铁厂、大冶铁厂作为冶炼的熔剂，以及供粤汉铁路铺设路基。

1920年以后，受第一次世界大战影响，战后钢铁价格猛跌，特别是北洋政府改变国内铁路轨式，使得汉冶萍公司库存的4.8万吨钢轨全部报废，公司惨淡经营。

此外，汉冶萍公司不断遭受兵匪骚扰。特别是萍乡地区地处赣湘交界区域，“匪徒出没，此拿彼窜，必须事先预防，呼应联络，方足以缉匪扰而靖边圉”，而且“矿路人工众多，稍有疏虞，尤易为匪徒勾结滋扰”，发生抢劫之事尤多。1922年，赣南战事发生，是年6月，100多名穿军服的土匪持枪吹号冲到萍乡煤矿紫家冲分矿，打死警兵、伙夫、什长、窿工多人，抢去快枪9杆，子弹70排。1920年11月，一伙溃兵窜到汉阳铁厂驻湘采运锰矿局，强抢枪械，打劫钱财衣物，打伤矿局坐办严濂等人，并敲诈勒索460余元而去，锰矿饱尝防不胜防之苦。

汉冶萍公司在恶劣的环境下，本已难以生存，再加上经营管理不善，经常拖欠工人工资，导致工人罢工此起彼伏。1919年4月，汉阳铁厂化铁炉工人为了增加工资进行罢工；1920年6月，汉阳铁厂工人要求比照扬子铁厂的工资增加工资，而举行罢工；1923年6月，萍乡煤矿爆发“六月风潮”，风潮过后，汉冶萍公司和萍乡煤矿行将倒闭，工人薪水久拖不发，工人索薪斗争绵延不绝。至1925年，汉冶萍公司宣告破产。

身处萍乡煤矿的刘少奇，先后撰写了《救护汉冶萍公司》与《整顿萍矿意见书》等文。他认为，汉冶萍的存在与否，与长江中下游流域百余万人民的生计息息相关，是关系国家兴亡的大事。因此，应救护汉冶萍，使汉冶萍公司永远存在。

南京国民政府建立后，中国民族主义情绪高涨，民众普遍希望中国的公司能够摆脱日方的羁绊，自主发展。可惜，汉冶萍公司由于缺乏资金，一直没有办法独立运营。

1932—1933年，国共双方在大冶、阳新一带展开拉锯战，国民党“剿共”总指挥朱绍良、西路军第三纵队司令兼第一军军长陈继承、第八十九师师长汤恩伯等纷纷进驻大冶厂矿，军队大员到达，厂矿必须设宴洗尘款待，并安排在厂矿俱乐部住宿，由此产生大量招待驻防陆军和兵舰官兵的费用。经公司会计所签核，1932年大冶厂矿军事摊派费用，公摊项下共支洋5600元2角3分，自用项下共支洋645元整。1934年军事用款共计支洋12076元8角。1935年军事用款共计支洋10479元3角1分4厘。这些军事摊派款项催逼紧急，不容延误，“时机艰危，事多紧急，每遇重要摊款，往往急于星火，不克稍延”。大冶厂矿矿长赵时骧对公司在乱世中的沉重负担感到焦头烂额，“分配驻扎，供应频繁，益以水患，深愧穷于应付”。①

1936年，在国民政府资源委员会负责人翁文灏的主持下，国民政府开始研究如何发展经济，6月公布了《中国工业发展三年计划》，开始筹建大冶、阳新铜矿以及灵乡铁矿，大冶成为当时国民政府建设湘鄂赣重工业基地的重要组成部分，然而，由于抗日战争的爆发，这一计划没有能够实现。

四、抗日战争时期的汉冶萍公司

1937年，全民族的抗日战争全面爆发。武汉沦陷前，蒋介石下令将汉阳铁厂、大冶铁矿设备迁徙到四川。国民政府经济部与军政部兵工署在武汉联合成立钢铁厂迁建委员会，拆迁汉阳铁厂、大冶铁矿、

---

① 参见蔡明伦：《汉冶萍公司治安环境探析（1912—1937）》，第一届汉冶萍国际学术研讨会论文集。

六河沟铁厂等处的设备，到重庆兴建新的钢铁厂，以供战时军工之需，继续支持抗战。

自1938年起，汉冶萍公司开始大规模搬迁、撤退。

7月14日，钢铁厂迁建委员会奉命停止大冶铁矿一切拆卸工程，尽力抢运。

史料记载，担任运输任务的是“长联处”两艘轮船，一名凤浦轮，一名三兴轮。凤浦轮6月5日抵达石灰窑，同月21日装竣离港，计装各种设备器材958吨。三兴轮于7月7日抵达石灰窑，同月14日离埠，计装各种设备器材945吨。

在搬迁、撤退的过程中，日军不断逼近石灰窑，黄石港上游江面更是遭到日军空军封锁，空袭不断。

钢铁厂迁建委员会沿途征集民间木船协助抢运。据统计，有51艘木驳船前后分17批次参加抢运工作，共装载各种设备器材1324.503吨。

但不幸的是，51艘木驳船中，有2艘于8月6日在黄石港上游之三峡洗渔洲被日本飞机炸沉，损失设备器材48.1吨，其中有从铁山得道湾发电所拆迁的三台发电机组及其他辅助设备。

亲历者吴继韩回忆：我们的船负责托运一部分机器到重庆，开始有军舰保护我们，他们有高射炮，敌军不敢低飞，只是在高空用炸弹炸我们。后来，军舰不幸被敌机炸坏了，日军飞机就开始低飞，用机枪一次又一次地向船上扫射，我们不能按航道行船，只能东躲西藏。

对于一些尚未抢运完成的设备器材，钢铁厂迁建委员会或将其拆毁，或将其沉入江底。

铁山至石灰窑运矿铁路有33.97公里遭到拆毁，计钢轨7434根、钢枕19764条、鱼尾板12914块。

大冶铁矿有两个当时中国最大的高炉，因处置不及时，被日军控制。但此后不久，一个在日军转移过程中，被中国军队炸毁，一个被日军破坏。

汉冶萍公司员工则全部遣散，部分职员及技术工人随设备迁至四川，继续抗战。

撤退后，钢铁厂迁建委员会在四川重新选址建厂，并应国民政府兵工署要求，试制、制造过一些半成品武器，如飞机炸弹、迫击炸弹、德式磁质地雷、避弹钢板和卡宾枪用钢料等。

在悲怆的迁徙后，这些设备在重庆投入了军工建设。在抗战最为艰苦的1941年，重庆的5个兵工厂共生产出各类炮526门、炮弹609417发、枪支33510支、枪弹106689880颗、手榴弹455530枚、甲雷38200个、曳光弹20120颗。

1938年，武汉会战打响。同年6月，日军占领合肥、安庆以后，以溯江和沿大别山北麓为主进攻路线，妄图一举占领中原腹地武汉。

期间，日军一路从信阳进攻，一路沿长江两岸进攻。长江武穴田家镇与对岸的富池镇半壁山是长江最后的天险，战斗尤为激烈。

日军进入黄石地区后，又分为两条线，一条在长江南岸，沿江而上，即富池—半壁山—石灰窑—黄石港，一条在幕阜山脉，即江西箬溪—富水—三溪—毛铺，最后抵达灵乡、茗山之间的峡谷通道，该通道是通往贺胜桥粤汉铁路的咽喉，中国守军在此战至最后一刻。

最后时刻，朱炎晖所率的94军185师546旅逆着撤退的人流，朝战场开进，紧急调往三角山、七顶山、雷打山、马鞍山一带，与日军决一死战。

这是武汉沦陷前，战至最后的中国守军。当时，朱炎晖“抱病甚重”，但仍让士兵用担架抬着自己赶往前线。战斗打响前，朱炎晖派人将妻儿送回瑞安老家。长女朱爱月，当时只有16岁。她回忆道：“离别时，父亲默默不发一语，只用满怀深情的目光，良久望着母亲和我们兄妹四人。这一别，竟成永诀。”

10月17日，日军占领大冶石灰窑。19日，黄石港亦陷于日军之手。

大冶地方史志记载，1938 年 10 月 23 日，朱炎晖阵亡。26 日，日军攻占金牛。次日晚，日军第九师团到达贺胜桥，切断粤汉铁路线，至此大冶地区全部失陷。

武汉会战历时 4 个半月，以国军主动撤出武汉而结束。

中国政府则在武汉失守后声明："一时之进退变化，绝不能动摇我国抗战之决心"，"任何城市之得失，绝不能影响于抗战之全局"，表示将"更哀戚、更坚忍、更踏实、更刻苦、更猛勇奋进"，戮力于全面、持久的抗战。

在沦陷区，大批抗日人民武装成长起来，大片的国土又被收复；而在抗日前线，由汉冶萍大撤退而保存的工业力量，也在发挥着举足轻重的作用。①

1945 年 8 月日本政府宣布无条件投降，国民政府接管大冶厂矿和汉阳铁厂，1948 年 2 月接管汉冶萍公司上海事务所，并于同年成立华中钢铁有限公司。至此，曾经是亚洲最大的煤铁钢联合企业——汉冶萍公司宣告结束。

中华人民共和国成立后，生产了新中国的第一条钢轨，至此汉冶萍百年血脉被延续了下来。重庆钢铁集团至今还保留了汉冶萍的一部分设备，一台由英国制造的轧钢机，从汉冶萍公司搬迁后，至今仍在参与生产。

五、汉冶萍：中国近代工业的光荣与梦想

中国是后发现代化国家，由此决定了近代中国的工业体系的建立必然先走"技术移植"的道路。但是，"技术移植"并非中国近代工业建

① 马景源等：《1938 年汉冶萍大撤退纪实》，《东楚晚报》，2017 年 9 月 16 日。

设的单向道，起重要作用甚至决定性作用的还有近代中国人利用后发优势的开拓创新、奋起直追，以及自立于民族之林的决心。

1908年，清朝政府批准合并汉阳铁厂、大冶铁矿、萍乡煤矿而成立汉冶萍公司。百年来，人们多半去批评它的选址错误、衙门作风、大借日债，检讨它的种种失败，却很少去挖掘它的精神遗产，忘却了它曾经以坚毅、拼搏、自立自强，创造出一段光荣的历史令世界瞩目。

张之洞创办汉阳铁厂的19世纪末，西方已进入“钢铁时代”。钢铁工业是近代工业的主导部门。钢铁生产技术的迅猛发展，带动西方国家的近代工业日新月异，“富强遂甲天下”。而此时的中国，面对西人强大的钢铁优势，处境十分窘迫。新兴的洋务企业日需大量钢铁，民间所产土铁多不合用，不得不取自西人，其结果是“动靡数百万”。“即洋针一项极小之物，计每年进中国者，值洋七十余万元。”“以致外洋之黄金日富，中国之黄金日少。”更严重的是，一旦有事，洋人煤铁不来，各工厂停工停产。煤铁工业直接控扼着中国近代军事工业的咽喉。

随着洋务运动深入开展，铁路的兴建提上了议事日程，而铁路又是耗用钢铁最多的领域。自开煤铁、自炼钢铁，在中国发展本土钢铁业，遂成为朝野上下强烈的呼吁和愿望。盛宣怀说：“当今之世，非大举炼铁不足以立国。”“中国不欲富强则已，苟欲富强，非大举炼铁不可。”此语可以说代表了当时人们的最深刻认识。

张之洞、盛宣怀就是在此历史关口，登上中国近代工业化的历史舞台。1894年张之洞创建的汉阳铁厂开工投产；1896年盛宣怀接办汉阳铁厂；1908年盛宣怀将汉阳铁厂、大冶铁矿、萍乡煤矿合并成“汉冶萍煤铁厂矿有限公司”。两人“承上启下”，联手开辟了中国现代钢铁工业，成为当之无愧的历史功臣。

作为中国最大的现代化钢铁基地，汉冶萍公司吸引了大批中外人士参观。美国实业团、日本贵族游华团、日本议员团、德国喜望公司都在汉冶萍公司留下了游历行踪。国立武昌高等师范学校、北京铁路工程进修科、交通部上海工业专门学校、北京大学工科采矿冶金科、武汉各高中，均相继派出学生到汉冶萍观摩。

汉阳铁厂与汉冶萍公司的开创和建设，是要在传统中国的经济土壤、文化土壤中开辟出一个崭新的天地，因此备极艰难。张之洞说："开办以来，巨细万端而皆非经见，事机屡变而意计难周。"他的话饱含艰辛和酸涩。

盛宣怀面临的情况同样如此。1907 年 8 月 29 日他致函张之洞说："端绪万千，悉相联贯，艰险情状，笔难罄书。"次月，他在奏折中描述经营汉阳铁厂的种种艰难："煤焦种种迂远，机炉刻刻停修，轨价处处亏蚀，贷息年年递增，外状颠危，内容煎迫，官商望而却步，道路闻之寒心。"在后来给友人的一封信中，他又回顾说："此事艰危，实非寻常实业可比，鄙人一生名誉几致毁尽。今虽转危为安，然心胆俱裂矣。"

从汉阳铁厂到汉冶萍公司之所以能砍开荆棘，杀出血路，是因为有一种精神力量在支撑着他们。这就是拼搏、坚韧、担当、自立自强。

拼搏是汉冶萍人对公司精神的自我表述。汉冶萍公司高级职员杨学沂在公司第一次股东大会上总结说："汉冶萍厂矿总理、协理艰难困苦，不仅将全身精神贯注在厂矿中，直以性命与煤铁相搏，是真所谓商战。"李维格描述他从欧洲考察回国后，改造汉阳铁厂的炼钢技术，"激励同人，勇往从事，胼手胝足，四年苦功"。他说的"勇往从事，胼手胝足"也是一种拼搏。

坚韧也是汉冶萍人自我激励的力量。当汉冶萍面临极为艰难局面时，李维格给盛宣怀去电："格正咬紧牙齿坚忍到底。"盛宣怀、李维格致汉冶萍公司股东函也以"坚韧"鼓励大家："惟念时局艰难，凡有血气者不得不各认办一分内之事，坚忍到底。"这种坚韧，实在是做大事、创大业必须具有的精神。

担当是一种自觉的责任意识。张之洞谈到汉阳铁厂的建设时说："事事艰难，夙夜焦急，不可名状。惟以此事为自强大计所关，不敢不身任其难。"盛宣怀则有"拼此老命，一身肩之"的决断之言。

自立自强是一种民族主义情怀。从张之洞、盛宣怀到汉冶萍公司上下，都往往将汉冶萍放在世界格局中考量。因此，张之洞称湖北铁厂是"创地球东半面未有之局"。盛宣怀说："汉冶萍为东方杰出之一事，震动欧亚。"汉冶萍人有极大的抱负，他们的目标，他们的梦想，是自立于世界钢铁工业之林。王锡绶在汉冶萍公司第一次股东大会上说："西人称嘉南奇为钢铁大王，安见我国不再有钢铁大王继起乎？"杨学沂向股东演讲："成就中国独一无二之实业，使西国钢铁托拉斯知东方骤然出一个劲敌。"李维格满怀信心地宣布："汉厂新轨，愿与英、法、德钢轨一较，孰为佳胜？"他们的言语，无不怀抱与欧西抗衡的雄心。在近代中国军事一再败于西方的惨痛前，汉冶萍公司以煤铁角胜于世界市场，是对中国尊严、中国民族自信的一种拯救。

1908年10月25日，李维格在汉口商会作了一次激情洋溢的演讲。演讲终结，他动员汉口商业界："请君助力……作西半球灿烂之伟观，群策群力，齐向煤钢世界展动地惊天之事业，此则维格所朝夕祷祝者也。"汉冶萍人的宏大抱负和他们饱含民族主义的美丽梦想，在这段演说词中表现得淋漓尽致。

拼搏、坚韧、担当、自立自强，这就是汉冶萍精神。与西方钢铁业相抗衡，角胜于世界之商场，这就是汉冶萍人的梦想。

百年已逝，今日中国已经从一个后发的"钢铁小国"发展成为世界第一的"钢铁大国"，汉冶萍公司的梦想早已实现，但是，汉冶萍命运仍然给今人留下历史启示。

钢铁工业是国民经济、国家安全、国防能力的支柱产业，这一地位从汉冶萍时代到今日都不可动摇。汉阳铁厂从一开始创办就以独立自主、不仰给于外人为宗旨。张之洞在一封电报中说："光绪十六年正月海军衙门来电，‘总以无一仰给于人为断’一语，坚定恳切，洵为不刊之论。若仅云‘杜塞漏卮’，犹其浅焉者矣。”

虽然时易世变，当代中国钢铁工业面临的国际格局、国家需求、发展环境、经营方式已经发生了巨大的变化，但国家作为钢铁工业的支持者，仍然极为重要。只有以国家作为强大的后盾，中国的钢铁工业、民族工业才能延续自汉冶萍以来民族钢铁工业的血脉以及精神遗产，砥砺奋进，走向新的未来。①

① 参见周积明：《汉冶萍公司：中国近代工业的光荣与梦想》，《光明日报》，2017年8月31日。

参考文献

[1] 夏东元. 盛宣怀传 [M]. 成都：四川人民出版社，1988.

[2] 孙毓棠. 中国近代工业史资料 [M]. 台北：文海出版社，1979.

[3] 张实. 苍凉的背影——张之洞与中国钢铁工业 [M]. 北京：商务印书馆，2010.

[4] 姜迎春，余鹏. 李鸿章与近代早期湖北煤铁的开采 [C]. 第二届汉冶萍国际学术研讨会论文集.

[5] 马景源，等. 1938 年汉冶萍大撤退纪实 [N]. 东楚晚报，2017-09-16.

[6] 方一兵. 汉冶萍公司与中国近代钢铁技术移植 [M]. 北京：科学出版社，2011.

[7] 吴伦霓霞，王尔敏. 盛宣怀实业函电稿 [M]. 香港：香港中文大学出版社，1993.

[8] 陈旭麓. 湖北开采煤铁总局荆门矿务总局 [M]. 上海：上海人民出版社，2016.

[9] 王奎. 张之洞与汉阳铁厂 [J]. 襄樊学院学报，2003 (1).

[10] 郑润培. 汉阳铁厂的选址与经营 [C]. 第一届汉冶萍国际学术研讨会论文集.

[11] 郑润培，李航. 郑观应与汉阳铁厂的营运 [C]. 第二届汉冶萍国际学术研讨会论文集.

[12] 左世元. 汉冶萍公司铁厂厂址调整与大冶铁厂的建设 [C]. 第一届汉冶萍国际学术研讨会论文集.

[13] 张伟保. 功败垂成：从路径依赖看盛宣怀、郭师敦初勘大冶铁矿［C］. 第一届汉冶萍国际学术研讨会论文集.

[14] 许士强，马景源. 汉冶萍大冶铁矿矿业之盛衰考［C］. 第一届汉冶萍国际学术研讨会论文集.

[15] 吴剑杰. 张之洞年谱长编［M］. 上海：上海交通大学出版社，2009.

[16] 薛毅. 关于汉冶萍公司研究的若干问题［C］. 第一届汉冶萍国际学术研讨会论文集.

[17] 张忠民. 1890—1896：汉阳铁厂的早期制度特征［C］. 第二届汉冶萍国际学术研讨会论文集.

[18] 施丢克尔. 十九世纪的德国与中国［M］. 乔松，译. 北京：三联书店，1963.

[19] 汪敬虞. 中国近代工业史资料（第二辑）［M］. 北京：科学出版社，1957.

[20] 张实. 盛宣怀接办汉阳铁厂"被胁迫说"考辨［C］. 第一届汉冶萍国际学术研讨会论文集.

[21] 吴剑杰. 官倡民办，始克有成——张之洞与汉冶萍［C］. 第一届汉冶萍国际学术研讨会论文集.

[22] 赵德馨. 张之洞全集［M］. 武汉：武汉出版社，2008.

[23] 范矿生. 近代煤矿与地方士绅关系［C］. 第一届汉冶萍国际学术研讨会论文集.

[24] 黄领. 张赞宸开创萍乡煤矿的伟大实践及意义［C］. 第二届汉冶萍国际学术研讨会论文集.

[25] 黄仂，徐鹏. 李寿铨与萍乡煤矿［C］. 第二届汉冶萍国际学术研讨会论文集.

[26] 张泰山. 原料与技术：清末汉阳铁厂废弃贝炉浅议［C］. 第二届汉冶萍国际学术研讨会论文集.

[27] 湖北省档案馆. 汉冶萍公司档案史料选编［M］. 北京：中国社

会科学出版社，1992.
[28] 易惠莉．易惠莉论招商局［M］．北京：社会科学文献出版社，2012.
[29] 李玉勤．对盛宣怀合并商办汉冶萍公司决定性原因的考察［C］．第一届汉冶萍国际学术研讨会论文集.
[30] 屈雾光，刘建民．官督商办时期汉冶萍厂矿人事管理初探［C］．第二届汉冶萍国际学术研讨会论文集.
[31] 顾必阶．中国铁路建设与汉冶萍［C］．第二届汉冶萍国际学术研讨会论文集.
[32] 汪敬虞．中国近代经济史 1895—1927［M］．北京：人民出版社，2000.
[33] 朱荫贵．试论汉冶萍发展与近代中国资本市场［C］．第一届汉冶萍国际学术研讨会论文集.
[34] 李江．汉冶萍公司股票研究［C］．第二届汉冶萍国际学术研讨会论文集.
[35] 李海涛．清末民初汉冶萍公司资金结构变迁研究［C］．第二届汉冶萍国际学术研讨会论文集.
[36] 李海涛，欧晓静．清末民初汉冶萍公司与八幡制铁所的利益博弈［C］．第二届汉冶萍国际学术研讨会论文集.
[37] 雷儒金，尚平．浅谈汉冶萍公司的民族性及其成败的现代启示［C］．第二届汉冶萍国际学术研讨会论文集.
[38] 蔡明伦．汉冶萍公司治安环境探析（1912—1937）［C］．第一届汉冶萍国际学术研讨会论文集.
[39] 马景源．日本控制掠夺与汉冶萍公司的倒闭［C］．第二届汉冶萍国际学术研讨会论文集.
[40] 周积明．汉冶萍公司：中国近代工业的光荣与梦想［N］．光明日报，2017-08-31.
[41] 盛承懋．盛宣怀与晚清招商局和电报局［M］．北京：社会科学

文献出版社，2018.
[42] 盛承懋．盛氏家族·苏州·留园［M］．上海：文汇出版社，2016.
[43] 盛承懋．盛宣怀与“中国的十一个第一”［M］．西安：西安交通大学出版社，2016.
[44] 盛承懋．盛宣怀与湖北［M］．武汉：武汉大学出版社，2017.
[45] 盛承懋．中国近代实业家盛宣怀——办实业走遍天下［M］．天津：天津大学出版社，2018.

附　　图

汉阳铁厂建设“四人图”

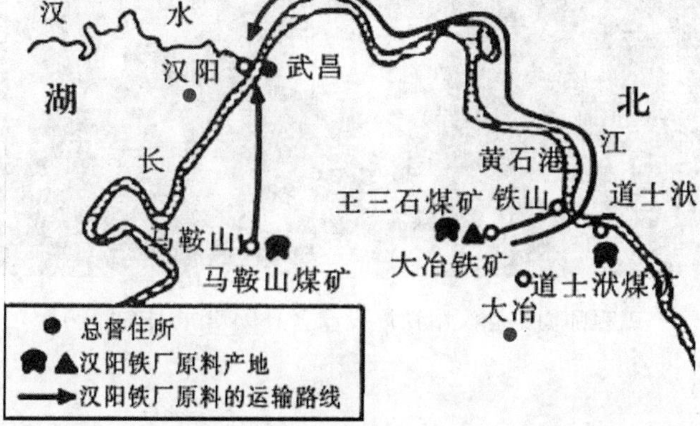

汉阳铁厂选址图

建设中的汉阳铁厂

工程师们纪念汉阳铁厂投产（1894 年 6 月 28 日）

姓　名	国　籍	职　务	任职时间	备　注
贺伯生	英　国	总工程师	1892	亦为总监工，后译霍布森
白乃富	比利时	总工程师	1892—1896	
德　培	德　国	总工程师	1896—1897	
堪纳地	美　国	总工程师	1897—1898	
吕贝尔	卢森堡	高炉炉长	1894—1898	1912 年后任汉冶萍公司总顾问、工程师和驻欧代表
		总工程师	1905—1923	
卜　聂	英　国	马丁炉工师	1890	以下人员大多为英籍，从 1890-1894 年期间进入汉阳铁厂。1911 年后多为本国工程师
马　太	英　国	炼钢匠		
卫　根	英　国	轧钢匠		
门司大		炼铁匠		
化淡梅	英　国	炼熟铁匠		
司　毛	英　国	化学匠		
司脱兰格	英　国	炼焦匠		
史麦耳		化学师		
约翰生	英　国	设计师	1890	兼绘图师，后译约翰逊
尼连斯		高炉匠目		
阿林伯路	英　国	熟铁匠目		
阿本茨		高炉匠		
波　拉	英　国	轧钢首匠		
拉　夫	英　国	炼钢匠目		
林毛纳	英　国	贝塞麦开车匠		
孟斯特	英　国	冲天炉工匠		
查美伦	英　国	马丁钢厂工匠		
查化尼	英　国	熟铁匠		
哀敷郎子		高炉匠目		
骆丙生	英　国	化验师		后译鲁滨逊
斯瓜兹		矿　师		早期勘测大冶铁矿
都　板		铁货轧匠		
格腊纳司	英　国	马丁钢厂工匠		
简德特	英　国	熟铁匠		
铺　尼	英　国	熟铁匠		
雷改习奇	英　国	化学匠		
德拉克		高炉工匠		
德里斯	英　国	炼钢匠		
德阁特	英　国	开车匠		
德罗亚意	英　国	火砖匠		
嘉兰德治	英　国	铁货轧匠		
克于表司	英　国	医　生		厂办医院
马克德		外文秘书		
弗·连斯		高炉工匠		
哈里森	英　国	制砖技师		
辜桑士	英　国	烘钢匠		

在汉阳铁厂工作的外籍技术、管理人员

外国专家住宅

轧制铁轨

蒸汽起重机

长江边卸矿码头（1893 年）

汉阳兵工厂全景

汉阳兵工厂制造的炮台

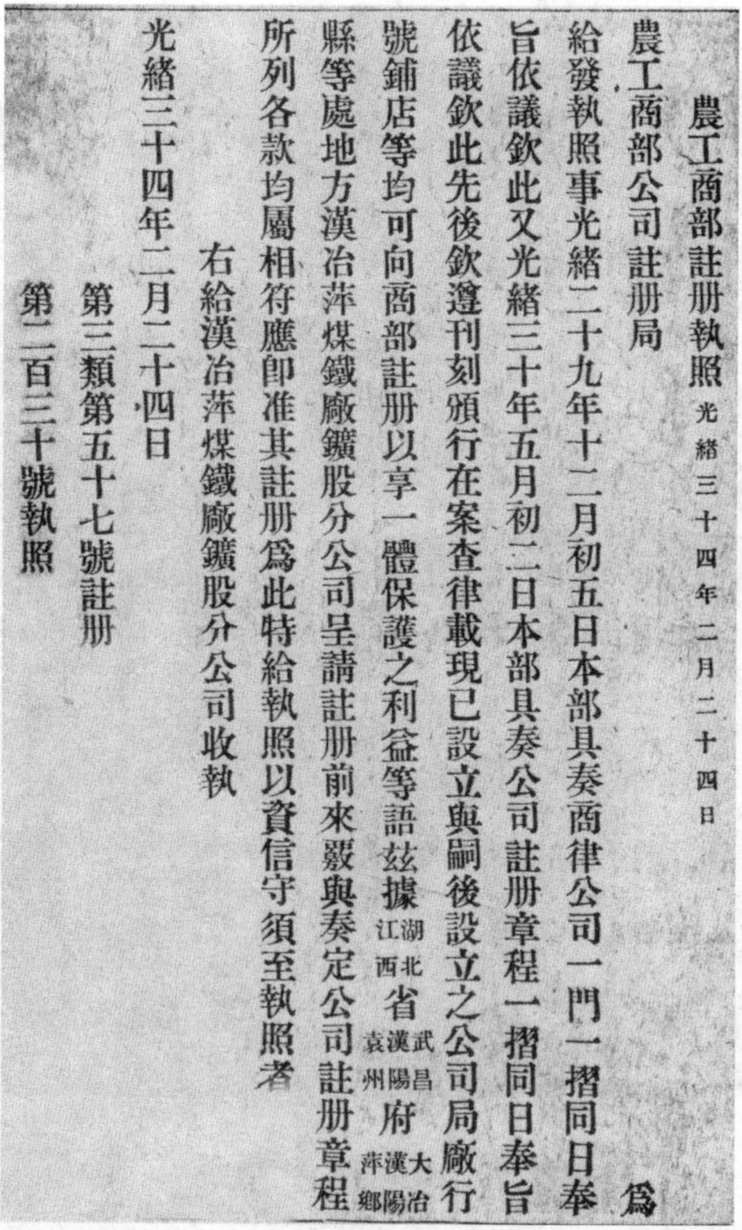

農工商部註册執照 光緒三十四年二月二十四日

農工商部公司註册局　爲

給發執照事光緒二十九年十二月初五日本部具奏商律公司一門一摺同日奉

旨依議欽此又光緒三十年五月初二日本部具奏公司註册章程一摺同日奉旨

依議欽此先後欽遵刊刻頒行在案查律載現已設立與嗣後設立之公司局廠行

號鋪店等均可向商部註册以享一體保護之利益等語茲據湖北江西省武昌漢陽袁州府大冶漢陽萍鄉

縣等處地方漢冶萍煤鐵廠鑛股分公司呈請註册前來覈與奏定公司註册章程

所列各款均屬相符應即准其註册爲此特給執照以資信守須至執照者

右給漢冶萍煤鐵廠鑛股分公司收執

光緒三十四年二月二十四日

第三類第五十七號註册

第二百三十號執照

汉冶萍公司注册执照

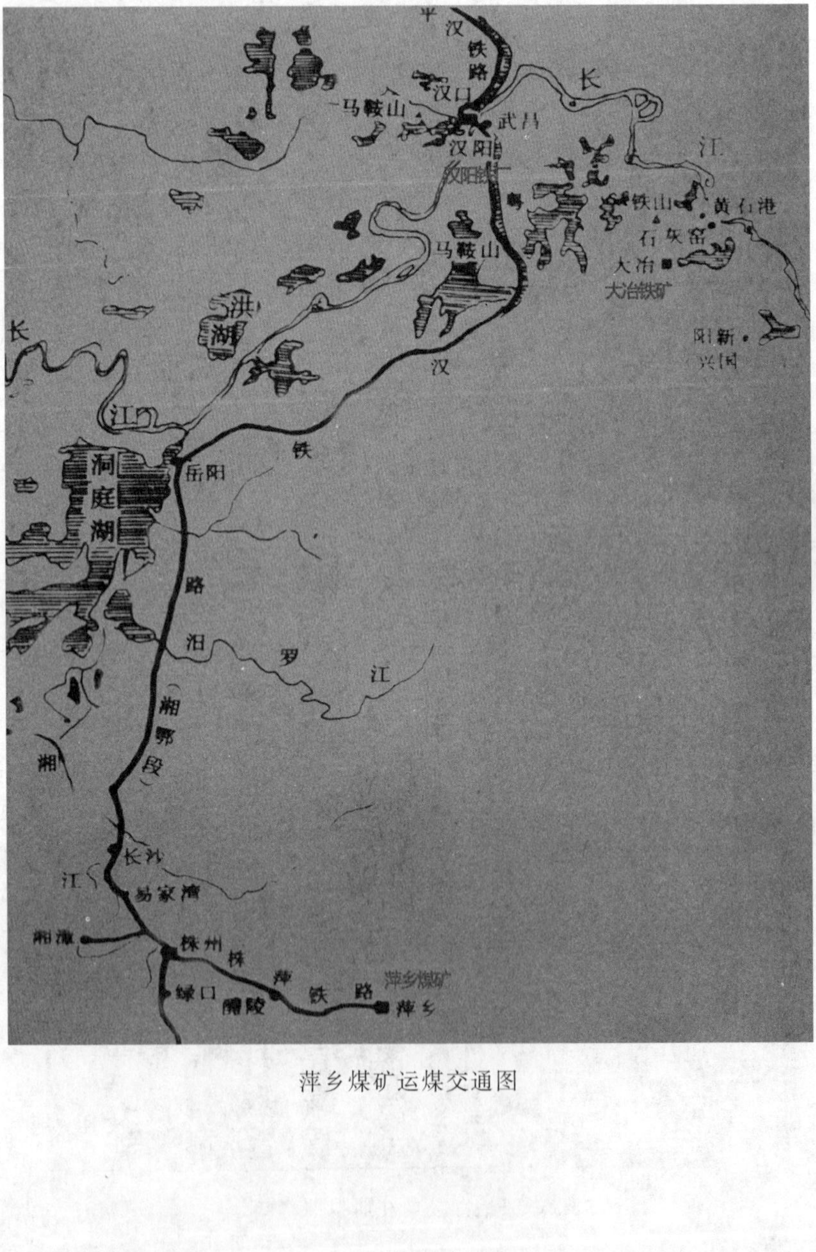

平汉铁路
汉口
马鞍山
武昌
汉阳
汉阳铁厂
长
江
铁山
黄石港
石灰窑
大冶
大冶铁矿
马鞍山
洪湖
长
江
阳新
兴国
汉
铁
路
岳阳
洞庭湖
汨
罗
江
湘鄂段
湘
江
长沙
易家湾
湘潭
株州
株
萍
铁
路
萍乡煤矿
绿口
醴陵
萍乡

萍乡煤矿运煤交通图

汉冶萍附属厂矿一览表

厂矿名称	坐落地区	开办时间	经营性质	备注
马鞍山煤矿	湖北江夏	1891 年	自办	
兴国锰矿	湖北阳新	1890 年	自办	
常耒锰矿	湖南常宁耒阳	1908 年	自办	
龙山铁矿	安徽当涂	1921 年	自办	
海城镁矿	辽宁海城	1919 年 1 月	自办	
汉阳红砖厂	湖北汉阳	1909 年	自办	
幕阜山煤矿	江苏南京		自办	
武昌铁矿	湖北鄂城		自办	
王三石煤矿	湖北大冶	1891 年	自办	隶属大冶运道矿务总局（后改称大冶铁矿）
李士墩煤矿	湖北大冶	1891 年	自办	
道士袱煤矿	湖北大冶		自办	
白杨林锰矿	湖北大冶		自办	隶属大冶运道矿务总局
永和煤矿	江西萍乡	1921 年 7 月	自办	
福宁门煤矿	江苏江宁	1920 年 6 月	自办	
小花石煤矿	湖南湘潭		自办	隶属萍乡煤矿
上沫铁矿	江西萍乡	1901 年购置		隶属萍乡煤矿
白茅锰矿	江西萍乡			隶属萍乡煤矿
白竺铝矿	江西萍乡			隶属萍乡煤矿
盆头岭锑矿	江西萍乡			隶属萍乡煤矿
金山店铁矿	湖北大冶	未开采		隶属大冶铁矿
株树下煤矿	湖北大冶	未开采		隶属大冶铁矿
飞鹅尾煤矿	湖北大冶	未开采		隶属大冶铁矿
华兴煤矿	湖北大冶	未开采		隶属大冶铁矿
康中煤矿	湖北大冶	未开采		隶属大冶铁矿
五福荫煤矿	湖北大冶	未开采		隶属大冶铁矿
明家湾煤矿	湖北大冶	未开采		隶属大冶铁矿
马头煤矿	湖北大冶	未开采		隶属大冶铁矿
中山垴煤矿	湖北大冶	未开采		隶属大冶铁矿
白峰尖煤矿	湖北大冶	未开采		隶属大冶铁矿
陈家湾煤矿	湖北大冶			隶属大冶铁矿
九州制钢所	日本九州	1915 年	合资	
鄱乐煤矿	江西鄱阳	1919 年	合资	
龙烟铁矿	河北龙烟	1919 年	合资	
扬子机器制造公司	湖北汉口	1907 年	合资	
振冶铁矿	安徽当涂	1914 年	租采	

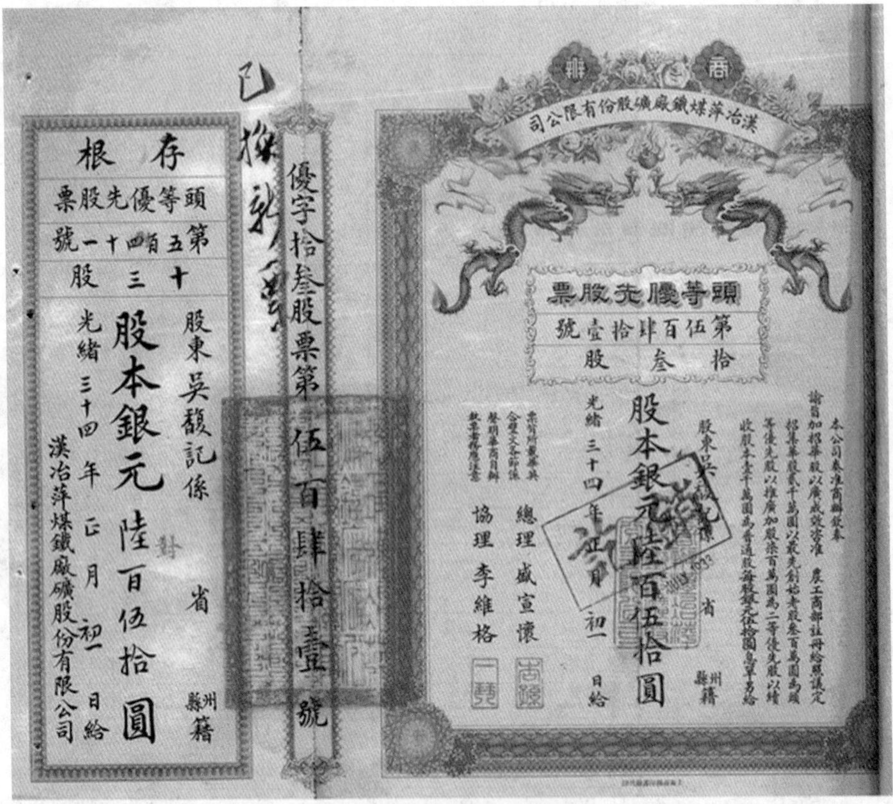
存根
頭等優先股票
第五百四十一號
十三股
股東吳馥記係 省 蘇州 籍
股本銀元陸百伍拾圓
光緒三十四年正月初一日給
漢冶萍煤鐵廠礦股份有限公司
優字拾叁股票第伍百肆拾壹號
商辦
漢冶萍煤鐵廠礦股份有限公司
頭等優先股票
第伍百肆拾壹號
拾叁股
股本銀元陸百伍拾圓
光緒三十四年正月初一日給
總理 盛宣懷
協理 李維格

汉冶萍公司发行的股票